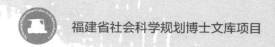福建省社会科学规划博士文库项目

Research on Chinese Ancient Bell's
Cultural Communication

中国古钟文化传播述论

付晶晶　著

社会科学文献出版社
SOCIAL SCIENCES ACADEMIC PRESS (CHINA)

出版说明

为了鼓励福建省青年博士在学术和科研领域勇于进取，积极创新，促进学术水平进一步提高，更好地发挥青年社科人才的作用，进而提升福建省社会科学研究总体实力和发展后劲，经福建省哲学社会科学规划领导小组同意，在 2010 年实施福建省社会科学规划博士文库项目计划（博士文库第一辑）的基础上，2014 年继续实施福建省社会科学规划博士文库项目计划，资助出版福建省社会科学类 45 岁以下青年学者的博士论文，推出一批高质量、高水平的社科研究成果。该项目面向全省自由申报，在收到近百部博士论文的基础上，经同行专家学者通讯匿名评审和评审委员会全体会议审议，择优资助出版其中的 25 部博士论文，作为博士文库第二辑。

福建省社会科学界联合会拟与社会科学文献出版社继续联手出版博士文库，力争把这一项目打造成为福建省哲学社会科学的特色品牌。

成果概要 ⬛⬛⬛

  在中国古代文化中，古钟文化无疑是非常重要的部分。因此，对中国古钟进行研究的众多论著也成为学术界的一大景观。尽管相关的研究成果已经不少，但古钟文化仍蕴藏着有待探索的巨大空间。因此，本书选择中国古钟文化传播作为研究课题，力求从文化传播的角度，对中国古钟的文化渊源及其深层含义进行探析。中国古钟历经了从乐器功能为主向礼器功能的发展过程，而钟所具有的文化特质也在逐渐发生变化。为了阐明古钟文化传播的复杂过程，本书以古钟文化的不同传播语境作为切入点，分别对宫廷乐钟文化、寺庙梵钟文化以及民间钟楼文化进行深入地分析。基本思路是：结合钟的不同形态、功能，以所处的文化传播语境为背景，详尽描述其文化特质，进而探求古钟的文化传播意义，揭示中国古钟在不同传播语境中的文化特质。

  本书先将宫廷乐钟文化分为两章进行分析，以时间为限，以秦朝为界。第一章"先秦时期的乐钟文化与礼乐传播"主要考察乐钟的产生，对乐钟的出现进行追溯，并分析其种类，阐述先秦时期与乐钟有关的礼乐制度，包括乐悬制度和乐官制度；在此基础上，进一步对在先秦礼乐语境下的乐钟文化进行传播模式分析；进而延伸到乐钟文化与先秦文学传播的关系上，重点放在先秦时期具有代表性的选集——《诗经》上，分析《诗经》中对乐钟的相关描述，探寻先秦乐钟文化所具有的重要传播意义。

  第二章"秦汉以后乐钟的文化传播"则概述了乐钟自秦汉时期开始出现的断代传播现象，并对乐钟由盛转衰的发展趋势进行了几个方面的具体分析。从历史文献考察入手，认真梳理以乐悬为主的雅乐文化的历时性发展。从乐钟在后世的发展与雅乐制度的关系角度出发，重点考察唐宋两个朝代对待雅乐的差异性，并由此推断乐钟的乐器功能弱化的必然性。在此基础上，剖析乐钟文化在后世传播与发展的典型现象，考察中国古代历朝统治者"功成作乐、治定制礼"思想中所透析出的传播话语权特征。

第三章"梵钟文化与佛教的传播"，将古钟的文化传播语境转移到佛教寺庙中，此章分三节：第一节主要介绍佛教的传入，以及在中国传播过程中的本土化现象，梵钟的出现正是源于佛教的重要影响，进而以佛乐为切入点进行个例剖析；第二节则从宗教——仪式——音乐三者的关系出发，分析梵钟与佛教仪式的关系，进而揭示梵钟对佛教文化传播的重要性；第三节则以梵钟的钟声，以及古代文人诗中的古钟意象为研究重点，分析梵钟与中国文学的关系（主要解剖诗歌的钟声意象），进而发掘佛教文化传播对中国士大夫精神世界的影响。

第四章"钟与铭"，不是将古钟当成发声的工具，而是视之为一种传播的媒介，即"铭"的物质载体。第一节肯定"铭"是传播发展的必然产物，铭的产生体现了中国古代朴素的传播思想。第二节分两个方面：一方面分析作为传播媒介的钟所具有的文化特质；另一方面具体考察钟铭的内容流变，其中包括对"铭"发展成为一种文体形式的过程的分析。第三节立足于钟铭的文化传播功能，进一步探讨其文化意义。

第五章分析钟饰文化，从古钟的纹饰入手，寻找图腾文化传播的线索，对钟饰进行分类，尤其是对其中两种特殊的纹饰进行详细的分析和研究，进而总结出钟饰的文化功能和符号意义。

第六章"钟楼文化传播"，将钟的传播语境扩大到中国整个传统文化，不再局限于儒家或佛教的仪式范畴，而是凸显古钟作为文化符号在民间的传播功能。该章分为三节，第一节从宫殿、寺庙和城市三个不同的钟楼设置环境出发，探讨钟楼的产生和发展过程，即从宫廷走向民间的传播过程；第二节以寺庙和城市的钟楼为研究对象，具体分析钟楼钟的警众考辰实用功能，以及辞旧迎新的象征功能；第三节则在前两节的基础上进一步对钟楼文化传播进行分析，以城市钟楼为切入点，考察钟楼与城市建筑文化、城市管理制度的关系，并比较中外城市钟楼文化的异同点。

　　总之，全书重在突出表现中国古钟文化的诸多内涵，重点探求其文化传播的深层意义，同时着重阐述古钟文化传播研究对于文艺学的价值，探讨其在传播学、文化学等方面的意义。笔者认为，探讨中国古钟的文化传播，就是探讨中华民族的历史文化，既是探究中国艺术的传播发展，也是探寻中国传统文化之道。

contents
目 录

绪　论

钟是人类历史上最古老的打击发声器之一，也是人类文明宝贵的物质遗产。在作为四大文明古国之一的中国，古钟更是具有深厚华夏文化意义的器物，如"钟鸣鼎食""暮鼓晨钟"。古钟曾经作为精美乐器，登于高堂之上，被视为"众乐之首"；也曾经作为神圣法器，立于庙宇之中，被奉为圣物；更是历朝历代备受重视、不可或缺的礼器。虽然名称、材质、形制、用途各异，古钟却是各种重大文化仪式中经常在场的"嘉宾"。换句话说，"无钟不成礼"，古钟不仅是一种文化的象征，更是文化传播的重要工具。因为有着浓厚的历史文化积淀，古钟已然成为中华文化的典型代表之一。作为文化的载体，古钟历经了时间的风雨、社会的变迁，实际上也是传统文化的传播和流传的重要形式和手段。它为中华文化的传播和发展做出了重要贡献，扩大了中华文化的影响。

据考古研究得知，陕西龙山文化的陶钟，距今大约五六千年，是目前所知最古老的钟。从那时开始，钟在中国经历了延续数千年的奇特演变，并与社会文化的演变和传播形成千丝万缕的联系。古钟在其诞生之初和早期阶段是为乐钟，包含着强烈的欢乐色彩。"设钟鼓，备女乐"，其应用场合遍及各类礼乐仪式。因此，到先秦时期古钟便进化为空前发达的演奏乐器，到了公元前 5 世纪的曾侯乙编钟的双音扁钟，则已在音律声学方面达到高妙的程度，被国外专家称为"是一个在现代音乐科学中都找不出能够与之相比的东西的巨大成就"，并认为对它的发现与研究"促成了对整个声学发展史的全部改写"[①]。但同样令人惊异的是：如此精湛的乐器制作和

[①]　沈星扬：《中国古钟的声学》，载《中国音乐国际学刊》1987 年第 6 期。

演奏技艺，竟于约 2000 年前达到高峰之后绝传，不为后人所知。也许主要是由于社会发展向等级制与大一统君权制方向的强烈转型，经历 700 多年，双音扁钟完全被钟声浑宏、宜于炫示君威却无法体现音乐演奏性能的圆体钟替代，形成中国古钟文化一个非常鲜明的发展断层。

古钟发展到成为佛教与道教的宗教法器时，它的文化蕴含更深不可测。古往今来，佛寺、道观无不悬钟，它既是佛禅苦乐人生的声音形象，也是道家阴阳易理的器物体现；而明朝的永乐大钟通体内外的 23 万汉梵文经咒铭文，更使古钟与宗教达到了规模空前的文化结合。古钟大大小小，千品万类，又融合了中国古代美术、书法、文学等多种艺术种类，是具有综合艺术造诣的集合体。许多古钟也一再被今人鉴定为古代科技的奇迹，从铸造工艺到声力学特性、音律成就，再到文化内涵，难以尽书。

一　钟的名实

《说文解字》中对钟的解释是："钟，乐钟也。秋分之音，物种成。从金童声。"[①] 可见，钟就其本义而言是一种金属质地的乐器。李约瑟博士就曾经说过："中国人是钟以及西方所不知道的多种多样打击乐器的发明者，他们在理论上和实践上都特别关注音色，发展了不是八音音阶而是十二音音阶体系的独特的作曲理论。"[②] 很显然，他看到了中国人是将钟作为乐器使用的首创者，而且也注意到了这一古老的中国传统乐器里包含的音乐价值。

我国的古钟文化历史源远流长，最早可以追溯到新石器时期。现已出土的最早的陶钟实物是新石器时期的钟状陶响器，也是中国最早的乐器之一，处于距今约 6000 年的仰韶文化时期。"这种乐器用陶土烧制而成，多呈器皿形状，击之体振而发音，并可引起腔体共鸣。"[③] 现已出土的陶铃或陶钟多呈合瓦体结构，这种结构被商周以来的青铜铃和各类青铜钟形器所继承。因此，自古以来，钟总是和鼓、磬等乐器联系在一起，其乐器功

---

① 汉·许慎撰：《说文解字》，中华书局，1963，第 297 页。
② 〔英〕李约瑟：《中国科学技术史》（第 4 卷第 1 分册），黄兴宗译，科学出版社，1975，第 3～4 页。
③ 薛艺兵：《中国体鸣乐器综论》，《中央音乐学院学报》1997 年第 3 期。

能显而易见。然而，仅仅把"钟"解释成"乐钟"是不甚全面的。随着历史的发展，钟的形态和材制也在逐渐发生改变。尤其是梵钟的出现，彻底改变了钟作为乐器的单一功能和形制，合瓦形的钟口变成正圆形，虽然少了乐音的多样性，但更便于钟声向远处的传播。《华夏钟文化漫谈》一文认为，"中国古钟发展到今天，大致可以分为六类 33 种。除乐器类多是横截面均以正圆形为主流，其意义在于，横截面为正圆形的钟，钟声衰减得慢，尾音绵长。六大类分别为：乐器类，响器类，礼器类，法器类，戒器类，冥器、工艺类"①。这样的分类基本上涵盖了中国古钟的所有类别，对于古钟的功能作了较为全面的概括。

在中国传统文化中，钟有"乐、佛、朝、更"之分。"古钟"则是今人对上述四种传统钟的统称。乐钟主要是指编钟，其名得自"各应律吕，大小以次，编而悬之"，其形状如瓦合。它上承商代的编铙，初现于西周初年，鼎盛于西周中期，是为当时上层社会所独享的礼乐之器，主要应用于权贵们祭祀、朝聘、宴享等重要的场合。佛钟作为法器，是佛教的"犍稚"之一，初为集众之用，又称"信鼓"。佛钟有梵钟与半钟之分。梵钟即大钟，又称钓钟（吊钟）、礼钟、洪钟、鲸钟等，一般悬挂在钟楼顶层；半钟小于梵钟，体积如梵钟一半，多吊在佛堂的后门檐上。东汉随着佛教的传入，寺院广布，佛钟流行开来，"有寺即有钟，无钟即无寺。"唐代以后，又有了显示皇权君威的朝钟和为都市报时之用的更钟。因为钟的功用不一，其象征意义也有所不同。随着战国后期的"礼崩乐坏"，编钟之音也只绕梁于"钟鸣鼎食"之家，由此，它成了周代权贵、豪门的象征。朝钟是皇帝及百官上朝、出行所鸣之物。《清会典》记载："朝会、驾出宫。午门严鼓鸣钟。祭太庙驾出，午门严鼓。回銮鸣钟。馀祀驾出入皆鸣钟。巡幸驾出入。午门鸣钟。"它成了皇权的象征。佛钟最初只为召集僧人之用，其后则有了"闻击钟磬之声，能生善心，能增正念"，"钟声闻，烦恼轻，智慧长，菩提生，离地狱，出火炕，愿成佛，渡众生"的信仰意蕴。因此，佛钟则成了修善纳祥的象征。另外，"夫物庞则识纷，非有器齐一之，无以示晨昏之节"，于是"景钟发声……都城内外十有余里，莫不耸听"，也便有了更钟。随着历史的演进，中国传统文化中的钟集响器、乐

---

① 夏明明：《华夏钟文化漫谈》，《今日中国》1996 年第 9 期。

器、礼器、法器于一身，具有了皇权官威、修善祈福等诸多的象征意义，并最终成为中国民众心目中的神圣之物。

综合上述观点，并结合钟的考古实物标本，不难发现所有钟形器物在形制上的共同点：一是以金属制为主，二是钟体中空，三是能发出声响。本书的研究对象以具有这些共同特征的中国古钟为主，即一般是有一个开口共腔体的、无舌的、悬挂起来从外部敲击的铜制或铁制体鸣器。古钟自身的特殊性，决定着它作为非言语传播符号的双重性特点，即：它既具备听觉符号的基本特性，同时又具有视觉符号的具体特征。而古钟还具有另一个特有的传播性质，即作为文字符号（铭文）的传播媒介。毫无疑问，古钟是中国传统社会文化传播符号中独特的一例，也正因为它这一特殊性，让它在"传"的过程中具有与众不同的特质。在古代社会中，古钟的功能和作用是显而易见的，而其演变也如此：从宫中乐器到寺观法器，再到民间平民化的报时工具，古钟经历了也见证了古代社会的传播文化，一直和"传"有着千丝万缕的联系。

二　钟的研究概述

中国古钟，尤其是先秦时期的青铜乐钟，一直备受关注。19世纪末20世纪初，文物考据学勃兴，古器物研究蔚然成风。这一时期的研究多偏重铭文训诂，并取得了卓越的成就。许多学者对古钟铭文做了深入的研究，据铭文以探寻商周史事，却无关于钟本身之探讨。20世纪30年代，由刘复发起并主持的对北京故宫和天坛所藏清宫古青铜编钟和编磬的测音研究，揭开了青铜编钟现代研究的序幕。这一时期，郭沫若的《两周金文辞大系图录考释》（1932）①、《彝器形象学试探》（1934）② 和容庚的《商周

---

① 该书由郭沫若编著，是研究两周春秋战国时期青铜器的专著，是青铜器及铭文研究的划时代之作，对研究周代金文颇具参考价值。1932年，郭沫若编成《两周金文辞大系》，初版只有考释，没有图录，由日本文求堂书店影印出版。其后经过整理和补充，作者汇集铭器及器型照片，又成《两周金文辞大系图录》（全五册），1934年由生活·读书·新知三联书店出版。1935年又另著《两周金文辞大系考释》（全三册），由日本文求堂书店出版。1957年，作为中国科学院考古研究所考古学专刊甲种第三号，将两书合一，名为《两周金文辞大系图录考释》，由科学出版社出版。

② 《彝器形象学试探》一文原为《两周金文辞大系图录》中《图编》的序说，由郭沫若于1934年11月25日写就。

彝器通考》（1941）① 奠定了中国青铜器现代研究的基础，对于青铜编钟的研究亦有所推动。1949 年新中国成立后，考古学界对古代青铜器的发掘与发现震撼当世之人。古钟——这一古老器物的兴盛衰微的历史图景，也在学界多方位的研究中，逐渐重现在人们眼前。1964 年，李纯一通过对埙、编磬、青铜编钟的测试，提出商代后期已有一定的音高的观念。1973 年，他又提出青铜编钟有歌钟、行钟之别的论点。1977 年，吕骥、黄翔鹏、王湘等在晋、陕、甘、豫四省调查音乐文物期间，发现了先秦青铜编钟的双音结构。1978 年，曾侯乙编钟的出土使这一重大发现得到无可置疑的确证。其后，引发了社会各界的热切关注和对青铜编钟的研究热潮，主要集中于考古学、文字学、乐律学、声学、金属学和铸造工程学等学科领域。其中具有代表性的就是谭维四、黄翔鹏、王湘、裘锡圭、饶宗颐、程贞一、席泽宗、麦克伦（Ernest G. McClain）、罗森（Thoms D. Rossing）等人，他们从不同的角度对青铜编钟的研究做出了各自的贡献。这些专家学者或论钟类乐器之名称，或探形制之演进，或据以求古音乐之发展，都有相当丰富的研究论述。尤其是在钟铭文的乐律学研究上，取得突破性的成果，代表作有：裘锡圭、李家浩合著的论文《曾侯乙墓钟磬铭文释文说明》②，黄翔鹏的论文《曾侯乙钟、磬铭文乐学体系初探》③，饶宗颐、曾宪通的专著《随县曾侯乙墓钟磬铭辞研究》④ 等。通过这些细致的研究，编钟的发音奥秘逐渐解开，中国悠久的钟文化传统也全面展现在世人面前。正如李约瑟博士在其撰写的《中国科学技术史》的序言里所说的那样："在声学方面，由于古代音乐的独一无二的特性，中国人沿着自己的路线前进，他们提出了极其有趣但却不易与其他文明的古代音乐特性相比较的一整套理论。……中国人对音色在音乐领域的应用与研究比世界上任何国家历史都久且有更高的造诣。"⑤ 这些研究成果为本书提供了宝贵的参

---

① 初版于 1941 年，全书共 2 册。文字部分分上下两编。上编为通论，下编为各论，该书对青铜礼器逐一论述用途、形状、制作、名称等，详尽系统，是一部内容丰富的商周铜器综合性研究专著。

② 裘锡圭、李家浩：《曾侯乙墓钟磬铭文释文说明》，载《音乐研究》1981 年第 1 期。

③ 黄翔鹏：《曾侯乙钟、磬铭文乐学体系初探》，载《音乐研究》1981 年第 1 期。

④ 饶宗颐、曾宪通：《随县曾侯乙墓钟磬铭辞研究》，香港中文大学出版社，1985。

⑤ 〔英〕李约瑟：《中国科学技术史》（第 4 卷第 1 分册），黄兴宗译，科学出版社，1975，第 3 ~ 4 页。

考资料。

在这里，还需要提出的是关于古代传播方面的参考资料，黄星民先生的两篇论文——《礼乐传播初探》和《从礼乐传播看非语言大众传播形式的演化》，分别从微观和宏观的角度考察了中国非语言大众传播形式——礼乐，并指出了礼乐传播的特殊性质。这给本书的理论思考以重要的启发。因为先秦时期乐钟文化即是礼乐传播文化的重要组成部分，除此之外，国外的传播理论也对本论题有一定程度的启发，最为重要的就是哈罗德·伊尼斯的《帝国的传播》和《传播的偏向》这两部著作。

总体上看，对于中国古钟的研究还有待完善，其中主要存在以下几个问题。

1. 钟的研究涉及的知识相当广泛，包括了音乐学、考古学、文字学、材料学、工艺学、历史学等领域，其研究实非一人一时之力所能尽涵。笔者在进行资料收集时，就遇到极大的困扰；尤其是各种钟类乐器的名称，经常是众说纷纭，莫衷一是。所谓名不正则言不顺，名实问题无法获得根本解决，研究者自然只能是各执一词。

2. 以钟为对象的专著并不多，其中从乐器的角度研究古钟的著述占的比重偏大。台湾地区学者朱文玮、吕琪昌共著的《先秦乐钟之研究》①、王子初的《残钟录》② 和《音乐考古》③、冯洁轩的《金石回响》④、陈荃有的《中国青铜乐钟研究》⑤、王洪军的《钟律研究》⑥ 等著作主要从音乐考古的角度来探讨乐钟本身的音乐属性。同时，也有些著作从乐器这一属性出发，探讨乐钟的文化属性，如王清雷的《西周乐悬制度的音乐考古学研究》⑦ 和方建军的《地下音乐文本的读解——方建军音乐考古文集》⑧ 等。这些著作中虽然也提到乐钟有礼器的职能，但是只是作为乐器的一种补充

① 朱文玮、吕琪昌：《先秦乐钟之研究》，台北南天书局，1994。
② 王子初：《残钟录——王子初音乐学术论文集》，上海音乐学院出版社，2004。
③ 王子初：《音乐考古》，文物出版社，2006。
④ 冯洁轩：《金石回响——冯洁轩音乐学术论文集》，上海音乐学院出版社，2006。
⑤ 陈荃有：《中国青铜乐钟研究》，上海音乐学院出版社，2005。
⑥ 王洪军：《钟律研究》，上海音乐学院出版社，2007。
⑦ 王清雷：《西周乐悬制度的音乐考古学研究》，文物出版社，2007。
⑧ 方建军：《地下音乐文本的读解——方建军音乐考古文集》，载《商周乐器文化结构与社会功能研究》上海音乐学院出版社，2006。

来谈，并没有深入探讨。

3. 关于中国古代传播理论的研究成果数量不多，没能给古钟研究提供强大的理论基础。这方面的论著即使提到钟，通常也只是停留在对古钟的形制的描绘，或者是对古钟铭文的文化解读，难以达到专门性的理论研究深度。

三　研究方法及意义

本书将以前人研究所取得的成果作为知识背景，从古钟作为文化传播符号的意义入手，联系中国古代文化传播相关现象，对中国古钟的发展衍变、文化构成进行描述与分析，重点揭示它作为文化传播符号的特殊意义。与先秦乐钟研究的火热相比，对钟在先秦以后的作用的研究却是冷门，这一点引起了笔者的关注。因为钟在出现之初，礼器和乐器是它的主要功能。但是就文化传播而言，它的意义并不仅限于此。因此，对古钟文化的发展及其传播意义的研究尤为重要，它在一定程度上可以克服钟文化研究所遇到的瓶颈。

本书试图从文化传播的角度，以中国古钟为研究对象，探讨这个特殊的文化符号与文化传播之关联性。像世界上很多民族器物的产生和发展一样，中国古钟最初起源于某种实用功能。逐渐地，人们在选择钟的形和声的过程中，自觉或不自觉地将民族的、环境的、社会的、习俗的、宗教的一些因素融入其中，形成一种文化特色，也构成一种区别于其他民族的钟文化。人类学家认为，每种文化都要求传播自己的特质综合体，围绕着钟的出现和使用发展出相应的风俗习惯、技术手段、文学艺术、宗教禁忌、社会制度。对所有这些，可称之为钟文化。总之，由于所有依赖于钟的功用以及与钟有关的活动都彼此交织，因此，钟文化显示为一种综合体。

本书还涉及文化传播的概念，必须加以说明。文化作为人类所独有的创造物，"是包括全部的知识、信仰、艺术、道德、法律、习俗以及作为社会成员的人所掌握和接受的任何其他的才能和习惯的复合体。"[①] 这是英国人类学家泰勒对文化的定义。他认为人类社会中各种不同的文化现象，

---

① 〔英〕爱德华·泰勒：《原始文化：神话、哲学、宗教、语言、艺术和习俗发展之研究》，连树声译，广西师范大学出版社，2005，第 1 页。

只要能够用普遍适用的原理来研究，就都可成为适合于研究人类思想和活动规律的现象。传播本身就是人类文化系统中不可缺少的组成部分；而文化又依赖于人类的传播活动才能发生和发展。如果说文化是包括了符号体系、规范体系、信仰体系、价值体系和传统习俗等子形态所构成的有机系统，那么，文化传播就是指这个有机系统的承传、扩散、交流和发展的社会过程，也是语言、神话、宗教、法律、艺术、历史、科学等具体形态的文化的传播过程。因此，中国古钟文化包括许多方面，如与乐钟相关的礼乐文化、与梵钟相关的宗教文化、与钟楼相关的城市文化，还有以钟为媒介进行传播的钟铭文化，等等。在这众多文化中，古钟变得更加具有符号化的特征，钟体、钟声，甚至是钟形都成为一种文化符号。因为任何可感知的东西，都可以被赋予抽象意义而成为符号。人类创造符号是为了使用符号，使用符号的过程就是让符号的意指功能发挥作用的过程。这个过程，也就是我们所要讨论的"传播"过程。文化传播从空间和时间两个维度展开，是共时性和历时性的过程。文化传播随人类的产生而产生，随社会的发展而发展。文化传播具有以下特征：一是社会性。文化传播是人与人之间进行的一种社会交往活动，离开人这个传播的社会主体，传播活动就不能进行。二是目的性。人类的文化传播总是在一定的意识支配下的有目的有指向的活动，这就和动物本能性地机械生成传递有着本质的不同。三是创造性。在文化传播活动中，人类对信息的收集、选择、加工和处理，处处都包含着智慧，彰显着创新。四是互动性。文化传播是双向的，是传者与受传者之间信息共享和双向沟通与交流的过程。五是永恒性。文化传播生生不息，绵延不断，超时空、跨种族，贯穿人类社会发展过程的始终，是恒久不变的人类活动。据此，我们认为，文化传播是人类特有的各种文化要素的传递扩散和迁移继传的现象，是各种文化和文化信息在时间和空间中的流变、共享、互动和重组，是人类符号化和社会化的过程，是传播的编码和读者的解码互动阐释的过程，是主体间进行文化交往的一种创造性的精神活动。

文化传播首先促进了文化整合。整合（Integration）原本是一个概念，后来引入其他领域，包括文化研究学科。所谓文化整合就是指不同文化的兼容和重组，是异质文化之间彼此吸收、借取、认同并且趋于一体化的过程。从文化的世界图景来看，文化具有统一性、整体性和共享性，具有一种整合的客观要求和基础。而人类文化的交流和传播，是促使文化整合、生成新的文化和文化模式的关键因素。人类发展的历史可以说是文化不断整合的历史。中华民族文化的发展便是文化整合的过程和结果。华夏文化并不是中华民族中任何一个民族文化的历史，而是历经千年融合中华大地几乎所有民族文化的历史。中华文化是多元一体的文化。文化整合也包括文化同化。彼此渊源、价值取向、目标定位各异的不同文化的整合是一个不断适应、共同发展、渐渐融合为新的文化体系的过程。古钟文化就是儒、道、佛三种文化交流、传播和融合的结果和典范。文化的整合不是不同文化模式的简单叠加或混合，而是一种新的生成和融合。文化的传播只是实现文化整合的必要条件和途径，整合的方式并不就是传播的方式。文化传播中的传播者并不必然去整合别人，也同样不必然地被别人所整合。整合的主动权往往掌握在传播者和受传者的相互选择以及两者之间的兼容和谐一致上。其次，文化传播促成了文化增殖。所谓文化增殖是文化在质和量上的一种膨胀或放大，是一种文化的再生产和创新，是一种文化的原有价值或意义在传播过程中生成出一种新的价值和意义的现象。文化增殖从时间和空间两个维度展开。在时间维度方面，文化增殖主要表现为由于大量先进的现代电子传播媒介的使用，使传播的时间大为缩短，效率大大增加，促进了不同文化的交流和繁荣。在空间维度方面，在东亚和东南亚文化增殖主要表现为文化传播溢出了民族区域，传播中，与那里的文化融为一体，产生出新的文化形态。日本的、韩国的钟与钟楼建筑均表明中国文化在传播过程中增殖的新的文化内涵。然而，不是任何一种文化都必然是增殖的。唯有那些开放和创新的文化才会产生新的生长点，才会在文化交流过程中在扬弃异质文化的同时重构出一种全新的文化，从而保持自己旺盛的生机和活力。由此可见，文化传播为文化增殖提供了条件和可能，但不是任何文化传播都必然导致文化的增殖。因为文化系统如同人的生理系统一样，对异己成分有着强烈的拒拆反应。事实上，文化传播的过程是传播者和受传者双方识别、选择和消化他文化的过程。再次，文化传播造成了文化积淀。文化传播使文化财富承接和传播开来，成为不断积累的文化遗产，使文化在历史长河中得以沉积和堆积，这种文化的承继和发展便是文化积淀。文化传播的时间越久远，文化积淀就越深厚。文化积淀促进了人类的进化和发展。正如摩尔根所指出的，人类是通过经验知识的缓慢积累，才从蒙昧社会上升到文明社会的。文化积淀还促成了许多文化圈的发展。文化的积淀不仅是一种封闭的由上一代文化简单机械地传递给下一代的历时性过程，而且是一种开放的不断吸收外来优秀文化因子的共时性的创造过程。然后，文化传播促进了文化分层。文化分层问题属于文化结构问题。文化作为社会的大系统，当然是存在一定的层次的。文化的层次是指组成文化系统的各个要素在时间和空间上的排列和组合。文化层这一范畴是德国学者海因利希·施莱曼首先提出来的。他从考古学角度进行文化结构的研究。在他看来，文化结构的研究是可以用对历史的时间所剥离的层来进行规定的。一个短暂的历史时间所形成的文明形态，是少量的文化遗存所展示出来的文化结构样态。就空间而言，越是久远的层面结构也就越简单。因此，我们可以把文化层作为文化结构的一个最为基本的单位来界定。文化传播所导致的文化分层，是指由于当代社会信息流的迅速增长，信息的传播扩大了不同群体之间的文化层次。最后，文化传播导致了文化变迁。文化变迁是指世界上任何一种文化都处在动态的发展和变化之中，都不同程度地经历着产生、发展、变化、衰退和再生的过程。从文化发展的角度讲，文化变迁是一种客观普遍的规律，是文化自身发展的必然结果。文化处于不断的变迁之中，这是由社会发展所引起的一种内在的律动。

概括说来，文化的传播功能是文化活动所具有的传播功能及其对人和社会所起的作用或效能。美国著名传播学者拉斯维尔在《社会传播与结构》一文中，把文化传播功能归结为监视环境、联系社会和传递遗产三大功能。在他看来，所谓监视环境，就是准确地、客观地反映现实社会的真实情况，再现周围世界的原貌及其重要发展；所谓联系社会，是指把社会的各个部分、各个环节、各类因素整合为一个有机的整体，以应付环境的变化和挑战；所谓传递遗产，就是延续社会的文化传统。1975 年，社会学家莱特从社会学的角度，并在拉斯维尔提出的三个功能的基础上，补充了文化传播的第四个功能，即提供娱乐的功能，这样就使文化传播的功能观更加完善。重点是文化传播的社会功能。文化传播是一种社会需要、社会过程和社会现象，它的社会功能主要表现为政治功能、经济功能和教育功能。文化传播是社会发展的关键性要素。传播媒介本身拥有巨大的教育价值和教育功能，是一种没有空间和围墙的学校。文化传播是社会发展和社会文明进化的重要因素。毫无疑问，社会发展和文明进化离不开文化传播，没有文化传播便没有人类文明。文化传播具有促进社会整合、协调和控制社会活动的功能。文化传播的社会整合作用主要表现为文化传播是均衡人类文明，实现社会规范和控制社会的一个重要的自组织系统。从宏观历时的角度讲，人类的文明是不可能完全实现均衡和趋同的。但是，一种人类文明均衡的趋向是存在的，这就是我们提出的文化均质化现象。这种均衡或均质化的趋向，正是通过文化传播造成的信息的传递和社会成员的交往实现的。

文化与传播的关系，可以转引道格拉斯·凯尔纳的经典论断加以阐明："事实上，在'文化'和'传播'之间所作的区分是武断和生硬的，应该予以解构。不管人们是将'文化'看作是高雅文化的产物、人们的生活方式、人类行为的语境，还是把它当作任何别的什么，文化总是与传播密切相关的。一切文化要成为一种社会的产物从而名副其实地变成'文化'，就既是传播的主宰，又被传播所主宰，因而就其本质而言，也是传播性的。不过，反过来，虽然'传播'受文化的调停，但是它也是文化得以散播和实现其真实效应的一种模式。这里既没有无文化的传播，也没有无传播的文化，所以，在它们之间划分出一种生硬的界限，宣称其中一个方面是某一学科的合法对象，而另一个方面则归入另一学科——这一绝好的例子可以说明武断的学术分工的鼠目寸光和劳而无功。"[1] 文化，是人类建构出来的努力将人类从自然界分离出来的物质—精神体系。传播的文化，则侧重人类传达交流的信息体系，把人造的任何现象符号化，梳理诸如服饰、食品、住宅、工艺、礼仪、习俗等文化符号的"结构与功能"，并通过文化符号的系统解读，进入人类文化"思维—行动"的深层世界，从中把握蕴含在文化现象中的深刻的文化精神。

因此，本书的具体结构是以古钟文化的不同传播方向来展开，而在具体的每个文化的分析中都会运用考古学、社会学、哲学、文化学、文学的理论资源、思维方式、研究眼光以及批判精神。我们知道，传播的每个环节都是以符号为媒介进行的，但其中更有隐含在符号形式背后的意指。这种意指取决于代码的规定，这个传播的过程只有在共同的代码

---

① 〔美〕道格拉斯·凯尔纳：《媒体文化——介于现代与后现代之间的文化研究、认同性与政治》，丁宁译，商务印书馆，2004，第60~61页。

规约范围内才能有效进行。而且也必须参照当时的具体语境。语境是语言交流中补充语言代码的一种不可或缺的条件。符号以某种形式去"指说"某种对象也是社会成员共同约定的。早在2000多年前,荀子就曾有"制名以指实"的著名论点,并指出:"名无固宜,约之以命;约定俗成谓之宜,异于约谓之不宜。名无固实,约之以命实,约定俗成谓之实名。"① 马克思也曾指出: "物的名称,对于物的性质,全然是外在的。"② 可见,符号与指说对象的联系并不是天生注定的,而是取决于一定社会集团的意志,取决于"约定俗成"的社会习惯。其他非语言符号形式的人类交流也需要"代码"的规定和"语境"的帮助。不过,非语言交流活动中的"代码"就是具体社会中的文化习惯,"语境"就是交往过程中的具体情境。

最后,组成本书写作框架的是钟文化的几种不同传播语境。为什么要使用这样一种结构来进行写作?是因为本书所依循的研究思路是从微观视野出发考察,再从宏观处着手阐发,从而形成一个从局部到整体的解释结构。本书正是从相对独立又复杂联结的传播环节中去探究钟在不同传播语境中的文化特质。

诚如施拉姆在《传播学概论》的中译本序中所言"牛顿定律可以放诸四海而皆准",但人的传播法则受文化背景及性格差异的影响而"万分错综复杂……难于捉摸"。③ 20多年前,施拉姆曾赞扬说:"中国人在传承的学问上认识的深刻与精到,不但反映了悠久的历史传统,且常能推陈出新。"④ 那么,今天的我们更要立足于自身具有的文化背景来解读传播的意义。然而,相较于西方的传播理论现状而言,对中国古代传播理论的梳理和研究还显得过于薄弱。长期以来,学界一直试图对此有所突破和发展,本书就着眼于此,希望通过对中国古钟的文化传播现象的研究,尽一点绵薄之力;但由于笔者才疏学浅,疏漏之处在所难免,在这里祈望各位前辈不吝指正。

---

① 《荀子》,中华书局,1985,第488页。
② 马克思:《资本论》第一卷,郭大力、王亚南译,人民出版社,1953,第89页。
③ 〔美〕宣伟伯:《传学概论:传媒、信息与人》,余也鲁译,香港海天书楼,1983,第2页。
④ 〔美〕威尔伯·施拉姆:《传学概论:传媒、信息与人》,余也鲁译,香港海天书楼,1983,第3页。

第一章

宫廷乐钟（上）

—— 先秦时期的乐钟文化与礼乐传播

　　新中国成立后，我国考古工作者先后在陕西、河南、安徽、四川、山东、河北等多地发现了商周至战国时代的铜编钟。1978 年，在湖北省随州市城郊发掘出土了曾侯乙墓，被人们誉为"地下乐宫之明珠"的编钟出土，震动了中外考古界。战国时期宫廷音乐的巨大规模和盛大场面，得以展现于世人面前。这个轰动世界的重大音乐考古发现中，一共出土了 124 件古代乐器，其中：编钟 65 个，编磬 32 个，十弦琴 1 件，五弦琴 1 件，笙 5 件，二十五弦瑟 12 件，鼓 4 件，篪 2 件，排箫 2 件。在整个"钟鼓"乐队中，编悬乐器占据了相当大的比重，而最引人注目的，是那全套完整的青铜编钟。这一套青铜编钟共 65 件，总重量达 2500 公斤。出土时，全套编钟以大小和音高为序，编成八组悬挂于三层钟架之上。其中，全部甬钟饰有碎龙交错的浮雕花纹，大钟还错嵌红铜，显得富丽堂皇。钟架为铜木结构，纵横两列连接成曲尺形，长 748 厘米，宽 335 厘米，高 273 厘米。七根横梁和上层六个小圆柱为木质，其余为青铜铸造。横梁上绘有彩色花纹和刻纹，两端有浮雕或透雕的龙、鸟、花瓣形纹饰的青铜器。设计轻巧可观。钟架的中下层各有三名青铜佩剑武士承托钟架横梁，气势雄伟。整个钟架尽管承受重达 2500 多公斤的全套编钟，历时 2400 多年，却依然坚实牢固，至今仍能矗立如故。"古编钟重见天日以后，在国际上得到了许多美誉：有称之为'旷世奇观'，有誉之为'世界奇观中独一无二的珍宝'，'古乐之王'。"[①]

---

① 谭维四：《乐宫之王：曾侯乙墓考古》，浙江文艺出版社，2002，第 63 页。

曾侯乙墓编钟的出土，使世界考古学界为之震惊，它表明早在 2000 多年前就有如此精美的乐器，同时也证明我国历史上的乐钟文化取得了惊人的成就。编钟是中国汉族古代大型打击乐器，兴起于西周，盛于春秋战国直至秦汉。中国是制造和使用乐钟最早的国家。我们的祖先不仅用铜制造了劳动工具和生活炊器，而且在长期的经验积累过程中，逐渐认识了音乐，铸造了青铜编钟，在中国文化传播史上写下了辉煌的一页。

第一节　先秦乐钟的概况

中国古人按照乐器的材质将乐器分成八类："八音者，金、石、丝、竹、匏、革、土、木也。金为钟；石为磬；丝为弦；竹为管；匏为笙；土为埙；革为鼓；木为柷敔。"① 其中排首为"金"。以制造材质而言，钟为"金"，钟属金属乐器，被归为八音之首。孟子有言："集大成也者，金声而玉振之也，金声也者，始条理也，玉振之也者，终条理也。"② 推崇礼乐的儒家向来把音乐放在很高的位置，音乐的教化作用是非常有效的，这是礼仪传播得以实现和巩固的极佳途径。而"金声"，即钟声，具有"始条理"的作用，说明钟是众乐器的领队。显而易见，中国古代（尤其在先秦时期）的宫廷大型活动中，作为活动的音乐部分，乐队演奏中总是先以钟发声。钟，乃众乐之首，集音之大成。由此，乐钟的重要性可想而知。同时，作为乐器的乐钟，还具有另一项功能——礼器，它体现了重要的礼仪象征意义，适用于正式场合的礼乐大典。因而，乐钟也是古代郊祀庙堂所用礼乐器的主体。

一　乐钟的产生

1. 乐钟的溯源

众所周知，中国古代的青铜乐钟产生于青铜时代，也辉煌于青铜时代。商周至春秋战国的约 1000 年，是乐钟兴起、发展并到达顶峰的一段重要时期。在中国，乐钟文化历史悠久，分布广泛，类型丰富，功能多

---

① 翁方纲：《经义考补正》，中华书局，1985，第 125 页。
② 汉·赵岐注《孟子注疏》，北京大学出版社，2000，第 121 页。

样，而考古发掘出土的实物，无疑为我们提供了乐钟的原始形态。但是，历史如此悠久和丰富的乐钟，有关它的创始和渊源，历史文献上却众说纷纭：

> 昔者黄帝以其缓急作五声，以政五钟。令其五钟，一曰青钟大音，二曰赤钟重心，三曰黄钟洒光，四曰景钟昧其明，五曰黑钟隐其常。①

> 炎帝之孙伯陵，伯陵同吴权之妻阿女缘妇，缘妇孕三年，是生鼓、延、殳。始为侯，鼓、延是始为钟，为乐风。②

> 帝喾命咸黑作为声歌——《九招》、《六列》、《六英》。有倕作为鼙鼓钟磬吹苓管埙箎鼗椎钟。帝喾乃令人抃或鼓鼙，击钟磬，吹苓展管箎。因令凤鸟、天翟舞之。帝喾大喜，乃以康帝德。③

早在三皇五帝时期，钟作为乐器就已经出现，并且十分重要。而关于制作钟的传说，也出现了许多版本。很多典籍上关于钟的产生的记载，都指向"倕"这个人。关于倕作钟的传说在《世本》里也有提及：

> 黄帝使伶伦造磬，倕作钟。④

然而，关于作钟之人——倕的具体资料却极其罕见。这些古籍的记载中，基本上将钟作为乐器之首，在上古先民时期就得到了极大的重视和肯定。其中，也提到了具体受命作钟之人，然而传说毕竟只是传说，关于乐钟的创始的说法不可能一致，但可以肯定的是，乐钟的渊源基本上在五帝时期。据此推断，早在夏商之前，就已经有钟类乐器的雏形。

直到今天，许多丰富的考古资料，给我们提供了关于乐钟起源的线索，因而学界产生了三种推论。

"陶钟"说——据相关考古资料记载，1956 年河南陕县庙底沟仰韶文

---

① 支伟成编纂《管子通释》，上海书店，1996，第 288 页。
② 袁珂校注《山海经校注》，上海古籍出版社，1980，第 464 页。
③ 战国·吕不韦著，陈奇猷校释《吕氏春秋新校释》，上海古籍出版社，2000，第 288 ~ 289 页。
④ 汉·宋衷注《世本·作篇》，中华书局，1985，第 77 页。

化遗址（公元前 3900 年左右）就出土过一枚陶钟，由细泥红陶制成，光素无饰，通高 9.3 厘米，甬长 2.7 厘米，口径 5.0 厘米。现藏于中国国家博物馆。这枚陶钟的外形，已经初具后世钟类乐器的形制。因而，有人据此认为，新石器时代出现的陶钟是铜制钟类乐器的前身，其形制与商代铜铙相近，用陶土烧制而成，是一种敲击体鸣乐器。

"竹筒"说——郭沫若曾经就钟的演进做过如下推论："钟铎之类大率起源于竹筒，或中空之木，今世丐者犹有击竹筒以乞讨之习，其孑遗也。由竹木器直演而为金属器，中间并无必经之任何阶段。古之钟铎类其器甚小，均有柄，执而击之，此即由竹木器转化之进一步而已。周人加大之，遂为所不能持，钟乃倒悬矣。"[1] 显然，郭沫若先生认为，钟起源于竹制的一种器物，这便与"陶钟"说不一致。这种说法对于钟的起源这个问题缺乏考证，仅止于推断，所以无法立论。

"铃"说——冯光生先生在他的《编钟溯源》一文中谈道："我国新石器时代出现的陶铃、铜铃，作为原始乐器是后世钟属大家族的先祖。经过铜石并用时期进入青铜时代后，单件的铃及由之发展的编铃被长期用于音乐活动，较小的铃则成为动物和器物的有声饰品，与乐器铃并存。随后，铃随青铜文化的发展和社会的需要繁衍出多种乐器。"[2] 他根据考古发掘的陶铃和铜铃等实物，认为钟起源于铃。

综上所述，关于乐钟的起源众说纷纭，传说也罢，据古考证和推论也好，莫衷一是，最终并没有定论。出现这样的纷争，主要原因在于钟类乐器的形制既多样，又复杂，而古代乐钟的传播和发展也同样复杂和纷乱。当代学者洛秦先生对乐钟的发展做出这样的推测：陶器——竹钟或木钟——陶钟——铜钟——青铜编钟。他认为，乐钟的发展过程经历了一个漫长的历史阶段，"这一系列的变迁充分体现了乐器艺术中的音乐听觉审美意识演进的物态化活动的过程。……乐器的形成并非是瞬间的。它是从最粗俗、最简陋的生活用具发生，走过一个非常漫长的道路，经历了一个

---

① 郭沫若：《两周金文辞大系考释》，科学出版社，1957，第 237 页。

② 冯光生：《编钟溯源》，见《曾侯乙编钟专题活动学术论文》，武汉音乐学院出版社，1988，第 8 页。

极其缓慢的演化过程后，才真正具有了音乐艺术的表现工具的属性。"① 作为这样一种古老的乐器，乐钟的产生肯定是经历了一个十分漫长而曲折的过程。尽管如此，在历史的长河里，它的踪迹还是可以慢慢追寻的，只是无法得出唯一的解释和答案。笔者认为，洛秦先生的上述推测是合理的。

2. 乐钟的种类

乐钟，即奏乐之钟，古代贵族用于庙堂祭祀、婚冠丧葬、军事征战、宴享宾客等各种活动中，具有乐器和礼器功能。乐钟作为礼器，是统治阶层权力和地位的象征，西周时期形成了严格的用钟制度，不同等级的统治阶层享有不同规格的钟乐。"钟鸣鼎食"是先秦社会统治阶层生活的真实写照。乐钟的种类，如《古今乐录》里所云：

> 凡金为乐器有六，皆钟之类也。曰钟，曰镈，曰錞，曰镯，曰铙，曰铎。镈如钟而大。錞，錞于也，圆如椎头，上大下小，所谓金镈和鼓也。镯，钲也，形如小钟，军行为鼓节，铙如铃而无舌，有柄而执之。铎，如大铃。②

这一段记录使我们能清楚地区别古代六种钟类的乐器。可见，古人已经将"钟"（广义）作为这六种青铜金属铸造的乐器（包括狭义的钟）的总称。直至当代，古代音乐史方面的有关资料对乐钟的种类的规定也与古人基本相似，出入不大。如乐声编著的《中国乐器博物馆》③把钟类乐器分在"体鸣乐器纲"里，并且根据演奏方法的不同，将乐钟定义为"钟形敲击体鸣乐器科"。其中包括有陶钟、大铙、编铙、镈、编镈、甬钟、钮钟、编钟、筒形钟、大钟、钲、铎、镯、錞等。这样的分类，基本上将钟形乐器的各种形态全部加以概括，而且也更加具体明确。

然而，上述各类钟虽形制有异，它们却有一个明显的共同点，即钟体横截面均为椭圆形，或称为合瓦形。当敲击它的正鼓和侧鼓两个部位时，能发出两个音高不同的声音。因此，合瓦形的钟也称为"双音钟"。由于它早期用于演奏，故也称为乐钟。就声学性能而言，这种腔体的钟，对音

---

① 洛秦：《从声响走向音响——中国古代钟的音乐听觉审美意识探寻》，载《音乐艺术》（上海音乐学院学报）1988 年第 2 期。

② 唐·徐坚：《初学记》，中华书局，2004，第 145 页。

③ 乐声编著《中国乐器博物馆》，时事出版社，2004。

响的持续性具有阻抗作用，使之发音不能持久延续。而这一特点，正是作为乐器的钟，尤其是作为用于合奏的乐钟所需要的，假如乐钟的余音太长，反而不利于音乐的演奏。所以，从先秦时期开始，直至清代，用于演奏音乐的钟，大都保持了椭圆形截面的钟腔。而本章中研究的对象是先秦乐钟，重点放在先秦时期经常出现在礼乐仪式中的钟形乐器上，即镈、甬钟、钮钟、编钟、镎等。

二 与乐钟相关的礼乐制度

1. 乐悬制度

虽然乐钟早在夏商时期就已经开始出现并使用，但严格地被纳入礼乐制度却是从西周时期开始的。西周初年，统治者在总结殷商各种典章制度的基础上，制定了一套十分严密的"封诸侯、建国家"的等级制度，即历史上著名的"制礼作乐"。这套礼乐制度十分完整，并且严格而繁复。由于周人对音乐的社会功能已有了充分的认识和相当的重视，他们视"乐"与"礼"同等重要，礼乐的共同作用使西周时期的礼乐文化传播成为可能。而且这种礼乐制度十分强调等级和秩序，如《周礼》中记载的乐之"序事"，指的就是宫廷礼仪中乐器的陈列和乐节进行的先后顺序。《周礼·春官·乐师》"凡乐事，掌其序事。"贾公彦疏："谓陈列乐器及作之次第，皆序之，使不错缪。"[1] 孙诒让《周礼正义》中释道："作乐次序，若金奏、升歌、下管、间歌、合乐等，所作之先后，乐师皆序之也。"[2] 由此可见，这样一种体现在音乐中的秩序感在礼乐制度中十分重要且受到推崇。因此，以钟磬为主的乐悬制度被用来规范不同层级的用乐方式，即严格规定王室、诸侯与士大夫各层级的乐悬制度。

所谓"乐悬"，本意是指必须悬挂起来才能进行演奏的钟磬类大型编悬乐器。而在礼乐制度中，乐钟所代表的不仅是能发声的乐器，而且是一种秩序的象征符号，这种象征意义具体体现为以乐钟为主体的乐悬制度，也称"宫悬"制度。可以说，这是礼乐制度的一种物化形态。随着西周时期周公制礼作乐的完成，乐悬制度趋于完备，形成了一套相当具体而严格

---

[1] 汉·郑玄注《周礼》，中华书局，1936，第135页。

[2] 清·孙诒让：《周礼正义》，中华书局，1987，第179页。

的用乐机制：

> 正乐悬之位，王宫县，诸侯轩县，卿大夫判县，士特县。[①]

何为"宫悬"？何为"轩悬"？何为"判悬"？何为"特悬"？古书上也做了详细的解释，如《文献通考·乐考十三》中，引郑玄注云：

> 宫悬，四面悬；轩悬，去其一面；判悬，又去其一面；特悬，又去其一面。四面，像宫室四面有墙，故谓之宫悬。轩悬三面，其形曲，故《春秋传》曰：请曲县繁缨以朝诸侯，礼之。言谓轩悬去南面避王也。判悬，左右之合，空空北面。特悬之于东方，或于阶间而已。[②]

根据上述一段史书的文字记载，可以看出乐悬的制度是以悬挂乐器的多寡来代表各阶层的身份和地位。所以，在用乐的数量上也有非常严格的规定。

> 凡县钟磬，半为堵，全为肆。注曰：堵，如宫墙之堵；肆，如牲体之肆。此言凡县钟磬，则其文非连上经之乐悬矣。郑氏谓，县钟磬者，编县之二八十六枚，而在一虡，谓之堵；钟一堵，磬一堵，谓之肆。半之者，诸侯之卿大夫，士也。诸侯之卿大夫，半天子之卿大夫，西县钟，东县磬，士亦半。天子之士，县磬而已。其言诸侯之卿大夫，西县钟，东县磬，则是十六枚在一虡，何以谓之半。士有磬无钟，则又何为声。乐之和，其数既差，不尽与古合要。所谓半天子之卿大夫士则可据也。……盖天子宫县，每面钟磬各十六枚，则四面各六十四枚，诸侯以下，降杀焉。诸侯三面，则钟磬各四十八枚。卿大夫两面，则钟磬各三十二枚。士一面，则钟磬各十有六枚。虽尊卑多寡不同，而每面皆各十六枚，谓之肆。若诸侯之卿大夫判县，则每面钟磬各八枚，两面共钟磬各十有六，士特县，则各八枚而已。惟其得

① 汉·郑玄注《周礼》，中华书局，1936，第132页。
② 元·马端临：《文献通考》，中华书局，1986，第1941～1942页。

每面之半，故谓之堵。[1]

上述引文中，乐悬制度的规定看似只是数字的变化，天子用钟磬的数量是六十四枚，诸侯则用四十八枚，依次推之，这其实是当时西周社会等级划分的标志，而且是作为严格的等级制度来进行具体操作的。西周礼乐制度对乐钟等编悬乐器使用的数量有着严格的规定和限制，这不仅说明当时社会礼乐文化的成熟和繁荣，而且体现出统治者对于等级制度的苛刻要求。其中，尤其是对编钟的使用数量和设置方位做了严格的等级规定，使这类乐器附加上强烈的等级象征意义，成为确定身份地位的标志，从而具有了礼器的性质。《周官总义》中就有非常详尽的关于"乐悬"的说明，不仅在数量上对乐器有着严格的规定，而且对乐器的摆设方位都有规范，不可谓不细致。

> 凡鼓镈钟磬，皆有县。下经言，凡县钟磬，则以钟磬为主，此梓人所以有钟虡磬虡之制也。王宫县，则谓四面之县，以像宫室之四围；诸侯轩县，则去其一而为三面，是阙其南面矣；卿大夫判县，则又去其一而为两面，是并去其北面矣；士特县，则非西即东，一面而已矣。按大射曰，乐人宿县于阼阶之东，笙磬西，面其南；笙钟其南，镈皆南陈，是阼阶。西阶，其位皆北，其面在南者，无县也。然又曰，建一鼓在西，阶之东，南面何耶？说者谓，诸侯与其臣大射，其县三面。所谓南面，特鼓而已，钟磬则无县焉，知此则知大夫判县、士特县，皆无南面，所以尊天子也。辨其声，则钟磬鼓镈，其声不一，必待辨而后正。[2]

西周时期，乐钟不仅用于殿堂宴享，也用于朝政仪典和郊庙祭祀，并因其用途的不同而有各种专称，如：音乐中和歌之钟，称"颂钟"或"歌钟"；和笙之钟，称"笙钟"；出行用钟，称"行钟"；宗庙用钟，称"宗彝"，等等。

和"乐悬"制度相对应的还有"金奏"制，在"正乐"前也奏乐，

---

[1] 汉·郑玄注《周礼》，中华书局，1936，第147页。

[2] 宋·易祓：《周官总义》，《景印文渊阁四库全书》第92册，台湾商务印书馆，1986，第440页。

其乐称"金奏"。"金奏"即奏金，因其使用的乐器以钟、镈等金类乐器为主面而得名。《周礼·春官·镈师》"掌金奏之鼓"贾公彦疏：金奏谓奏金。金即钟镈。钟镈以金为之，故言金。

《周礼》云：

> 钟师奏金奏。此节钟师，自击不编之钟。凡作乐，先击钟，故曰金奏，乃击钟以为奏乐之节，继之钟鼓，奏九夏，则知奏乐未尝无鼓。鼓人亦曰，以晋鼓鼓金奏，是其乐。虽用鼓，特以金为主。①

"金奏"的"金"字，东汉郑玄的注解为钟、镈，也就是"钟师"针对不同的礼仪，以钟、镈演奏《王夏》《肆夏》《昭夏》《纳夏》《章夏》《齐夏》《族夏》《祴夏》《骜夏》等行进音乐。王国维在《释乐次》中说："凡乐，以金奏始，以金奏终。金奏者，所以迎送宾，亦以优天子诸侯及宾客，以为行礼及步趋之节也。"② 另有"凡金奏之乐用钟鼓，天子、诸侯全用之，大夫、士鼓而已。"③ 乐钟享有尊贵地位，仅能为天子、诸侯等贵族阶层使用，成为权力的象征。因此，钟不仅为宫廷的乐器，更是社会等级秩序的象征。"金"在用于祭祀的乐器中，也一直是占据着重要的位置。在"八音"乐器分类里，这类的乐器在排列次序上也总是位于前列。

在周代音乐礼仪中，乐悬制度有"常悬""暂悬"两种情况，前者用于路寝，后者用于宗庙、学宫。需要"宿悬"的是在有暂悬乐悬的宗庙、学宫中举行的礼仪。在有常悬的路寝中举行的礼仪，不需要"宿悬"。宿悬，即清代李光地所说"宿悬，谓前宿而豫悬之"，是指在礼仪进行的前一天晚上，由相关的职官将乐器悬于筍虡之上，以备第二天使用。宿悬之器，主要是钟、磬、鼓等，其他如琴、瑟等比较轻便的乐器不用宿悬，而是在第二天礼仪中乐人登堂时，由相者直接带至堂上。"宿悬"包括陈设、挂悬、辨位、审声四事。一是陈设乐器架；二是悬挂钟、磬、鼓等乐器于筍虡上；三是根据不同礼仪的要求，分辨乐悬之位；四是扣听其声，察看

---

① 汉·郑玄注《周礼》，中华书局，1936，第155页。
② 王国维：《观堂集林（外二种）》，彭林整理，河北教育出版社，2001，第98页。
③ 王国维：《观堂集林（外二种）》，彭林整理，河北教育出版社，2001，第98页。

乐器的悬挂是否符合音律。周代礼仪之完备可见一斑，连很多细节的地方，都一一做了严苛的规定。

2. 乐官制度

在先秦时期严格的礼乐制度下，举行礼典时必须要求仪式不能有任何差错，因而贵族们很注重礼仪的演习，习礼成为贵族教育的重要部分。周代音乐机构分行政、教学和表演三部分，人员均有明确分工。中国古代的乐官制度，最早建于周朝，《周礼》云：

> 大司乐，掌成均之法，以治建国之学政，而合国之子弟焉。①

"大司乐"是周朝十分重要的官职，虽然是乐官，但是品阶很高。因为这个官职主要负责掌管国家的礼乐制度，并且还肩负着教育统治阶级继承者的任务。在这些礼仪教学中，礼典的演习是非常重要的课程。《礼记·王制》云：

> 乐正崇四术，立四教，顺先王诗、书、礼、乐以造士，春秋教以礼、乐，冬夏教以诗、书。②

乐钟在先秦时期作为礼乐重器，无论天子祭祀、上朝、庆典、征战都要击鼓鸣钟，这些都记载于先秦的典籍《周礼》中。西周统治者为了在礼乐仪式上鸣钟击鼓的需要，设置钟师、鼓人的职务。

由于乐钟的用途广泛，西周时期的宫廷里钟类乐器的演奏者竟有八十二人之众，并且还有职位高下之分，如《周礼·春官》：

> 钟师中士四人，下士八人，府二人，史二人，胥六人，徒六十人，掌金奏。③
>
> 磬师，掌教击磬、击磬、击编钟，教缦乐、燕乐之钟磬。凡祭祀，奏缦乐。④
>
> 钟师掌金奏，凡乐事以钟鼓，奏九夏：王夏肆夏昭夏纳夏章夏齐

---

① 汉·郑玄注《周礼》，中华书局，1936，第145页。
② 汉·郑玄注《礼记》，中华书局，1936，第46页。
③ 汉·郑玄注《周礼》，中华书局，1936，第116页。
④ 汉·郑玄注《周礼》，中华书局，1936，第155页。

夏族夏祴夏骜夏。凡祭祀飨食奏燕乐。凡射王奏驺虞，诸侯奏狸首，卿大夫奏采蘋，士奏采蘩，掌鼜鼓缦乐。[①]

可以看出，对于乐钟等编悬乐器的分工，礼乐制度都有详细的说明。《仪礼·燕礼》："乐人县。"贾公彦疏："案《大射》乐人宿县在射前一日，又具辨乐悬之位者……"易祓《周官总义》卷一三曰："宿悬，则祭前之夕悬乐于筍虡也，以声展之，则十二声皆以词其器也。"宿悬的职官有小胥、典庸器、视瞭等；首先，由典庸器率其属陈设乐器架，即筍虡。然后，视瞭帮助将大量钟、磬、鼓诸乐器根据音律悬挂于筍虡之上。《周礼·春官·典庸器》云："及祭祀，帅其属而设筍虡。"郑玄注："视瞭当以县乐器焉。"贾公彦疏："《视瞭职》云：'掌大师之县'，此直云设筍虡，明是视瞭县之可知。"《周礼·春官·视瞭》云："掌大师之县。"郑玄注："大师当县则为之。"李光地《古乐经传》卷一："县之，使得其位。"之所以说视瞭是帮助悬挂大量乐器，是因为此事本是由大师为之，但大师目盲，所以才让视瞭帮助大师悬挂乐器于筍虡之上，其时大师在旁监督。《钦定周官义疏》卷二三云："悬本是大师之职，以其无目，故视瞭掌之也。"由于乐师很多都是盲人，其中的不方便可想而知，这也留下了乐钟在先秦以后的传播发生断层的隐患。乐器悬挂好后，由大司乐击奏之，以检查乐器排列的位置是否准确。小胥则根据等级的规定检查乐悬的陈设是否符合礼制要求，天子应是宫悬，诸侯应是轩悬，卿大夫应是判悬，士应是特悬。小胥同时还要辨乐悬之声是否与音律相合。

由于当权者对乐钟相当重视，宫廷里更是设有专门造钟的官职——"凫氏"，并且产生了一套关于造钟的完整理论，如《考工记》中有凫氏为钟一例：

> 凫，水鸟，清扬而善飞。周人以凫氏为声钟官，盖钟之声，贵乎清扬而能远。[②]

这一系列的乐官、造钟官的设置，非常细微而烦琐，但足以体现出周

---

① 汉·郑玄注《周礼》，中华书局，1936，第 155～156 页。

② 宋·易祓：《周官总义》，《景印文渊阁四库全书》第 92 册，台湾商务印书馆，1986，第 647 页。

代礼乐制度对乐钟的重视程度。而且严格而细致的乐悬制度，特别是对乐器的管理和应用，也为后世历代王朝将乐钟作为雅乐重器奠定了基础。

同时，大多数乐官不仅进行表演，还承担着乐教的职能，"乐师掌国学之政，以教国子小舞"①，反映了处于鼎盛时期的西周雅乐在音乐教育方面的完善程度。《周礼》上就清楚记载着各种乐官的职能。

> 磬师，掌教击磬、击编钟，教缦乐、燕乐之钟磬。凡祭祀奏缦乐。击磬不言编者，以磬无不编，故不言编，钟，言编则有不编者。编钟同于编磬，故磬师击之；其不编者，钟师击之。缦如缦锦之缦，学记曰，不学操缦，不能安弦，以其错杂成文，则知其为杂声之和乐者也。燕乐，即房中之乐，以房中为燕，闲之所如。二南托后妃，以风喻君子，则知其为房中之乐也。二者皆有钟磬，故教瞍奏之。凡祭祀，奏缦乐，亦取其和而已。②

作为传播文化知识和文化观念的途径，教育活动是同人类自身的历史一样悠久。《尚书》记载：早在尧帝时期乐官就充当着教育贵族子弟的职能，"帝曰：'夔，命汝典乐，教胄子'。"③"夔"，是舜帝时期的乐官，职位相当于周代的"大司乐"一职。在礼乐制度更加完备的周代，大司乐所管辖的众多乐官，曾集中上千名学生对他们进行包括音乐舞蹈在内的"六艺"——礼、乐、射、御、书、数的专门教育，这是为了培养王室和贵族子弟的文化修养而实施的贵族式教育。西周音乐教育的目的，诚如《左传·僖公二十七年》所言："诗书，义之府也。礼乐，德之则也。德义，利之本也。"④ 强调德为乐之本，"德音"谓之乐。因此，周王朝建立了"史官文化"和"乐官文化"并重的文化体制，所谓"史为书，瞽为诗"的"瞽史之记"。史官文化是指以史鉴为目的，以记事记言为基本特征的历史文化。而乐官文化，如《史记》所载，成王"既绌殷命，袭淮夷，归在丰，作《周官》，兴正礼乐，度制于是改，而民和睦，颂声兴"⑤。"瞽宗"

---

① 汉·郑玄注《周礼》，中华书局，1936，第145页。
② 汉·郑玄注《周礼》，中华书局，1936，第155页。
③ 汉·孔安国传《尚书》，中华书局，1936，第7页。
④ 晋·杜预：《春秋经传集解》，上海古籍出版社，1978，第365页。
⑤ 汉·司马迁：《史记》，中华书局，1959，第133页。

原为乐师的宗庙，用作祭祀的场所。祭祀中礼乐相附，瞽宗渐渐变成贵族子弟进行礼乐教育的机构。古人认为"以乐造士，如夔与《大司乐》所言，而命之曰学，又曰瞽宗，则以成其德也"。① 这种乐教实为礼教教育的组成部分，其明显特征是官师一体化，既执掌国家宗法祭祀典礼，又以礼乐执教于学校。中国政治、教育政教合一的结构即这种双重身份的"传播者"，这种身份的传播者也不断地强化着这种结构，两者相辅相成。

第二节　先秦乐钟文化的传播

先秦的乐钟文化嵌生在礼乐文化之中，这一点毋庸置疑。礼乐传播是中国历史上极有特色的重要传播活动，当代传播学者黄星民曾在其《礼乐传播初探》一文中，从传者、内容、渠道、受者、效果五个环节对礼乐传播的全过程进行了分析，指出礼乐传播表现了中国儒家的高度传播智慧和传播道德，这对本书具有启发意义。② 不过本节所涉及的礼乐传播与其有所不同，是在礼乐文化还未完全儒家化的历史条件下进行的，主要是在宫廷王室、贵族、诸侯之间传播，而且分别从"用钟之人""用钟之境""听钟之人"的"赐钟"与"赠钟"几个角度进行乐钟文化传播的分析。

一　"金石之乐"的文化传播分析

中国古代的文化，常将"礼乐"并称，其渊源由来已久。

> 周公相武王以伐纣，武王崩。成王幼弱，周公践天子之位，以治天下。六年，朝诸侯于明堂，制礼作乐，颁度量，而天下大服。③

礼乐文化一直在社会生活中发挥着重要的作用，影响着世世代代中国人的行为规范，如古代教育中的"六艺"，"礼""乐"就列在前两位。后来的儒家修改制定的"六艺"，"礼""乐"仍在其中，并且汉代以后一直沿用。"礼""乐"本是古代祭祀活动的一种仪式，周公"制礼作乐"，将

① 元·马端临：《文献通考》，中华书局，1986，第 379 页。
② 黄星民：《礼乐传播初探》，载《新闻与传播研究》2000 年第 1 期。
③ 汉·郑玄注《礼记》，中华书局，1936，第 115 页。

这种仪式上升到统治者进行思想传播的领域，并由此确立了上下尊卑等级关系的礼制，与之相配合的情感艺术系统（乐制），使原先作为神灵祭祀的礼乐，逐渐变成了政治上的等级制度和人们在社会交往中的礼仪。进入封建社会之后，这一传统被历代统治者继承，并有发展之势，如孔子《论语》中多次提到礼乐；荀子有《礼论》《乐论》各一篇；司马迁《史记》中亦有专门的《礼书》《乐书》，以后历代史书中大多都有一篇《礼乐志》，或者分拆为《礼志》和《乐志》。这都充分说明了"礼乐"是中国古代文化的重要象征，也是中华民族文化的核心组成部分。因此，《礼记》曰："礼者，天地之序也；乐者，天地之和也。"

1. 用钟之人——"传者"与"受者"——"制礼作乐"

在礼乐传播的环境和过程中，由于礼乐的表现主要是以音乐为主的形式，所以从表面看，传者似乎是礼乐活动中使用乐器的人，即乐官。然而实际上，事实并非如此。真正的传者是隐藏在礼乐仪式背后的统治者，即礼乐制度的制作者，是他们把自己的统治理想和治世思想赋予礼乐形式之中。如《荀子》云：

> 夫乐者，乐也，人情之所必不免也，故人不能无乐。乐则必发于声音，形于动静，而人之道，声音、动静、性术之变尽是矣。故人不能不乐，乐则不能无形，形而不为道，则不能无乱。先王恶其乱也，故制雅、颂之声以道之，使其声足以乐而不流，使其文足以辨而不諰，使其曲直、繁省、廉肉、节奏足以感动人之善心，使夫邪污之气无由得接焉。是先王立乐之方也，而墨子非之，奈何！故乐在宗庙之中，君臣上下同听之，则莫不和敬；闺门之内，父子兄弟同听之，则莫不和亲；乡里族长之中，长少同听之，则莫不和顺。故乐者，审一以定和者也，比物以饰节者也，合奏以成文者也，足以率一道，足以治万变。①

因此，在先秦时期，尤其是礼乐文化传播比较发达的西周时期，传者即是以"周公"为代表的上层统治者。这些统治者认识到音乐的政治功能和社会传播功能，赋予"金石之乐"以"礼教"的内涵和意义。

---

① 清·王先谦：《荀子集解》，中华书局，1988，第379~380页。

凡音乐通乎政而移风平俗者也，俗定而音乐化之矣。故有道之世，观其音而知其俗矣，观其政而知其主矣。故先王必托于音乐以论其教。清庙之瑟，朱弦而疏越，一唱而三叹，有进乎音者矣。大飨之礼，上玄尊而俎生鱼，大羹不和，有进乎味者也。故先王之制礼乐也，非特以欢耳目、极口腹之欲也，将以教民平好恶、行理义也。①

"传者"意识到音乐具有"移风易俗"的功能，所以，这样的传播效果是他们所期望的。于是，"必托于音乐以论其教"，他们一定不遗余力地进行传播，以达到教化对方的目的。而在礼乐传播的仪式上，受者同样也是居于上层社会的王公贵族或者诸侯士大夫，传播的范围仅限于统治阶级内部，由此体现了"礼不下庶人"的奴隶制社会的等级制是何等森严。

这样的礼乐传播环境和模式看似比较封闭，却有着潜在的受众。因为统治者相信，"观其音而知其俗矣，观其政而知其主"，礼乐仪式具有"上行而下效"的功能。可以毫不夸张地说，西周的统治者用这种礼乐"教化"的方式，完全已经可以取代西方国家宗教的基本功能。这个礼乐社会的典型，就是处于最为核心制度的礼乐制度。并且在礼乐传播形式中，不会有过多的宗教信号，更多的则是对祖先的崇拜，"礼莫重于祭"的观念深入人心。借此仪式，家庭伦理以及社会秩序的观念上升到国家意志的层面，统治的目的显而易见。在传播技术落后的先秦时期，这样以礼乐形式进行传播的方式无疑展示了传者高度的智慧。

前文所提及的"乐悬制度"与"乐官制度"正是这一礼乐制度的显著内容和特点。尤其是对乐钟这一重要而且特殊的礼乐器，礼乐传播者以颇具智慧的眼光看到了"钟"对"礼"的重要意义，因而对用"钟"的场合、用"钟"的方式、用"钟"的等级等，包括用"钟"的一切都进行了严格的规定，以此来达到他们的传播目的和统治理想。

2. 用钟之境——传播环境——"礼乐达于天下"

西周统治者充分发挥音乐的实用功能，将"乐"与"礼"结合得非常紧密，"以礼乐合天地之化，百物之产，以事鬼神，以谐万民，以致百物"②。所以制作礼乐者将"礼"分为五类，即吉、凶、宾、军、嘉。而且

---

① 战国·吕不韦著，陈奇猷校释《吕氏春秋新校释》，上海古籍出版社，2002，第276页。
② 汉·郑玄注《周礼》，中华书局，1936，第121页。

各类礼仪具有不同的功能：如"以吉礼事邦国之鬼神""以凶礼哀邦国之忧""以宾礼亲邦国""以军礼同邦国""以嘉礼亲万民"。总之，"礼以体政"，适应于各种政治需要，而且各种礼仪典章规定得十分具体，基本上包括国家政事的方方面面。《尚书·尧典》云"有能典朕三礼"①。

> 古之达礼三，一曰燕；二曰享；三曰祀。所谓：吉、凶、军、宾、嘉，皆主此三者，以成礼。古之达乐三：一曰风；二曰雅；三曰颂。所谓：金、石、丝、竹、匏、土、革、木，皆主此三者，以成乐。②

在这种情况下，承载传统文化的各种礼仪形式，便成为中国古代音乐赖以生存的重要载体。这些礼仪形式，无一没有音乐的参与，音乐已成为各种仪式活动的重要组成部分。《荀子·乐论》："且乐也者，和之不可变者也；礼也者，理之不可易者也。乐合同，礼别异。礼乐之统，管乎人心矣。穷本极变，乐之情也；著诚去伪，礼之经也。……君子明乐，乃其德也。乱世恶善，不此听也，于乎哀哉！不得成也。弟子勉学，无所营也。"③ 中国古代礼仪与音乐之间，便形成了一种微妙的关系：首先，在礼乐思想占主导的古代社会中，各种仪式必然要求音乐的参与，以配合仪式活动的正常进行，其次，音乐也多依附各种仪式活动而存在。乐钟就是这样一种典型的礼仪乐器，它是这些正式的国家礼仪中不可或缺的重要乐器。

> 和乐从容，发而为声音。琴瑟钟鼓以宣之，作而为器具。重门击柝以备之，皆顺时振动者也。顺则豫说，动则豫备，豫说豫备，事理相因。……建侯备钟鼓之县，闻其乐而知国祚之兴衰。行师执同律以听军声，辨其宫商而知胜负，亦皆和乐知几者也。故豫之所利在此。④

乐钟之悬，由于其在礼乐制度中的显著地位，在仪式音乐中有着不可缺少的作用，所以，任何一种礼乐仪式中都少不了乐钟的出现。刘向《新

---

① 汉·孔安国传《尚书》，中华书局，1936，第7页。
② 汉·郑玄注、唐·贾公彦疏《周礼注疏》，中华书局，1962，第625页。
③ 清·王先谦：《荀子集解》，中华书局，1988，第382~383页。
④ 清·黄宗炎：《周易象辞》，《景印文渊阁四库全书》第40册，台湾商务印书馆，1986，第310页。

序》记载："鲁孟献子聘于晋，宣子觞之，三徙，钟石之悬不移而具。"①
在进行重要的国事活动时，礼乐都有着无可替代的地位和作用，引述中的
鲁国人孟献子访问晋国时，待客的豪华酒宴搬迁了三个地方，到处都有固
定的编钟、编磬那样编制庞大的乐队。可见，先秦时期，在王室贵族出现
的正式仪式场合，一般都有规模宏大的音乐场面。这也是乐钟在音乐传播
效果中能够实现的重要前提，使用乐钟的环境并不是很容易就能具备，由
于乐钟是乐器之中相对来说比较大而且重的，对于有它出现的场合，一定
也是相当重要的场合。而能够达到这样程度的礼仪场合，其严肃性和庄重
性可想而知。

3. 听钟之义——传播效果——"金石之乐"

由于礼乐传播的对象大部分是王室贵族，因此，这样的传播过程就像
是一场自娱自乐，自导自演的仪式。整个仪式不仅是一次活动，一场表
演，而且是一个充满意义的世界，一个象征体系。正如德国社会学家马克
斯·韦伯（Max Weber）把人比作"悬挂在由他们自己编织的意义之网上
的动物"，认为人类就是"意义的创造者"（Meaning makers）。的确如此，
人类的行为、人类创造出的文化对象，对人类来说都是有"意义"（Mean-
ing）的东西。人类的社会活动就是不断创造意义、利用意义、规定意义又
被意义所规约的过程。仪式对于仪式行为者来说，同样因为有"意义"才
有行为，但其"意义"绝非日常的实用性意义，而是精神领域的意义。周
朝的那些统治者就是通过各种各样的仪式来达到礼治的目的，实现"礼乐
达于天下"的理想。仪式行为者正是通过行动、姿势、舞蹈、吟唱、演奏
等表演活动和物件、场景等实物安排构拟出一个有意义的仪式情境，并从
这样的情境中重温和体验这些意义带给他们的心灵慰藉和精神需求。在仪
式的整个过程中，表演活动和场景、实物都是表现意义的手段。因此，乐
钟作为礼乐仪式中经常出现的物件，不仅是仪式传播的工具，而且是一种
具备象征意义的符号。仪式中的每一种符号的存在不是偶然的，而是必然
会具有其存在的功能作用。

首先，乐钟是富贵的象征。所谓"钟鸣鼎食"，形容的是王室贵族们
的豪华生活，贵族在饮食之前，必先击钟为号，且列鼎而食。这一点可以

---

① 西汉·刘向辑录《战国策》，上海古籍出版社，1985，第1208页。

追溯到汉代司马迁的《史记·货殖列传》中所记载：

> 洒削，薄技也，而郅氏鼎食。……马医，浅方，张里击钟。此皆诚壹之所致。①

可见，能够击钟佐食，是富贵的象征。另外，《周礼·大司乐》也说：

> 王大食，三宥，皆令奏钟鼓。②

《白虎通义·礼乐》为此提供最佳的注解：

> 王者食所以有乐何？乐食天下之太平，富积之饶也。③

因此，王公贵族在进食的时候有乐相佐，亦有天下太平的象征意义。

其次，乐钟是统治阶级权力的象征。乐钟是统治阶级的乐器，钟声具有统帅的象征意义。《礼记·乐记》言：

> 钟声铿，铿以立号，号以立横，横以立武，君子听钟声，则思武臣……君子之听音，非听其铿锵而已也，彼亦有所合之也。④

以上述说的是钟的声音铿锵有力，能够表达君王的号令，使军队产生莫大的气势及勇气，每每征战都会取得成功。所以，当君王一听到钟声，就想起军队及武将的功绩。

对于钟的传声功用，在《天工开物·冶铸》中也作如下说明：

> 凡钟为金乐之首。其声一宣。大者闻十里。小者亦及里之余。故君视朝官出署。必用以集众。⑤

统治阶级在巡视朝政，或出官署，都必用钟声来集众，民众因而能以

---

① 汉·司马迁：《史记》，中华书局，1959，第3282页。
② 汉·郑玄注《周礼》，中华书局，1936，第148页。
③ 汉·班固：《白虎通义》，《景印文渊阁四库全书》第850册，台湾商务印书馆，1986，第15页。
④ 汉·郑玄注《礼记》，中华书局，1936，第138页。
⑤ 明·宋应星：《天工开物》，商务印书馆，1933，第155页。

钟声辨别阶级，因此，钟声可视为统治阶级之象征。

最后，乐钟是秩序之象征。《周礼述注》卷十四云：

> 乐之有五声也，谓，夫歌之调之别，有此五者，而非仅高下之谓也。是故志有喜乐哀怒，诗有雅颂国风，于是而歌声之部分焉。含宏广大者，谓之宫；激扬奋厉者，谓之商；流动和畅者，谓之角；敏速疾捷者，谓之徵；嘈杂琐细者，谓之羽。含宏广大者，君之道也；激扬奋厉者，臣之操也；流动和畅者，民之理也；敏速疾捷者，事之宜也；嘈杂琐细者，物之象也。此五声之分，乐之全也。今之为五声者，不然，曰：五声者，以清浊高下为别而已。于是有一章一句而五声并用。夫一章一句，五声之用，无不在焉。然非其本也，清庙之篇，则宫音之奏也；无衣之什，则商声之讴也。是之谓五声。若夫清浊高下，则六律之用也，五声之纪也。[①]

因此，钟声的正与偏，对于天时、地利、人和有重要的象征意义。对钟的象征意义说明的还有《管子·五行》中所云：

> 昔黄帝以其缓急作五声，以政五钟。令其五钟，一曰青钟大音，二曰赤钟重心，三曰黄钟洒光，四曰景钟昧其明，五曰黑钟隐其常。五声既调，然后作立五行以正天时，五官以正人位，人与天调，然后天地之美生。[②]

黄帝根据政事的轻重缓急确立了宫、商、角、徵、羽"五声音律"，用以校正五种大钟的声音，并为五种大钟立下名称，如果五声调和于一起，便可以确立五行和五官。五行一经确立，就可以校正天时。而五官的确立，可以校正人而居于正位。因为只要人和天都在五种大钟的声音中调正，天下也就太平和谐。由此可见，秩序是高于权力的，并由天子和律法维护，一切事物仍以自然规律作为依照。这样的秩序观念，在后世依然得以延续。

---

① 清·李光坡：《周礼述注》，《景印文渊阁四库全书》第 100 册，台湾商务印书馆，1986，第 266 页。

② 支伟成编纂《管子通释》，上海书店，1996，第 288 页。

二 "赠钟"与"赐钟"——礼文化的传播方式——"器以藏礼"

《礼记·曲礼上》说:"礼尚往来,往而不来,非礼也,来而不往,亦非礼也。"交往也是传播的一种主要模式,中国人的礼文化自古有之,而在传统而严苛的礼乐制度中,交换礼物的形式是极为常见的。

馈赠,是与其他一系列礼仪活动一同产生和发展起来的。我们知道,礼起源于远古时期的祭祀活动。在祭祀时,人们除了用规范的动作、虔诚的态度向神表示崇敬和敬畏外,还将自己最有价值、最能体现对神敬意的物品(即牛、羊等牺牲)奉献神灵。从那时起,在"礼"的含义中,就开始有了物质的成分。所以,礼可以以物的形式出现。关于"礼物"这个概念,还有人说它最初来源于古代战争中由于部落兼并而产生的"纳贡",也就是被征服者定期向征服者送去食物、奴隶等,以表示对征服者的服从和乞求其庇护。

宋代著名理学家"二程"(程颢、程颐)提出了"天下无一物无礼乐"。"礼物"一词由两个字组成。"礼"的意思,是仪式、礼节以及诸如忠孝等道德理念。而"物"的意思是物质。值得注意的是,从词源上讲,这个汉语词暗示了礼物不只是物质的礼品,它承载着文化的规则(礼节)并牵涉仪式。所以,无礼之物就只是物品而不是礼物。钟作为先秦时期统治者所极为重视的物,其"礼"物之属性不容忽视。之所以有这样的说法,正是由于在文化传播中存在着另一种特殊的形式,即以钟为礼物进行交往的传播方式。而这种交往形式也有着两种不同的模式:赐与赠。"赐"发生在君臣之间,是上对下的关系;"赠"则是发生在国家与国家之间,属于平等的关系。

1. 君臣之间

前文中提到钟是一种古老的乐器,以钟作为礼物赐予或者赠予的现象也出现得较早。如:

> 颛顼命飞龙氏铸洪钟,声振而远。[①]

---

① 清·陈元龙:《格致镜原》,《景印文渊阁四库全书》第 889 册,台湾商务印书馆,1986,第 530 页。

帝乃揖四方之灵，群后执珪以礼，百辟各有班序。受文德者则锡以钟磬，受武德者则锡以干戈。有浮金之钟……以羽毛拂之，则声振百里。①

尝观颛帝，居位文德者，锡以钟声，武德者，锡以干戈，又传曰：圣王承天，功成者赏，功败者罚。故乐用钟，由是知古之人，其乐用钟，非特赏功于一时，抑又铭功于不朽矣。②

颛顼是黄帝的后裔，北方之天帝，传说其时已经铸钟、赐钟，而且还对赐钟的方式做了说明和规定，由此也可以看出，钟作为礼文化的传播工具已经初见端倪。商周礼乐制度属于意识形态的范畴，其具体实施则以礼乐器作为载体。考古发现的商周礼乐器，反映了商周时期礼乐制度的物化形态，并蕴含一定的礼乐意义。乐器是礼乐制度的表征，象征拥有者的身份等级，是等级制度的产物并服务于等级制度。因此，赏赐制度也是古代社会传播的方式之一。它一般是自上而下的传播，具有非常有效的功能。《左传·襄公十一年》记载了这样一则君臣故事：

晋侯以乐之半赐魏绛，曰："子教寡人和诸戎狄，以正诸华。八年之中，九合诸侯，如乐之和，无所不谐。请与子乐之。"辞曰："夫和戎狄，国之福也。八年之中，九合诸侯，诸侯无慝，君之灵也，二三子之劳也，臣何力之有焉？抑臣愿君安其乐而思其终也。"③

这是一则关于赐钟的故事，施赐者是晋侯，属于上级；而受赐者是魏绛，属于下级。这种由上而下的赐予，经常会出现在中国古代历史记载中。但是这则赐钟的故事，却是以受赐者辞赐为结尾。这也体现了在等级森严的礼乐制度中，赐绝非一种随便的行为，它具有特殊的礼乐性质和内涵。虽然这则故事由君赐钟始，以臣拒受终，然而赐钟之制由此可见。

---

① 晋·王嘉：《拾遗记》，中华书局，1981，第16页。
② 宋·陈旸：《乐书》，《景印文渊阁四库全书》第211册，台湾商务印书馆，1986，第454页。
③ 晋·杜预：《春秋经传集解》，上海古籍出版社，1978，第887页。

2. 国家之间

商周时期的王室和贵族对乐器占有的数量有着严格的规定，礼乐制度维护和强化着社会等级制度，成为巩固政权、统治国家的政治手段。音乐的物质形式的交换还理所当然地用来协调国与国之间的关系。如公元前562年：

> 郑人赂晋侯以师悝、师触、师蠲，广车、軘车淳十五乘，甲兵备。凡兵车百乘，歌钟二肆，及其镈磬，女乐二八。[①]

诸侯争霸的春秋战国，各国之间难免会互相拉拢示好，而乐器成为最能体现国家之间友谊的标志性器物。郑国用乐师师悝、师触、师蠲，歌钟两肆，女乐十六人贿赂晋侯，以此向晋国示好，礼器的外交功能可见一斑。当时的社会，无论宫廷王室，还是诸侯贵族都以享受音乐为风尚。所以，诸侯间对乐器的赠送交流也是一个重要的传播途径。

钟，作为乐悬主体，同时也作为礼器，被视为与国家命运息息相关之物，所谓"器以藏礼"，有典作证：春秋时期，卫国与齐国战于新筑，卫国败。

> 新筑人仲叔于奚救孙桓子，桓子是以免。既，卫人赏之以邑，辞。请曲县、繁缨以朝，许之。仲尼闻之曰：惜也，不如多与之邑。唯器与名，不可以假人，君之所司也。名以出信，信以守器，器以藏礼，礼以行义，义以生利，利以平民，政之大节也。若以假人，与人政也。政亡，则国家从之，弗可止也已。[②]

在孔子看来，对于国家而言，"曲县"，即乐悬，乃礼乐重器，是国家政权的象征。宁可"多与之邑"，而不可"与器"，这正是孔子"惜"的原因。孔子认为"唯器与名不可以假人"，若是以器"假人"，则无异于"与人政"。视"器"至如此重要的程度，足可见作为儒家代表的孔子已深谙礼乐治国之道，对于礼器的重视也是其政治思想中重要的部分。

---

① 晋·杜预：《春秋经传集解》，上海古籍出版社，1978，第887页。
② 晋·杜预：《春秋经传集解》，上海古籍出版社，1978，第640页。

第三节　先秦乐钟与先秦文学传播

礼仪伴随着社会生活的复杂化而产生、发展，又随着社会变迁而更替。为了审时度势、制礼传礼、立仪司仪，就必须有礼仪工作者。孔子教育其子说："不学诗，无以言。"班固解释说："古者诸侯卿大夫交接邻国，以微言相感，当揖让之时，必称诗以喻其志，盖以别贤不肖而观盛衰焉。故孔子曰：'不学诗，无以言'也。"① 由此看来，孔子是立足于礼仪工作者应有的艺术修养来谈学诗的。"称诗喻志"的做法虽早已废止，但是艺术修养对于礼仪仍然很重要。《诗经》是我国历史上第一部诗歌总集，它产生的时代是大约从西周初年开始，下迄春秋中叶，它不仅是我国文学史上的鸿篇巨制，同时也是研究西周以及春秋社会与文化的重要史料。文学作品是一定历史条件下的产物，《诗经》时代与周代社会可以说是平行的，作为周代社会的产物，《诗经》真实而客观地反映了当时社会的礼乐文明。

"诗之为用，其托物连类，足以寓人不能宣之意，其引义止礼，足以感人不可遏之情。故自三百篇以后，历世能言之士，比比有作，各自成家，而又不可废者矣。"② 正是在这个意义上，我们说《诗经》具备礼仪性。古人经常引诗以证礼，如汉代韩婴为说明"在天者莫明乎日月，在地者莫明于水火，在人者莫明乎礼义"，"事无礼则不成，国无礼则不宁、王无礼则死亡无日矣"，一再引用《诗·鄘风·相鼠》中的名句"人而无礼，胡不遄死"。君主还将乐舞给诸侯中德行盛美、教化受到尊重的人，作为巩固礼制的一项措施。在现代外交活动中，为常驻外交使团举行文艺晚会或电影招待会、安排外国客人观看具有本国民族特色的文艺节目，是很常见的做法。之所以如此，正是艺术作品具备礼仪性的佐证。

诗歌作品不仅可以充当礼仪的文献，而且可以用来表达一定的礼仪观。《诗经·小雅·十月之交》的作者便揭露最高统治者，即当时的周幽王，以"礼"为借口，对臣民诛求无已的暴行："抑此皇父，岂曰不时？

---

① 汉·班固：《汉书》，中华书局，1962，第 1755～1756 页。
② 明·王祎：《王忠文公集》，《景印文渊阁四库全书》第 169 册，台湾商务印书馆，1986，第 147 页。

胡为我作，不即我谋？彻我墙屋，田卒汙莱。日予不戕，礼则然矣。"《诗经·小雅·宾之初筵》讽刺达官显贵因酗酒而失礼败德："其未醉止，威仪抑抑；日既醉止，威仪怭怭。是日既醉，不知其秩。"《诗经·曹风·鸤鸠》表达了对信守礼仪而无偏差的理想人物的向往："鸤鸠在桑，其子在棘。淑人君子，其仪不忒，正是四周。"

"诗者，弦歌讽谕之声也。自书契之兴，朴略尚质，面称不为方，目谏不为谤。君臣之接如朋友然，在于恳诚而已；斯道稍衰，奸伪以生，上下相犯。及其制礼，尊君卑臣，君道刚严，臣道柔顺，于是箴谏者希，情志不通，故作诗者以诵其美而讥其过。"郑玄所持的"诗为礼补缺"的观点，可与本节开头所述的乐为礼纠偏的主张相对照。诸如此类的论述，在古代典籍中不胜枚举，是礼仪传播学的滥觞。

一　《诗经》与礼乐文化

《诗经》与礼乐的关系从来就是密不可分的。

> 子曰："兴于诗，立于礼，成于乐。"①

又云：

> 志之所至，诗亦至焉。诗之所至，礼亦至焉。礼之所至，乐亦至焉。乐之所至，哀亦至焉。②

《尚书·尧典》又云：

> 诗言志，歌永言，声依永，律和声，八音克谐，无相夺伦，神人以和。③

我国古代诗、乐、舞是密不可分的，周代依然保存着诗、乐、舞三位一体的艺术传统。正如当代学者赵敏俐所说，周代艺术是诗、乐、舞三位

---

① 魏·何晏注、宋·邢昺疏《论语注疏》，北京大学出版社，2000，第 115 页。
② 汉·郑玄注、唐·孔颖达疏《礼记注疏》，中华书局，1936，第 267 页。
③ 汉·孔安国传《尚书注疏》，中华书局，1936，第 7 页。

一体的，周代的"乐"是包括音乐、诗歌、舞蹈、礼仪在一起的综合内容。①《诗经》主要收集了西周至春秋中期的诗歌，而西周至春秋中期正是周代礼乐制度的盛行期。周代的礼乐制度的建设，自周初就已开始，如《左传·宣公十二年》载：

> 武王克商，作颂曰：……又作武。②

《吕氏春秋·古乐篇》云：

> 武王即位，以六师伐殷，六师未至，以锐兵克之于牧野。归，乃荐俘馘于京太室，乃命周公为作大武。③

《荀子·儒效篇》曰：

> 武王之诛纣也，行之日以兵忌，东面而迎太岁……厌旦于牧之野，鼓之而纣卒易乡，遂乘殷人而诛纣。……反而定三革，偃五兵，合天下，立声乐，于是武、象起而韶、濩废矣。④

经过周公的"制礼作乐"和成王、康王等几代统治者的努力，周代礼乐制度至西周穆王时期渐趋完备。"考古学、制度史的研究表明，周代的礼乐制度，由周公的'制礼作乐'开始，经过了一个漫长的历史过程，至西周中期的穆王时代逐渐完备起来。在礼乐相须为用的西周时代，礼的完备标志着乐的繁荣。"⑤周代礼乐制度的产生、发展和成熟经历了一个长期的过程，这一过程正好与《诗经》文本的结集和形成相一致。而《诗经》也基本产生于这一时期，《诗经》歌诗的生产过程与周代礼乐的盛行期是基本一致的，《诗经》高度发达的四言诗体的形成必然与周代的礼乐制度存在密切的关系。

---

① 赵敏俐：《中国古代歌诗研究》，北京大学出版社，2005。
② 晋·杜预：《春秋经传集解》，上海古籍出版社，1978，第590页。
③ 战国·吕不韦著，陈奇猷校释《吕氏春秋新校释》，上海古籍出版社，2002，第289～290页。
④ 清·王先谦：《荀子集解》，中华书局，1988，第134～136页。
⑤ 马银琴：《西周穆王时代的仪式乐歌》，赵敏俐主编《中国诗歌研究》第一辑，中华书局，2002，第57页。

二 《诗经》中的乐钟

由于《诗经》与礼乐制度的密切关系，乐钟作为礼乐制度的物化形态，在《诗经》中的出现也就顺理成章，而且出现的频率还比较高。《诗经》开篇的《关雎》中，就提到"钟鼓乐之"。"盖言之不足，故嗟叹之，与诗所谓于论鼓钟之。"① 青铜乐钟与《诗经》之间存在着非常密切的关系，乐钟的演奏多有诗歌相伴，而钟乐之用实为诗歌之节。所以说，在礼乐仪式上，乐钟与诗歌之间具有密不可分的伴生关系。据杨荫浏的统计，《诗经》中提及的乐器有 29 种。

> 见于《诗经》的击乐器有鼓、鼖、贲鼓、应、田、县鼓、鼍鼓、鼗、钟、镛、南、钲、磬、缶、雅、柷、圉、和、鸾、铃、簧 21 种，吹奏乐器有箫、管、篪、埙、籥、笙 6 种，弹弦乐器有琴、瑟两种。②

钟类乐器在《诗经》章句中的出现情况请见表 1 - 1。

表 1 - 1 钟类乐器在《诗经》章句中的出现

乐器名称	篇　名	章　句
钟	《国风·周南·关雎》	窈窕淑女，钟鼓乐之
	《国风·唐·山有枢》	子有钟鼓，弗鼓弗考
	《小雅·南有嘉鱼之什·彤弓》	我有嘉宾，中心贶之，钟鼓既设，一朝飨之。……我有嘉宾，中心喜之，钟鼓既设，一朝右之。……我有嘉宾，中心好之，钟鼓既设，一朝酬之
	《小雅·谷风之什·鼓钟》	鼓钟将将，淮水汤汤，忧心且伤。……鼓钟喈喈，淮水湝湝，忧心且悲。……鼓钟伐鼛，淮有三洲，忧心且妯。……鼓钟钦钦，鼓瑟鼓琴，笙磬同音
	《小雅·北山之什·楚茨》	礼仪既备，钟鼓既戒，地孙徂位，工祝致告。……鼓钟送尸，神保聿归
	《小雅·桑扈之什·宾之初筵》	钟鼓既设，举酬逸逸

---

① 宋·林之奇：《尚书全解》，《景印文渊阁四库全书》第 55 册，台湾商务印书馆，1986，第 12 页。

② 杨荫浏：《中国古代音乐史稿》（上），人民音乐出版社，1981，第 41 页。

续表

乐器名称	篇　名	章　句
	《小雅·都人士之什·白华》	鼓钟于宫，声闻于外
	《大雅·文王之什·灵台》	于论鼓钟，于乐辟廱
	《周颂·清庙之什·执竞》	钟鼓喤喤，磬管将将，降福穰穰，降福简简
钲	《小雅·南有嘉鱼之什·采芑》	方叔率止，钲人伐鼓，陈师鞠旅
镛	《大雅·文王之什·灵台》	虡业维枞，贲鼓维镛
	《商颂·那》	于赫汤孙，穆穆厥声，庸鼓有斁，万舞有奕

　　从表1-1可以得出这样的结论：钟类乐器在周代之前就已经存在并且使用，到西周、春秋时期仍是仪式乐器的主力。乐钟的出现总是伴随着重大仪式的举行，因此，这些有关乐钟的诗篇也多为《雅》《颂》类的诗歌。这证明了乐钟在礼乐中占有重要的地位，而且乐钟还用于殿堂宴乐、宗庙祭祀、朝聘礼仪等，供上层统治者享乐。如"礼仪既备，钟鼓既成，地孙徂位，工祝致告""钟鼓既设，一朝飨之"，这些都说明钟鼓之乐是礼仪之必备。甚至在军队仪式中也用到钟类乐器，即钲，"钲人伐鼓，陈师鞠旅"。

　　《诗经》虽然属于文学作品，但同时也具有历史文献参考的功能。《诗经》中对乐钟的记载和描述，至少能够从侧面说明先秦乐钟和礼乐文化传播之间的关系，这具有十分重要的意义。它为后世乐钟在雅乐中的重要地位提供了范例和佐证。雅乐使乐钟具有高贵的身份，但同时也葬送了乐钟进一步发展的前途。

三　诗与乐——音乐雅化与乐钟的文化传播

　　中国古代的乐器种类丰富，西周时期有记载的就有80多种，仅《诗经》中提到的乐器就有29种之多。为什么乐钟能够体现《诗经》与音乐的传播关系呢？《诗经》所录全为乐歌，到目前为止，只有歌词，它的曲调已经失传，何谈音乐？而"音乐首先是一种声音的艺术，它是依靠音阶和音阶的组合来传情达意的"。在没有曲调的情况下，想要探讨《诗经》的音乐性，可以想见这是一项极其艰难的工作。但是乐钟给诗歌的音乐形式提供了极佳的历史见证，在存世不多的古老乐器里，乐钟具有较为稳定的传播特性。由此，我们可以看出，乐钟与《诗经》的关系是十分微妙的。

上一节中的表里，我们得出描写乐钟的诗歌主要都在《诗经》的《雅》这一部分。这一现象的出现，有着深刻的历史和文化的原因。杨荫浏先生说："我们知道，礼乐二者所共有的实体是德；礼与乐是教育一元中相关的两种要素；音乐的最高标准，不仅仅须是变化无穷的艺术的美，同时却也须是中和的，有时须经由节制工夫，才能达到德的表现。在这种思想的引申之下，极端高度的节奏变化，音程变化，音色变化，以及极端的感情抒写，似乎是被古代制礼作乐者所不喜，甚至于禁止之列的。"①儒家的代表之一荀子就认为："故听其雅、颂之声，而志意得广焉；执其干戚，习其俯仰屈伸，而容貌得庄焉；行其缀兆，要其节奏，而行列得正焉，进退得齐焉。故乐者，出所以征诛也，入所以揖让也。征诛揖让，其义一也。出所以征诛，则莫不听从；入所以揖让，则莫不从服。故乐者，天下之大齐也，中和之纪也，人情之所必不免也。是先王立乐之术也，而墨子非之，奈何！"② 就王权统治的要求来说，旋律整齐，音调中正平和，速度有所控制，能够使人平静下来的音乐，就是符合雅正要求的"中和"之乐。

《孟子·梁惠王下》记载齐王对孟子说："寡人非能好先王之乐也，直好世俗之乐耳。"③ 在王权统治下的周代音乐分为两个系统：其一是宗庙祭祀及国家典礼所用的雅乐；另一个是社会流传的俗乐。两者同时存在，但是不相为谋，甚至是互为对立的两面。《史记·乐书》中记录了这样一段对话："魏文侯问于子夏曰：'吾端冕而听古乐，则惟恐卧，听郑卫之音则不知倦。敢问古乐之如彼，何也？新乐之如此，何也？'子夏答曰：'今夫古乐，进旅而退旅，和正以广，弦匏笙簧会守拊鼓；始奏以文，止乱以武，治乱以相，讯疾以雅。君子于是语，于是道古，修身及家，平均天下：此古乐之发也。今夫新乐，进俯退俯，奸声以淫，溺而不止，及优侏儒，犹杂子女，不知父子。乐终不可以语，不可以道古：此新乐之发也。'"④ 雅乐因为要强调教育意义，必须配合道德，故以和平中正为原则，

---

① 杨荫浏：《中国音乐史纲》，万叶书店，1952，第17页。
② 清·王先谦：《荀子集解》，中华书局，1988，第380页。
③ 汉·赵岐注《孟子注疏》，北京大学出版社，2000，第38页。
④ 汉·司马迁：《史记》，中华书局，1959，第1221～1222页。

以庄严肃穆为标准。旋律整齐、音调中正平和的雅乐，由于缺乏明快的节奏和跳跃的旋律，呆板平直，使人昏昏欲睡。俗乐则具有很强的娱乐性，乐舞表演时男女混杂，动作多变，时兴小调掺杂其中。《荀子·乐论》中说：

> 声乐之象：鼓大丽，钟统实，磬廉制，竽笙箫和，筦龠发猛，埙篪翁博，瑟易良，琴妇好，歌清尽，舞意天道兼。鼓其乐之君邪。故鼓似天，钟似地，磬似水，竽笙箫和筦龠，似星辰日月，鞉、柷、拊、鞷、椌、楬似万物。曷以知舞之意？曰：目不自见，耳不自闻也，然而治俯仰、诎信、进退、迟速，莫不廉制，尽筋骨之力，以要钟鼓俯会之节，而靡有悖逆者，众积意湅湅乎！①

在礼乐文化中，编钟、编磬占据了很重要的地位。钟、磬之类的乐器，可以演奏旋律性的音乐，它们不像吹奏乐和丝弦乐那样婉转悠扬，但旋律性还是存在的。根据研究，乐钟发音时的余音较长，比较适合演奏中速和慢速、节奏比较松散而悠缓的乐句，演奏快速或节奏较为密集的旋律便容易造成音响上的浑浊和混乱。比如，《诗经》中商颂的一篇《那》：

> 猗与那与！置我鞉鼓。奏鼓简简，衎我烈祖。汤孙奏假，绥我思成。鞉鼓渊渊，嘒嘒管声。既和且平，依我磬声。于赫汤孙！穆穆厥声。庸鼓有斁，万舞有奕。我有嘉客，亦不夷怿。自古在昔，先民有作。温恭朝夕，执事有恪，顾予烝尝，汤孙之将。

在祭祀典礼中音乐伴奏由两部分组成，敲击钟磬所奏出的旋律是主导部分，吹奏乐器和弹弦乐器与钟磬所奏出的旋律相依随，即"依我磬声"。与俗乐相反，雅乐旋律整齐，音调中正，速度缓慢，音乐句式也比较整齐划一。这种特点在《诗经》的《雅》和《颂》部分极为明显。这也证明，音乐愈被雅化，与之相配的歌词形式愈单一齐整。而源自民间的《国风》，经过乐工的加工整理，虽然已经雅化，但毕竟不能完全消除民歌的特点。

---

① 清·王先谦：《荀子集解》，中华书局，1988，第383~384页。

"温柔敦厚，诗教也""诗之失愚""广博易良，乐教也""乐之失奢""恭俭庄敬，礼教也""礼之失繁"。古人其实早就看出音乐和礼仪并非灵丹妙药，也有产生流弊的危险。若只是就艺术与礼仪的关系立论，笔者认为：烦琐的礼仪会束缚艺术家的思想和行为，讲究排场的礼仪载体会耗费为艺术发展所需的社会财富，醉心于礼仪方面的繁缛也会影响作品的丰富内涵；热衷于应景式创作使艺术作品丧失真情实感，过分讲究礼仪技巧造成风格上的矫揉造作，沉迷于礼仪理论妨碍对艺术特征的把握；同样，爱好诗乐艺术但不能灵活运用，也会使人变"愚"。诗歌艺术作品所流露的迂腐的礼仪观会妨碍礼仪的变革，炫耀性地玩弄艺术技巧会破坏礼仪应有的气氛，偏心于艺术理论阻碍对礼仪规范的揭示。有鉴于此，必须运用礼仪尺度进行艺术批评来调整诗歌艺术与礼乐文化的价值关系。

狄德罗说："一般讲来，一个民族愈是文明，愈是彬彬有礼，他们的风尚就愈少诗意；一切都在温和化的过程中失掉了力量。"[1] 艺术技巧运用于礼仪领域，优点是使礼仪变得更优美动人，流弊是造成礼仪徒具其表的现象。《孟子·离娄下》："王者之迹熄而诗亡，诗亡然后春秋作。"[2] 西周末年，礼崩乐坏，采诗制度废弛，"比其音律"和"正乐"工作无法进行，《诗经》一类的大雅之声自然不再出现。西周雅乐渐成明日黄花，代之而起的是以郑卫之音为代表的新声。孟子感叹的"诗亡"，与其说是感叹《诗经》一类的大雅之声不再，不如说是感叹"雅乐"不再，适合"雅乐"的诗也不再。后世的雅乐复兴，且乐钟制作的风波不断，也充分证明了这一点。

小　结

综上所述，先秦时期无疑是青铜乐钟文化传播和发展的黄金时代。尤其是在重视礼乐的西周时期，青铜乐钟文化的辉煌可谓无与伦比。西周统治者在制礼作乐的过程中，将乐悬制度置于礼乐制度的核心，而乐悬制度对于乐钟的使用、乐官的设置都有严格的控制和规定。礼乐仪式上的乐

---

① 〔法〕狄德罗：《狄德罗美学论文选》，张冠尧等译，人民文学出版社，1984，第143页。
② 汉·赵岐：《孟子注疏》，北京大学出版社，2000，第267页。

钟，不仅是能够产生音乐的器物，更是礼乐传播的重要工具。而乐钟的礼器意义亦尤为突出，经常被用来当作国与国之间交换的礼物以及君主对臣子的封赏之物，这同样也是乐钟传播礼文化的重要途径。《诗经》作为先秦时期最重要的文学作品，见证和记录着乐钟的辉煌，其中有关乐钟的诗篇就是乐钟文化传播最好的印证。

秦统一中国以后，随着先秦礼乐制度的崩溃，铁器的发明和使用，盛极一时的商周青铜文化逐渐走向衰落，作为青铜文化重要组成部分的青铜乐钟体系也归于沉寂，但这种沉寂并不意味着乐钟体系的完全中断，作为文化的一部分仍然处于不断的传承中，并一直延续到清朝。

第二章

宫廷乐钟（下）

——秦汉以后乐钟的文化传播

在今天的北京大钟寺博物馆里，我们可以看到历朝历代不同时期的钟的形态。从中不难发现：作为乐器的钟在先秦，特别是西周时期，其形制多样、数量众多。从汉代开始，乐钟的数量开始下降，除了唐宋以后几个统一的王朝留有乐钟的遗迹，其他朝代极少有乐钟遗存后世，这是个值得关注的现象。

第一节　断代的乐钟文化传播

黄翔鹏先生认为，"在中国古代音乐的历史阶段之间，至少发生过三次千年一现的、严重的断层现象。第一次是在战国后期至秦、汉间的战乱之中（公元前3世纪）；第二次是在唐末至五代间（公元9世纪后半叶至10世纪上半叶）；第三次即迄今近两百年间的变化（19世纪后半叶迄今）。"① 先秦乐钟的由盛转衰正好发生在第一次断层时期，这使它成为断层现象的鲜明注解。自商周时期始，乐钟的兴盛，发展至青铜乐悬的重要组成部分，并随着周礼而"颁于天下"。这一现象的背后，除了礼乐的象征意义为主导外，乐钟的音乐表现能力也起到了非常重要的作用。但是到了战国时期，乐钟天生的缺陷与世事的动荡使其逐渐丧失昔日的辉煌。同时我们也应该看到，乐钟的由盛而衰，由辉煌而走向残留，并不是一种文化的倒退，而是一种文化的更新，文化的革命。其中的原因相当复杂，有

---

① 黄翔鹏：《传统是一条河流》，人民音乐出版社，1990，第116页。

政权更迭带来的冲击，也有制造材质的改变和统治者的喜恶的变化等多方面的因素的影响。

一　断代的传播

中国古代统治阶级对于礼乐尤为重视，而礼乐制度则在周朝达到鼎盛，《汉书·礼乐志》中记载："王者必因前王之礼，顺时施宜，有所损益，即民之心，稍稍制作，至太平而大备。周监于二代，礼文尤具，事为之制，曲为之防，故称礼经三百，威仪三千。于是教化浃洽，民用和睦，灾害不生，祸乱不作，囹圄空虚，四十余年。"[1] 据此可知在当时已经存在王朝更替时的礼制继承。前文提到，先秦乐钟在春秋晚期已达到发展的高峰。进入战国时期，乐钟文化在短期的稳定后开始衰落。

1. 秦汉时期

公元前 770 年至公元前 221 年的春秋战国时期，在 500 余年的时间里各诸侯国连年征战，越礼乱制。至公元前 221 年秦朝建立，还发生过公元前 213 年秦始皇统一中国后的焚书事件。《汉书》记载："及其衰也，诸侯逾越法度，恶礼制之害己，去其篇籍。遭秦灭学，遂以乱亡。"[2] 以及公元前 207 年秦朝灭亡时项羽火烧咸阳事件："项羽引兵西屠咸阳，杀秦降王子婴，烧秦宫室，火三月不灭；收其货宝妇女而东。"[3] 以《周礼》《礼记》为基础建立的古代礼乐制度遭到严重破坏，其中以乐悬为核心的雅乐更是随着各种乐器与乐工的消亡而渐渐失传。从春秋战国时期至秦汉时期，社会的政治、文化发生较大转型，青铜文明已是明日黄花，社会观念的不断更新，铁制器具的大量出现，周代礼制的日趋落寞，世俗新乐的日益流行，使宫廷音乐生活发生了较大的变化。

战国时期，周代的乐悬制度几乎全面崩溃，乐器的礼制功能已无处寻觅，当时，乐器的娱人功能是最主要的功能，而许多乐器有了进一步的发展，钟鼓等打击性乐器已不是乐器发展的主流，笙和竽等丝竹类乐器在这一时期最被重视。

---

① 汉·班固：《汉书·礼乐志》，中华书局，1962，第 1029 页。
② 汉·班固：《汉书》，中华书局，1962，第 1030 页。
③ 汉·司马迁：《史记》，中华书局，1959，第 315 页。

> 竽也者，五声之长者也。故竽先则钟瑟皆随，竽唱则诸乐皆和。①

这时，乐钟已经完全丧失了其以往的"众乐之首"的地位，昔日辉煌已经不再。这一时期，礼乐制度的变化直接导致礼仪形式和礼制用器的变化，当年那些王公大臣如何在肃穆庄严的钟乐声中进退俯仰的场面，我们已不得见，只能从《史书》中去推想曾经的辉煌。

历史进入秦代，乐钟的音乐地位已经不复当年之辉煌。后世史书上记载：

> 周天子宫县，诸侯轩县，大夫曲县，士特县。故孔子之堂，闻金石之音；魏绛之家，有钟磬之声。秦、汉之际，斯礼无闻。②

秦朝灭亡之后，公元前 202 年，汉朝建立。此时虽然各种礼乐典籍大多销毁遗失，但与雅乐兴盛的周朝相隔不过一朝，仍有一部分经口耳相传得以存续。史书记载："汉兴，乐家有制氏，以雅乐声律世世在大乐官，但能纪其铿枪鼓舞，而不能言其义。"③ 据此可知当时幸存的乐工仅能够记忆一部分雅乐的内容而无法表达清楚，这种情况说明失去典籍支持的雅乐，已经处于失传的边缘。《汉书·礼乐志》第二："汉兴，拨乱反正，日不暇给，犹命叔孙通制礼仪，以正君臣之位。高祖说而叹曰：'吾乃今日知为天子之贵也！'"④ 以通为奉常，遂定仪法，未尽备而通终。由此可见汉高祖刘邦出身于微末，对礼乐制度了解不深，但立国之后，百废待兴之时立刻开始重置礼乐，可见礼乐制度对于当时统治阶级的影响之大。

此时礼乐制度还没有完整重建，雅乐也接近失传。至公元前 207 年，叔孙通已经在汉高祖的授意下完成了一部分礼制的重建。作为一名儒家学者，他非常了解钟悬雅乐制度对于封建礼制的重要性。史料记载：

> 每岁首（正月），为大朝受贺。其仪：夜漏未尽七刻，钟鸣，受贺。及赞，公、侯璧，中二千石、二千石羔，千石、六百石雁，四百

---

① 陈奇猷校注《韩非子集释》，中华书局，1958，第 958 页。
② 后晋·刘昫：《旧唐书》，中华书局，1975，第 1079～1080 页。
③ 汉·班固：《汉书》，中华书局，1962，第 1043 页。
④ 汉·班固：《汉书》，中华书局，1962，第 1030 页。

石以下雒。百官贺正月。二千石以上上殿称万岁。举觞御坐前。司空奉羹，大司农奉饭，奏食举之乐。百官受赐宴飨，大作乐。其每朔，唯十月旦从故事者，高祖定秦之月，元年岁首也。①

刘邦亡秦而建汉朝，刘邦乃平民出身，而钟在汉代以前一直是为先秦王室和贵族所专享的乐器。所以，秦朝覆灭之后，先秦的钟乐早已大半亡佚。

汉兴，乐家有制氏，以雅乐声律世世在大乐官，但能纪其铿枪鼓舞，而不能言其义。高祖时，叔孙通因秦乐人制宗庙乐。②

汉初的宫廷音乐，虽然大体仍因袭旧制，但由于古代音乐大都失传，就连那些"世世在太乐官"的人也"但能记其铿枪鼓舞，而不能言其义"，因此，先秦雅乐中，除尚存秦代传下来的《韶舞》外，其他都只是徒具形式。其后，"武帝定郊祀之礼……乃立乐府，采诗夜诵，有赵、代、秦、楚之讴"③。则所用者尽为百姓之讴谣，离先秦之钟乐已经越来越远。

今汉郊庙诗歌，未有祖宗之事，八音调均，又不协于钟律，而内有掖庭材人，外有上林乐府，皆以郑声施于朝廷。……故自公卿大夫观听者，但闻铿枪，不晓其意，而欲以风谕众庶，其道无由。④

可见汉代宫廷雅乐之衰。

至文帝时，贾谊以为：

汉承秦之败俗，废礼义，捐廉耻，今其甚者杀父兄，盗者取庙器，而大臣特以簿书不报期会为故，至于风俗流溢，恬而不怪，以为是适然耳。……汉兴至今二十余年，宜定制度，兴礼乐，然后诸侯轨道，百姓素朴，狱讼衰息。乃草具其仪，天子说焉。而大臣绛、灌之

---

① 南朝宋·范晔：《后汉书》，中华书局，1965，第3130页。
② 汉·班固：《汉书》，中华书局，1962，第1043页。
③ 汉·班固：《汉书》，中华书局，1962，第1045页。
④ 汉·班固：《汉书》，中华书局，1962，第1071页。

属害之，故其议遂寝。①

汉文帝时期的贾谊在叔孙通死后再度提出了礼乐重制的建议，最初得到了文帝的采纳。然而由于年轻气盛的贾谊推行改制过于激烈，与其他大臣产生激烈的矛盾，最终导致被汉文帝疏远，被迫离开当时的政治中心，死时年仅33岁，他所倡导的礼乐制度重制，也就此被搁置。

汉建元元年（前140），汉武帝即位，汉朝进入鼎盛时期。"会窦太后好黄老言，不说儒术，其事又废。"此时汉武帝还未完全掌握政权，窦太后崇尚无为而治的道家思想在此时阻碍了礼乐制度的复兴。公元前134年，董仲舒提出"罢黜百家，独尊儒术"的主张被汉武帝采纳，但他重制礼乐的建议却未被采纳。"是时，上方征讨四夷，锐志武功，不暇留意礼文之事。"② 由此可见，此时的汉武帝热衷武事，没有重制礼乐制度的意愿。然后，当时出现了一位对于雅乐传承非常重视的宗室——河间献王刘德。"三代之书，经秦燔炀殆尽。汉武帝、河间王始重儒术，于灰烬之余，拓篡亡散，篇卷仅而复存。"③ 但是这一时期，宫廷里也仍然存在雅、俗乐之争。例如，汉武帝时期，有河间献王起来反对俗乐，认为"治道非礼乐不成"，并收集了一些过去的雅乐，把它献给武帝。

> 是时，河间献王有雅材，亦以为治道非礼乐不成，因献所集雅乐。天子下太乐官，常存肄之，岁时以备数，然不常御，常御及郊庙皆非雅声。④

河间献王刘德长期致力于整理发掘被埋没的各种典籍，献书于汉武帝并得到嘉奖。对于雅乐的态度，汉武帝是既没有完全拒绝，也没有完全接受，刘德在此之后更整理出完整的雅乐篇章与乐器，并再次献于汉武帝，却没有得到汉武帝的重视，所献书籍乐器被交给太乐官，作为"岁时以备数"之用。汉成帝时期，又有常山王禹将河间献王过去所撰的"八佾之

---

① 汉·班固：《汉书》，中华书局，1962，第1030页。
② 汉·班固：《汉书》，中华书局，1962，第1032页。
③ 后晋·刘昫：《旧唐书》，中华书局，1975，第2081页。
④ 汉·班固：《汉书》，中华书局，1962，第1070页。

舞"搬来献给皇帝，结果也没有被采用。而"汉世人臣，尚有金石"[①]，如汉代丞相田蚡，在其丞相府中，"前庭罗钟磬，置曲旃"[②]。"钟磬"和"曲旃"都是乐悬的特征，这说明乐悬还未完全衰亡，只是受重视的程度已大不如以前。

> 百姓渐渍日久，又不制雅乐有以相变，豪富吏民湛沔自若，陵夷坏于王莽。……孔子曰："殷因于夏礼，所损益，可知也；周因于殷礼，所损益，可知也；其或继周者，百世可知也。"今大汉继周，久旷大仪，未有立礼成乐，此贾（谊）、仲舒、王吉、刘向之徒所为发愤而增叹也。[③]

由此可见，虽然之后的史书把王莽篡政与雅乐不兴联系在一起有些牵强，但之后的儒家学者普遍对西汉时期没有完成礼乐重制，感到的遗憾与惋惜。东汉建武元年（25）东汉王朝建立，所有的礼乐制度基本都沿自西汉。至东汉末年，天下大乱，雅乐制度再度遭受战火破坏。

但即使如此，汉时期对于雅乐的重视也不及俗乐。东汉桓灵年间（147~189），十常侍作乱，典章文物，又都全失，"可说两汉四百年间，雅乐的使用，次数实在不多，而流传于后代的，寥寥无几，也跟嬴秦相仿佛。"[④] 因此，在两汉，虽然雅乐时常被宿儒们强调，但总体而言，汉代宫廷还是以俗乐为主。这些情况说明，处于上升阶段的封建地主阶级的代表，一般都比较重视民间音乐，汉乐府的成立最能说明这一点。因而，先秦时代盛极一时，且为"众乐之首"的乐钟，在汉代逐渐趋于衰微以致覆灭。考古资料也显示，汉代乐钟存世极少，足见汉时钟乐的衰颓之势。

2. 魏晋南北朝时期

曹魏政权建立之初，便急于完善自己的礼乐制度，以示正统。魏武帝曹操在平定荆州的时候，任命曾经在东汉担任雅乐郎的杜夔为军谋祭酒，令他创制雅乐。

---

① 后晋·刘昫：《旧唐书》，中华书局，1975，第1080页。
② 后晋·刘昫：《旧唐书》，中华书局，1975，第1080页。
③ 汉·班固：《汉书》，中华书局，1962，第1074~1075页。
④ 吴南熏：《律学会通》，科学出版社，1964，第76页。

汉自东京大乱，绝无金石之乐，乐章亡缺，不可复知。及魏武平荆州，获汉雅乐郎河南杜夔，能识旧法，以为军谋祭酒，使创定雅乐。时又有散骑侍郎邓静、尹商善训雅乐，歌师尹胡能歌宗庙郊祀之曲，舞师冯肃、服养晓知先代诸舞，夔悉总领之。远详经籍，近采故事，考会古乐，始设轩悬钟磬。①

而在当时有一名叫柴玉的铸钟工匠，所铸的钟被达官贵人喜爱，因此，杜夔令他制作雅乐所需铜钟。制成之后，杜夔却认为柴玉所铸的铜钟声音无论清浊都不合要求，多次要他重新铸造。柴玉对此非常不满，将事情告至曹操处，曹操取柴玉所铸铜钟仔细辨别音律，认为杜夔所说无误，将柴玉一家都贬去养马。由此可见，雅乐对使用的乐器要求非常严格。

晋泰始元年（265），西晋建立，随即令荀勖掌管乐事，修正律吕，但直到荀勖去世也没有完成，"既以新律造二舞，又更修正钟磬，事未竟而勖薨。惠帝元康三年，诏其子黄门侍郎藩修定金石，以施郊庙。寻值丧乱，遗声旧制，莫有记者。"② 之后，西晋先后经历了晋永平元年（291）的"八王之乱"与晋永嘉五年（311）的"永嘉之乱"，各种典籍乐器丧失大半。以致南渡以后，晋朝的雅乐几乎损失殆尽。史书记载：

永嘉之乱，海内分崩，伶官乐器，皆没于刘、石。江左初立宗庙，尚书下太常祭祀所用乐名。太常贺循答云："魏氏增损汉乐，以为一代之礼，未审大晋乐名所以为异。遭离丧乱，旧典不存。然此诸乐皆和之以钟律，文之以五声，咏之于歌辞，陈之于舞列。宫悬在庭，琴瑟在堂，八音迭奏，雅乐并作，登歌下管，各有常咏，周人之旧也。自汉氏以来，依仿此礼，自造新诗而已。旧京荒废，今既散亡，音韵曲折，又无识者，则于今难以意言。"③

东晋建武元年（317），东晋进入一段相对平静的时期，乐悬制度也随着东晋国力的恢复而慢慢整理，重新创制。晋成帝时期，重新设置太乐

① 唐·房玄龄等：《晋书》，中华书局，1974，第 679 页。
② 梁·沈约：《宋书》，中华书局，1974，第 540 页。
③ 唐·房玄龄等：《晋书》，中华书局，1974，第 697 页。

官，但由于乐器散失，雅乐不存。直到谢尚出镇寿春，在任上收集乐工典籍，制作乐器，雅乐在东晋重现。"尚于是采拾乐人，并制石磬，以备太乐。江表有钟石之乐，自尚始也。"[1] 之后，庾翼、桓温主政，重视军事而忽视礼乐，雅乐的恢复也再次停止。

> 成和中，成帝乃复置太乐官，鸠集遗逸，而尚未有金石也。庾亮为荆州，与谢尚修复雅乐，未具而亮薨。庾翼、桓温专事军旅，乐器在库，遂至朽坏焉。及慕容儁平冉闵，兵戈之际，而邺下乐人亦颇有来者。永和十一年，谢尚镇寿阳，于是采拾乐人，以备太乐，并制石磬，雅乐始颇具。面王猛平邺，慕容氏所得乐声又入关右。太元中，破苻坚，又获其乐工杨蜀等，闲习旧乐，于是四厢金石始备焉。[2]

晋太元八年（383），淝水之战爆发，东晋打败前秦苻坚，俘获前秦大量乐工，此时东晋的雅乐达到该朝的高峰。

公元 420 年至 589 年的南北朝时期政治混乱，各国征战不休，政权更迭频繁，各个政权对于礼乐制度的态度各有不同。同时，这个时期政局混乱不堪，伦理丧失，子弑父，弟杀兄屡见不鲜，原本礼乐制度的代表——雅乐，自然也就开始随着道德的沦亡出现变化。"宋文帝元嘉九年，太乐令钟宗之更调金石。十四年，治书令史奚纵又改之。"[3] 南朝宋文帝刘义隆时期，政治清明，史称元嘉之治，在此期间，南朝宋元嘉九年（432），文帝即命钟宗之等人开始重新整理雅乐，五年后治书令史奚纵监督完成，刘宋一朝的礼乐制度由此确立，这种制度被之后的南齐王朝沿用，未做更改。

南朝宋孝建元年（454）刘宋文帝被自己的长子刘劭杀死，其子刘骏随即弑兄即位，称孝武帝。然而他荒淫腐败，无视礼制，自他始，刘宋一朝再无雅乐可言。

> 孝武大明中，以鞞、拂、杂舞合之钟石，施于殿庭。顺帝升明二年，尚书令王僧虔上表言之，并论三调哥曰："臣闻风、雅之作，由

---

① 唐·房玄龄等：《晋书》，中华书局，1974，第 2071 页。

② 唐·房玄龄等：《晋书》，中华书局，1974，第 697~698 页。

③ 梁·沈约：《宋书》，中华书局，1974，第 541 页。

来尚矣。大者系乎兴衰，其次者著于率舞。在于心而木石感，铿锵奏而国俗移。……夫钟县之器，以雅为用，凯容之制，八佾为体。……又哥钟一肆，克谐女乐，以哥为称，非雅器也。大明中，即以宫县合和鞞、拂，节数虽会，虑乖雅体。将来知音，或讥圣世。若谓钟舞已谐，不欲废罢，别立哥钟，以调羽佾，止于别宴，不关朝享，四县所奏，谨依雅则，斯则旧乐前典，不坠于地。"①

统治者忽视道德伦理，以代表礼乐道德的钟悬之器做享乐之声，而臣子无法劝谏，只能用另立"歌钟"的方式来掩饰，这种情形在中国漫长的封建王朝历史中，是很少见的。同时，这种掩饰的行为，也从侧面体现出以钟悬为代表的雅乐，在封建制度的传承里，所代表的独特而重要的礼教含义。

相较于君威不存，把代表帝王威仪的雅乐俗化的刘宋一朝，同一时期由北方鲜卑族建立的北朝政权，却对雅乐展现出完全不同的态度。自"永嘉之乱"起，"五胡乱华"，东晋的宫悬乐器尽数为北方少数民族政权获得，而在这些没有礼乐传统的政权手里，那些代表封建帝王威仪的礼乐之器也就成了仅仅可以出声的器物而已，失去了它们原有的象征意义。同时，北魏王朝在多次对其他少数民族的作战中，缴获很多被其他少数民族政权掠夺的宫悬乐器。孝文帝拓跋宏登基后，大力推行民族融合政策，将北魏都城由平城迁至洛阳，禁胡语胡服，改汉姓，同时全面采用晋朝的官制，并命中书监高闾重制雅乐。始终无法完成雅乐重制的高闾于北魏太和十八年（494）极力推荐精通音律的公孙崇。史料记载：

> 永嘉以后，中原丧乱，考正钟律，所未闻焉。其存于夷裔，声器而已。魏氏平诸僭伪，颇获古乐。高祖虑其永爽，太和中诏中书监高闾修正音律，久未能定。闾出为相州刺史，十八年，闾表曰："……近在邺见崇，臣先以其聪敏精勤，有挈瓶之智，虽非经国之才，颇长推考之术，故臣举以教乐，令依臣先共所论乐事，自作钟磬志议二卷，器数为备，可谓世不乏贤。……今请使崇参知律吕钟磬之事，触

① 梁·沈约：《宋书》，中华书局，1974，第 552～553 页。

类而长之，成益必深。"诏许之。①

北魏是一个致力于与中原文化相融合的少数民族政权，为了吸收先进的中原礼制文化，甚至以激烈的方式放弃民族传统。可想而知，北魏政权对于中原地区传承千年封建礼乐制度的态度是何等严谨。"天兴元年冬，诏尚书吏部郎邓渊定律吕，协音乐。……正月上日，飨群臣，宣布政教，备列宫悬正乐，兼奏燕、赵、秦、吴之音，五方殊俗之曲。"②北魏天兴元年（398），北魏道武帝拓跋珪即命令尚书吏部郎重制礼乐，其时已经在正月上日朝会时使用宫悬乐器，但是当时没有完整的雅乐制度可用。

> 六年冬，诏太乐、总章、鼓吹增修杂伎，造五兵、角觝、麒麟、凤皇、仙人、长蛇、白象、白虎及诸畏兽、鱼龙、辟邪、鹿马仙车、高絙百尺、长桥、缘橦、跳丸、五案以备百戏。大飨设之于殿庭，如汉晋之旧也。太宗初，又增修之，撰合大曲，更为钟鼓之节。世祖破赫连昌，获古雅乐，及平凉州，得其伶人、器服，并择而存之。后通西域，又以悦般国鼓舞设于乐署。③

北魏天兴六年（403），北魏道武帝再次命人增修雅乐，其制沿袭汉晋时期。之后北魏元明帝拓跋嗣即位，再次增修乐制，并以钟鼓为其配合。至北魏太武帝拓跋焘击败赫连昌，获得古代雅乐乐器典籍服饰，以及乐工伶人，又从西域引入异国歌舞。由此可知，虽然经过多次重修，北魏此时的礼乐制度依然没有完善，处于雅俗同台的状态。

> 太和初，高祖垂心雅古，务正音声。……五年，文明太后、高祖并为歌章，戒劝上下，皆宣之管弦。七年秋，中书监高允奏乐府歌词，陈国家王业符瑞及祖宗德美，又随时歌谣，不准古旧，辨雅、郑也。十一年春，文明太后令曰："先王作乐，所以和风改俗，非雅曲正声不宜庭奏。可集新旧乐章，参探音律，除去新声不典之曲，裨增钟

---

① 北齐·魏收：《魏书》，中华书局，1974，第 2657～2658 页。
② 北齐·魏收：《魏书》，中华书局，1974，第 2827～2828 页。
③ 北齐·魏收：《魏书》，中华书局，1974，第 2828 页。

县铿锵之韵。"①

由此可知，自北魏孝文帝开始，礼乐制度已经开始完善，钟悬制度重新恢复其宣示威严等级的作用。"高祖诏曰：今置乐官，实须任职，不得仍令滥吹也。"以上这段记载，更加明确地显示出北魏异族政权相较南朝汉族政权对雅乐制度截然不同的态度。

北魏一朝不仅在雅乐钟悬的使用态度上郑重而谨慎，同时对于以金石为核心的钟悬乐器的恢复做出了巨大贡献。北魏正始元年（504）北魏宣武帝元恪诏太乐令公孙崇重铸乐器，调整音准，以定乐制。"太乐令公孙崇更调金石，燮理音准，其书二卷并表悉付尚书。夫礼乐之事，有国所重，可依其请，八座已下、四门博士以上此月下旬集太乐署，考论同异，博采古今，以成一代之典也。"② 正始四年（507），公孙崇复命，表示现有乐器无法完成音律的确定与调整，要求重新制作。

> 四年春，公孙崇复表言："……钟石管弦，略以完具，八音声韵，事别粗举。值迁邑崧瀍，未获周密，五权五量，竟不就果。自尔迄今，率多褫落，金石虚悬，宫商未会。伏惟陛下至圣承天，纂戎鸿烈，以金石未协，诏臣缉理。谨即广搜柜黍，选其中形，又采梁山之竹，更裁律吕，制磬造钟，依律并就。"③

北魏永平二年（509），公孙崇完成了钟磬的制作，但以太常寺卿刘芳为首的儒家学者认为这些乐器的尺度与《周礼》记载的不同，请求按照《周礼》记载重新制作。然而制成之后，公元517年又有御史中尉元匡表示质疑，此时有南朝来的陈仲儒精通音律，再次请求重制钟磬，北魏孝明帝元诩未同意。

北魏正光二年（521），侍中王延明受命监造钟磬，让他的弟子信都芳查阅古籍，计算音律，"河间信都芳考算之。属天下多难，终无制造。芳后乃撰延明所集乐说并诸器物准图二十余事而注之，不得在乐署考正声律

---

① 北齐·魏收：《魏书》，中华书局，1974，第 2828～2829 页。
② 北齐·魏收：《魏书》，中华书局，1974，第 2830 页。
③ 北齐·魏收：《魏书》，中华书局，1974，第 2831 页。

054

也"①。然而，此时的北魏政权已经开始动荡，终究没有完成。

> 普泰中，前废帝诏录尚书长孙稚、太常卿祖莹营理金石。……永
> 安之季，胡贼入京，燔烧乐库，所有之钟悉毕贼手，其余磬石，咸为
> 灰烬。普泰元年，臣等奉敕营造乐器，责问太乐前来郊丘悬设之方，
> 宗庙施安之分。太乐令张乾龟答称……而芳一代硕儒，斯文攸属，讨
> 论之日，必应考古，深有明证。乾龟之辨，恐是历岁稍远，伶官失
> 职。芳久殂没，遗文销毁，无可遵访。②

北魏普泰元年（531），北魏前废帝元恭命长孙稚与太常寺卿祖莹管理
钟磬乐器，而北魏永安年间，王都洛阳在三年间数易其主，其中契胡族的
尔朱荣、尔朱兆两次攻入洛阳更是把乐库损毁，除金钟外的乐器也被尽数
破坏。至此，北魏刘芳等人重新制定的宫悬雅乐制度，虽然依然有所留
存，阐明其定制依据的典籍却基本失传了。

由上述诸多史料可见，北魏一朝，不过171年，却多次铸金钟正音律，
对于古时的雅乐钟磬多有考证论辩。更有公孙崇、王延明、信都芳等对雅
乐音律研究做出贡献的人物，这个由北方少数民族建立的封建王朝对于中
国雅乐宫悬制度的传承起到了巨大的作用。

北齐天保元年（550），北齐文宣帝高洋废黜了东魏孝静帝建立北齐政
权，建国之初礼乐制度完全沿袭北魏旧制。

> 齐神武霸迹肇创，迁都于邺，犹曰人臣，故咸遵魏典。及文宣初
> 禅，尚未改旧章。宫悬各设十二镈钟，于其辰位，四面并设编钟磬各
> 一篯簴，合二十架。设建鼓于四隅。郊庙朝会同用之。③

在此之后，尚药典御祖珽根据北魏王延明与信都芳所著《乐说》确定
音律，完成宫悬的设置，曲子里仍旧掺杂了西凉乐曲，曲名《广成》，同
时舞蹈未命名，"始具宫悬之器，仍杂西凉之曲，乐名广成，而舞不立

---

① 北齐·魏收：《魏书》，中华书局，1974，第2836页。
② 北齐·魏收：《魏书》，中华书局，1974，第2836～2838页。
③ 唐·魏征、令狐德棻：《隋书》，中华书局，1973，第313页。

号"①，称作"洛阳旧乐"。

魏晋时期，由于战乱不断，宫廷里的金石乐章大多丧失于战火之中，而乐人乐器也流失于民间，而且，中国此段历史正是民族大融合的时代，北方民族入侵中原，同时也带来了不同于中原民族的音乐文化。"王者功成作乐，治定制礼；其功大者其乐备，其治辨者其礼具。"② 因此，雅乐受到重视的一大前提是王朝政权稳定。当时的统治者长期忙于战事，也就无心顾及礼乐之制的完备与否。这一时期，雅乐不兴，而乐钟作为"金石之乐"的乐器之首自然也就得不到重视。

总之，战国时期两百多年的战乱虽然给以钟鼎为核心的礼乐制度带来巨大的冲击，但后世乐钟的发展和钟文化的传播却时断时续地进行着，并未就此消失。然而乐钟作为乐器的功能却在一步步丧失，其象征意义已经逐渐取代了实际功用，礼器的倾向更为突出。

二 乐钟文化断代传播的原因分析

1. 社会动荡变革——"礼崩乐坏"与"文化下移"

西周前期是周王朝最为强盛的时期，天子具有至高无上的地位和权力，所谓"礼乐征伐自天子出"。文化典籍、乐官百工也主要集中在周王室，形成独尊一统的"王室文化"。西周末年，奴隶制衰落，周幽王为犬戎所灭，周平王迁都洛邑，史称东周。东迁之后，周天子的地位一落千丈，已经丧失了对诸侯们的控制能力。周王室处于风雨飘摇、大厦将倾的境地。反映在文化上，便是历史上有名的"礼崩乐坏"。"礼崩乐坏"的说法最早出现于《论语·阳货》。

> 君子三年不为礼，礼必坏；三年不为乐，乐必崩。③

春秋晚期，随着诸侯各国国力的增强，周王室已经名存实亡。刘向在《战国策》序中讲道：

> 万乘之国七，千乘之国五，敌侔争权，盖为战国。贪饕无耻，竞

① 唐·魏征、令狐德棻：《隋书》，中华书局，1973，第314页。
② 汉·郑玄注《礼记》，中华书局，1936，第134页。
③ 魏·何晏注、宋·邢昺疏《论语注疏》，北京大学出版社，2000，第275页。

进无厌；国异政教，各自制新；上无天子，下无方伯；力攻争强，胜者为右；兵革不休，诈伪并起。①

由此可见，诸侯国迅速崛起，形成了争霸的局面。随着大量诸侯国的兴起，各国不再遵周之号令，而是逐步脱离周王室的控制，各自称霸一方。在这样的政治环境下，西周以来建立的礼乐制度不再具有以往的约束力量，而是成为"天子微，诸侯僭，大夫强，诸侯胁"的政治局面。

此时，对礼乐制度的僭越已经变成一种常态，使用作为其物化形式的金石乐悬，也成为各国彰显实力与强权的象征。据《吕氏春秋》记载：

国弥大，家弥富，葬弥厚。含珠鳞施，夫玩好货宝，钟鼎壶滥，舆马衣被戈剑，不可胜其数。诸养生之具，无不从者。②

从考古发现看，这一时期的青铜器铸造主体不再是周王室与王臣，而是各诸侯国。

国别之器得国三十又二，曰吴，曰越，曰徐，曰楚，曰江，曰黄，曰郡，曰邓，曰蔡，曰许，曰郑，曰陈，曰宋，曰鄎，曰滕，曰薛，曰邾，曰郜，曰鲁，曰杞，曰纪，曰祝，曰莒，曰齐，曰戴，曰卫，曰燕，曰晋，曰苏，曰虢，曰虞，曰秦。③

从郭沫若《两周金文辞大系图录考释》一书的"序"中的这段说明来看，不仅晋、楚、齐、鲁、吴、越、秦等大的诸侯国铸器，许多小国如徐、江、黄、莒、邓、蔡、许、陈、滕、薛、邾等也自造礼器。曾国也是一个非常小的诸侯国，如果不是因为有出土文物的发现，甚至都不会知道它曾经存在过，但曾侯乙却拥有完整而庞大的一整套乐悬。以曾侯乙编钟为例，共64件。分三层悬挂在曲尺形钟架上。上层悬挂钮钟三组，19件；中下两层各悬挂甬钟三组，45件。最小者通高20.4厘米，重2.4公斤；最大者通高153.4厘米，重203.4公斤，总重量在2500公斤以上。这套编

---

① 西汉·刘向辑录《战国策》，上海古籍出版社，1985，第1196页。

② 战国·吕不韦著，陈奇猷校释《吕氏春秋新校释》，上海古籍出版社，2002，第532页。

③ 郭沫若：《两周金文辞大系图录考释》，科学出版社，1957，第4页。

钟是迄今发现最庞大的编钟。当时还不算诸侯大国的曾国就拥有如此庞大的乐悬，其他诸侯国的乐悬规模可想而知。进入战国末期，这一现象更加明显，而且随着这些私自制造的乐器的大量出现，乐钟的乐器角色逐渐弱化，大多数乐钟如同其他青铜礼器一样，已经徒具象征意义。当时，各诸侯国的文化获得空前发展，出现了一股由"王国文化"向"侯国文化"转化，即"文化下移"的潮流。各地实力强大的诸侯都独霸一方。列国纷争、战争频发以及政权下移，都是导致"文化下移"的原因。《论语·微子》云：

> 大师挚适齐，亚饭干适楚，三饭缭适蔡，四饭缺适秦，鼓方叔入于河，播鼗武入于汉，少师阳、击磬襄入于海。[①]

这段文字记述的是春秋末期鲁哀公时，众多著名的鲁国乐师遍至各诸侯国的情景。此时的音乐文化在更加广阔的范围内扩散和传播。尽管等级乐悬制度遭到破坏，却促进了音乐文化的交流。从考古材料中可以了解到，当时的很多小国在音乐文化方面的成就并不小。如在纪国、滕国、邾国等范围内，均有春秋时期的乐钟出土。比如邾国，国家虽然很小，但传世的乐钟却相当多，有邾公孙镈，邾公孙华编钟，邾大宰钟等。

各地诸侯和贵族纷纷"僭于礼乐"，如当时鲁国季桓子无视用乐制度，不用诸侯之礼，而用天子八佾规模的乐舞，即历史上的"八佾舞于庭"的事件。这一时期，诸侯争霸的局面愈演愈烈，社会极度动荡不安，曾经辉煌的礼乐制度已经逐渐丧失约束力，颓败之势尽显。在战国时期，礼乐制度进一步被破坏。作为礼乐制度的有声部分——金石之乐，更是随意使用。仅以丧礼而言，用器规模与规格成为首要之追求，而器物的内涵是否能够与规格相符反退居其次。这样一来，更加剧了乐钟礼乐制度的衰亡。

2. "郑卫之音"——雅乐不再是"主流"

雅乐是西周奴隶制鼎盛时期的产物，也是周代推行礼乐制度的两大支柱之一。随着奴隶制度的日趋没落，雅乐的等级内容已经变得越来越空洞和毫无意义，成为仅流于形式的音乐。因此，到了春秋时期，雅乐已经很

---

① 魏·何晏注、宋·邢昺疏《论语注疏》，北京大学出版社，2000，第289页。

难适应新兴地主阶级的审美需要。《史记·乐书》中有一段魏文侯与子夏的对话：

> 魏文侯问于子夏曰："吾端冕而听古乐，则唯恐卧，听郑卫之音则不知倦。敢问古乐之如彼，何也？新乐之如此，何也？"子夏答曰："今夫古乐，进旅而退旅，和正以广，弦匏笙簧合守拊鼓，始奏以文，止乱以武，治乱以相，讯疾以雅。君子于是语，于是道古，修身及家，平均天下：此古乐之发也。今夫新乐，进俯退俯，奸声以淫，溺而不止，及优侏儒，犹杂子女，不知父子。乐终不可以语，不可以道古：此新乐之发也。今君之所问者乐也，所好者音也。夫乐之与音，相近而不同。"①

与此同时，一种新颖的音乐开始兴起，这就是所谓的"郑卫之音"。

> 右周室既衰，雅乐渐废，淫声迭起。夫子欲起而正之，而不得其位以行其志。然当时虽以优伶贱工，犹有所守，而不轻为流俗所移，如师旷止濮上之音，挚、干而下至逾河蹈海以避世者，必以不能谐世俗之乐故也。②

此一变革，就是"郑卫之音"的兴起。郑卫之音，据冯洁轩的研究，是郑、卫的地方音乐，是殷商音乐的后裔；它与周代"雅乐"最大的不同是具备了"商"音，而非周乐仅有的宫、角、徵、羽四声音阶。因此，郑卫之音较宫廷雅乐更为自然活泼，具有更高的娱乐效果；尤其在西周礼乐制度面临崩溃的春秋时代，郑卫之音更由潜流汇成狂澜，终于彻底摧垮了西周雅乐的一统地位。齐宣王就曾对孟子说：

> 寡人非能好先王之乐也，直好世俗之乐耳。③

而《论衡·谴告篇》也记载：

---

① 汉·司马迁：《史记》，中华书局，1959，第1221~1222页。
② 元·马端临：《文献通考》，中华书局，1986，第1143页。
③ 汉·赵歧注《孟子注疏》，北京大学出版社，2000，第38页。

秦缪公好淫乐，华阳后为之不听郑、卫之音。[①]

秦国如斯，而楚国国君更是有过之而无不及。

庄王即位三年，不出号令，日夜为乐……左抱郑姬，右抱越女，坐钟鼓之间。[②]

这些记载都说明郑卫之音在东周诸侯间的重大影响力。郑卫之音蓬勃发展的结果，造成了对音乐的各个方面（不论音阶、乐律、音质，还是乐器形制、数量等）的高度要求，因此，在乐器的性能上也更为考究。礼乐文化的社会功用和文化职能逐渐进入以娱人为目的的世俗文化阶段。相比之下，"金石之乐"缺乏娱乐性，"端冕而听古乐，则惟恐卧"[③]，显然与之不相适应。先秦乐钟的音乐功能已经明显跟不上当时社会对音乐的享乐需求，因此，乐钟的地位开始逐渐下降。

3. "四夷之乐"的传入——音乐文化传播的必然

所谓"四夷之乐"指的是中国古代中原以外的地区音乐。自古以来，"四夷之乐"就一直从异域向中原地区不断输入，这是文化交流和融合的必然发展趋势。"汉代自汉武帝扩展疆域以后，四周的少数民族音乐和外来音乐通过各种渠道纷纷传入中原。"[④] 在中国历史上，曾有过多次民族大融合，其中就有春秋战国时期和魏晋南北朝时期。在中原土地上，民族杂处必然导致各民族之间音乐文化进一步的交流与融合，西域的歌舞涌入中原，形成了广为流行的壮观局面。在汉代张骞通西域时，从西域带回《摩诃兜勒》乐曲，曾引发汉乐府吸收胡乐而造新声的趋势。

到了唐代，随着疆域的扩大，对外交往的频繁，又从西域传入大量胡乐器和胡曲，从而使唐代的雅乐风格发生了重大变化，唐代的宫廷音乐成为具有浓郁西域风格的音乐。早在十六国时期的前秦建元十九年（383），前秦王苻坚命大将吕光出征西域，次年，征服龟兹，西域各国均来归顺。吕光载西域珍宝及歌舞艺人东归。《隋书·音乐志》载："吕光出平西域，

---

① 黄晖编辑《论衡校释》，中华书局，1990，第639页。
② 汉·司马迁：《史记》，中华书局，1959，第1700页。
③ 汉·司马迁：《史记》，中华书局，1959，第1221页。
④ 郑祖襄：《中国古代音乐史》，高等教育出版社，2008，第73页。

得胡戎之乐。"① 北周天和三年（568），北周武帝与突厥通婚，突厥于是征集了西域各国歌舞和艺人随嫁而东来，其中有龟兹、疏勒、安国、康国等国的音乐，"其后帝娉皇后于北狄，得其所获康国、龟兹等乐，更杂以高昌之旧，并于大司乐习焉。采用其声，被于钟石，取周官制以陈之"②，这就是典型的例子。较之琴瑟等乐器的"知情识趣"与"四夷之乐"的异域风情，乐钟显得那么古板而不近人情，因此，不可避免会受到忽略和轻视。

4. 乐钟自身的缺陷

"早期的编钟只有有限的几个阶名，无论在演奏曲调的能力上，或旋宫转调的能力上都大大落后于管、弦乐器。"③ 乐钟虽然是"众乐之首""国之重器"，却无法改变一个现实，那就是乐钟的乐器性能——乐音的变化相对较少，而且演奏时节奏缓慢。这种发声特点，是先天因素决定的，既是乐钟的独特之处，但也造成其自身发展的障碍。钟声毕竟是属于间歇式乐音，乐钟在雅乐中的作用，主要是制造声势与加强节奏之用，正如《仪礼·大射仪》所注："镈如钟而大，奏乐以鼓镈为节。"④ 编钟"发音绵长，若数钟连续击奏，易造成不同音频相互干扰，出现'混响'现象。尤其是当乐曲的音符进行速度较快时，不协和的乐声就简直不忍侧听。"⑤ 如果想要演奏出一首完整的乐曲，仍然有赖于丝竹。

> 且夫钟不过以动声，若无射有林，耳弗及也。⑥

乐钟只是"动声"的乐器，无法满足旋律变化多样的要求。而当时的乐官伶州鸠从乐钟作为乐器的角度，也说明了乐钟在音乐演奏中的基本功能。

> 夫政象乐，乐从和，和从平。声以和乐，律以平声。金石以动之，丝竹以行之，诗以道之，歌以咏之，匏以宣之，瓦以赞之，革木

---

① 唐·魏征、令狐德棻：《隋书》，中华书局，1973，第313页。
② 唐·魏征、令狐德棻：《隋书》，中华书局，1973，第342页。
③ 黄翔鹏：《先秦编钟音阶结构的断代研究》，《江汉考古》1982年第2期。
④ 汉·郑玄注《仪礼·大射仪》，中华书局，1936，第128页。
⑤ 王子初：《残钟录》，上海音乐学院出版社，2004，第385页，。
⑥ 《国语》，上海师范大学古籍整理组校点，上海古籍出版社，1978，第123页。

以节之。物得其常曰乐极，极之所集曰声，声应相保曰和，细大不逾曰平。如是，而铸之金，磨之石，系之丝木，越之匏竹，节之鼓而行之，以遂八风。于是乎气无滞阴，亦无散阳，阴阳序次，风雨时至，嘉生繁祉，人民和利，物备而乐成，上下不罢，故曰乐正。今细过其主妨于正，用物过度妨于财，正害财匮妨于乐。细抑大陵，不容于耳，非和也。听声越远，非平也。妨正匮财，声不和平，非宗官之所司也。①

作为一名乐官，伶州鸠深知乐钟的性能，各种乐器皆有其职司，不宜制作规模过大之编钟，而且也解释了乐钟作为乐器的本分所在，即"金石以动之"。可以说，以曾侯乙编钟为代表的战国青铜乐钟已经是乐钟发展的巅峰之作，直到今天它都无法被超越。人们惊异于它的奇特与辉煌，这正是乐钟发展到极致的魅力所在。音乐考古资料显示，出土的曾侯乙编钟总音域达五个八度，其中中层的三组甬钟音色嘹亮，音域跨越三个八度，且在两个八度范围内十二个半音齐备，旋宫转调能力达六宫以上，这说明编钟已从殷周时期主要作为打击乐器转而具备了演奏乐器的功能。即便如此，青铜乐钟的这些进步还是赶不上其他乐器，尤其是丝竹类乐器所具有的在旋律变化上的先天优势。因此，乐队的演奏，除了钟、磬的"金石以动之"外，还有赖于琴瑟箫篪等的"丝竹以行之"。乐钟的乐器功能已经逐渐弱化，走向了一条与音乐发展背道而驰的"不归路"。

5. 巨钟之祸

前面提到，战国时期的乐钟文化已经发展到巅峰状态，统治者不再只满足于乐钟的音乐功能，而开始一味地追求乐钟体积的庞大化，这无疑是给乐钟的命运画上了休止符。钟体越铸越大，乐钟的音乐功能却越来越弱，无法给人带来美感的乐器必然会被淘汰，乐钟的逐渐衰落就是最好的例子。长期以来，由于乐钟一直被深锁宫中，只是王室和贵族们所专有的乐器，平民根本没有可能，也没有权利享有这一重器。乐钟本身的造价相当高昂，更不可能为平民百姓所能担负。春秋时期，"郑卫之音"的新乐开始流行，贵族作乐，莫不"以巨为美，以众为观"，春秋战国时期的

---

① 《国语》，上海师范大学古籍整理组校点，上海古籍出版社，1978，第128页。

"侈乐"之风已经发展到非常严重的地步。统治者争相制造巨钟，以此来显示自己的权威。这样的行为不仅造成国力的衰微，更引起下层人民的强烈不满，以致发展到后来，乐钟的巨大化成为国家衰亡的象征：

> 宋之衰也，作为千钟。齐之衰也，作为大吕。楚之衰也，作为巫音。①

由此可见，铸巨钟实为伤财丧国之举。这样的行为必然会招致人民的唾弃，正如伶州鸠所言：

> 上作器，民备乐之，则为和。今财亡民罢，莫不怨恨，臣不知其和也。且民所曹好，鲜其不济也。其所曹恶，鲜其不废也。故谚曰："众心成城，众口铄金。"三年之中，而害金再兴焉，惧一之废也。②

巨钟的出现已经违背了乐钟发展的自然规律，而统治者一意孤行的举动更加剧了乐钟的衰落。

> 作重币以绝民资，又铸大钟以鲜其继。若积聚既丧，又鲜其继，生何以殖？且夫钟不过以动声，若无射有林，耳弗及也。夫钟声以为耳也，耳所不及，非钟声也。犹目所不见，不可以为目也。夫目之察度也，不过步武尺寸之间；其察色也，不过墨丈寻常之间。耳之察和也，在清浊之间；其察清浊也，不过一人之所胜。是故先王之制钟也，大不出钧，重不过石。律度量衡于是乎生，小大器用于是乎出，故圣人慎之。今王作钟也，听之弗及，比之不度，钟声不可以知和，制度不可以出节，无益于乐，而鲜民财，将焉用之！③

这样一种"匮财用，罢民力，以逞淫心"④的逆时之举，使得巨钟被视为"不和之钟"，而钟声也成为"不祥之音"："听之不和，比之不度，

---

① 战国·吕不韦著，陈奇猷校释《吕氏春秋新校释》，上海古籍出版社，2002，第269页。
② 《国语》，上海师范大学古籍整理组校点，上海古籍出版社，1978，第130~131页。
③ 《国语》，上海师范大学古籍整理组校点，上海古籍出版社，1978，第122~123页。
④ 《国语》，上海师范大学古籍整理组校点，上海古籍出版社，1978，第130页。

无益于教，而离民怒神。"①《墨子·非乐》中就对铸巨钟之劳民伤财进行强烈的抨击：

> 民有三患：饥者不得食，寒者不得衣，劳者不得息，三者民之巨患也。然即当为之撞巨钟、击鸣鼓、弹琴瑟、吹竽笙而扬干戚，民衣食之财将安可得乎？即我以为未必然也。意舍此。今有大国即攻小国，有大家即伐小家，强劫弱，众暴寡，诈欺愚，贵傲贱，寇乱盗贼并兴，不可禁止也。然即当为之撞巨钟、击鸣鼓、弹琴瑟、吹竽笙而扬干戚，天下之乱也，将安可得而治与？即我未必然也。是故子墨子曰：姑尝厚措敛乎万民，以为大钟、鸣鼓、琴瑟、竽笙之声，以求兴天下之利，除天下之害而无补也。②

总而言之，铸巨钟之举，不仅是国之衰亡的前兆，更是乐钟走向没落的原因所在。秦汉以来，统治者废分封制，改行郡县制，这样就已断绝乐钟在中央政权之外产生的经济基础；当时的宫廷音乐博采民间音乐，更是给乐钟以致命一击。在汉哀帝罢乐府之前，宫中乐人以鼓人居多，而钟人仅两人而已。到了哀帝罢乐府之后，钟人仅留一人。此种音乐形式之改变，无疑给乐钟的发展造成沉重的打击，乐钟文化的传播出现断层也就不足为奇。

第二节　乐钟文化与雅乐复兴

先秦时期，儒家的礼乐学说就已经承认音乐在社会礼乐中的实用功能，肯定了音乐在西周礼乐中的政治功能，并进一步挖掘出音乐的社会伦理功能。他们用精深的理论和哲学式的思辨来解释礼乐的社会实践，阐释礼乐在树立崇高人格和促进社会和谐方面具有的现实意义，真正从思想上扩展和深化了礼乐的实用价值。先秦的礼乐文化已经相当成熟，从实践和理论两方面建立起礼乐在宗教、政治、伦理三方面的价值体系，这三方面

---

① 《国语》，上海师范大学古籍整理组校点，上海古籍出版社，1978，第130页。
② 清·孙诒让：《墨子间诂》，中华书局，2001，第253～254页。

的价值体系在封建社会的官方礼乐传播中又以新的方式被重新取舍选择和变通利用。

随着奴隶制度的最终瓦解和崩溃，曾在西周时期发挥过巨大作用的礼乐的政治功能，虽然依然受到先秦儒家的充分肯定，但它在以封建地主经济为基础的封建制度社会中已不可能重现昔日的光彩。封建社会中，宫廷礼乐在政治方面所能发挥的作用只能是象征性的，其形式已经大过于内容，宫廷礼乐中壮观的典礼音乐和庞大的乐队，无非是统治者为了表现其国力的强盛和王权的威仪。这种礼乐主要用来粉饰和宣扬盛世景象，是通过装饰和象征作用来实现它的政治功能意义。正因为已经成为一种装饰性、象征性的礼乐，音乐的艺术标准和审美功能也就退居到了次要的地位。早已无法满足音乐享乐要求的乐钟，却正好契合了音乐象征性的功能，因此，才再次得到重视。而乐钟的复苏必定是和雅乐的复兴联系在一起的，所以，我们将考察历史上两次重要的"乐议"事件，从雅乐的发展中分析乐钟的兴衰历程。

一　雅乐的变迁

雅乐是从属于当时的主流意识形态而具有一定文化垄断性的音乐，就其功用而言，它们都不是为了欣赏和娱乐而存在，纯粹是为了宗教或政治礼仪制定，因而属于功用型的实用性音乐。用雅乐存在的物质手段定义雅乐，可以使雅乐研究有明确的判断标准。雅乐乐器是其直接物化的手段，乐悬之制是雅乐的主要象征。早在西周时，作为雅乐器物的乐悬，其文化含义即王制的标志。汉以来天子改朝换代的标志是"乐舞八佾，设钟簴宫悬"，历代郊祀天地于祭坛设宫悬，大朝会于正殿设宫悬，享太庙设乐悬，这都说明乐悬是雅乐必备的物质条件。因此，乐器的物质组合形式可以反映雅乐的规模。南朝王僧虔上表曾云"悬钟之器，以雅为用"[1]，雅乐以悬钟之器为用，金石以雅乐为体。这阐明了宫悬与雅乐制度之间的体用关系。"金石钟磬"之乐可以作为雅乐的具体表现形式。

春秋战国始，雅乐在其艺术领域逐渐走向退化和僵化。但是，自此，雅乐却被融入儒家礼乐政治哲学体系中，从而被秦汉以后的历代王朝统治

---

[1]　梁·萧子显：《南齐书》，中华书局，1972，第594页。

者所重视。黄翔鹏认为"雅乐不是中国音乐传统的主流"①。事实上，并非完全如此。封建统治者始终强调"雅乐"的正统地位，历代正史、乐志、律志也都以雅乐为重要的记录对象。因而，在西周之后，雅乐虽然已经逐渐丧失了其音乐艺术的属性，却在历代的儒家正统观念中反复被强调，在某些统一王朝时期，如唐朝和宋朝，还被统治者们当作朝廷的一件政治大事来重视。

1. 唐代对雅乐的修复

据史书记载，在隋唐之初，传至北魏的魏晋"四厢金石乐"已不明其乐制。但是到公元 557 年，北周孝闵帝宇文觉废黜西魏而建立北周政权。北周建德二年（573）北周武帝宇文邕完成了北周宫悬雅乐的创制，史书记载：

> 建德二年十月甲辰，六代乐成，奏于崇信殿。群臣咸观。其宫悬，依梁三十六架。……于是正定雅音，为郊庙乐。创造钟律，颇得其宜。②

> 魏、晋已来，但云四厢金石，而不言其礼，或八架，或十架，或十六架。梁武始用二十六架。贞观初增三十六架，加鼓吹熊黑按十二于四隅。后魏、周、齐皆二十六架。建德中，复梁三十六架。隋文省，炀帝又复之。③

隋朝开皇元年（581），隋文帝杨坚建立隋朝，结束了混乱的南北朝，重新统一中国。作为继承北周政权的新的封建王朝，隋朝统治者同样对雅乐与钟悬制度表现出巨大的热情。隋文帝杨坚，原本为北周随国公，后受北周静帝禅让登基为帝。受帝位的同时完全沿袭了北周的礼乐制度。"诏王冕十有二旒，建天子旌旗，出警入跸，乘金根车，驾六马，备五时副车，置旄头云罕，乐舞八佾，设钟虡宫悬。"④次年，齐黄门侍郎颜之推建议摒弃北周雅乐中的胡人乐曲，依南梁的制度重制。隋文帝杨坚认为南梁

---

① 黄翔鹏：《雅乐不是中国音乐传统的主流》，《人民音乐》1982 年第 12 期。
② 唐·魏征、令狐德棻：《隋书》，中华书局，1973，第 332～333 页。
③ 后晋·刘昫：《旧唐书》，中华书局，1975，第 1080 页。
④ 唐·魏征、令狐德棻：《隋书》，中华书局，1973，第 11 页。

亡国之音不足取，令乐工齐树提重新整理雅乐，改换曲调，结果并不成功。于是沛公郑译再次奏请修改。隋文帝随即命太常卿牛弘、国子祭酒辛彦之、国子博士何妥等人重制雅乐。然而战乱已久，而且音律调整非常困难，数年都没有完成。

> 开皇二年，齐黄门侍郎颜之推上言："礼崩乐坏，其来自久。今太常雅乐，并用胡声，请冯梁国旧事，考寻古典。"高祖不从，曰："梁乐亡国之音，奈何遣我用邪？"是时尚因周乐，命工人齐树提检校乐府，改换声律，益不能通。……谔奏："武王克殷，至周公相成王，始制礼乐。斯事体大，不可速成。"①

隋朝开皇九年（589），大将韩擒虎攻破南陈都城建邺，俘虏南陈后主陈叔宝并南朝宫悬乐器。隋文帝杨坚再次开始对隋朝雅乐的改革。对于由北魏出现于雅乐之中的异国乐舞百戏杂技，以及南朝雅乐中混杂的俗乐部分，隋文帝杨坚持否定态度，于是命太常牛弘，散骑常侍许善心，秘书丞姚察，通直郎虞世基等人重新制定雅乐。

> 十二月甲子，诏曰："朕祗承天命，清荡万方。百王衰敝之后，兆庶浇浮之日，圣人遗训，扫地俱尽，制礼作乐，今也其时。朕情存古乐，深思雅道。郑、卫淫声，鱼龙杂戏，乐府之内，尽以除之。今欲更调律吕，改张琴瑟。且妙术精微，非因教习，工人代掌，止传糟粕，不足达神明之德，论天地之和。区域之间，奇才异艺，天知神授，何代无哉！盖晦迹于非时，俟昌言于所好，宜可搜访，速以奏闻，庶睹一艺之能，共就九成之业。"仍诏太常牛弘、通直散骑常侍许善心、秘书丞姚察、通直郎虞世基等议定作乐。②

开皇十四年（594），隋朝礼乐定制基本完成，隋文帝随即下诏推行。而隋朝宫悬雅乐的制度，也自此与北周有所不同，其宫悬的设置方式与数量都有区别。

---

① 唐·魏征、令狐德棻：《隋书》，中华书局，1973，第345页。
② 唐·魏征、令狐德棻：《隋书》，中华书局，1973，第34页。

高祖既受命，定令，宫悬四面各二虡，通十二镈钟，为二十虡。虡各一人。建鼓四人，祝敔各一人。歌、琴、瑟、箫、筑、筝、搊筝、卧箜篌、小琵琶，四面各十人，在编磬下。笙、竽、长笛、横笛、箫、筚篥、篪、埙，四面各八人，在编钟下，舞各八佾。[①]

开皇十七年（597），隋文帝杨坚再次下诏，除祭祀宗庙之外，不再使用乐悬之器，"宜改兹往式，用弘礼教。自今已后，享庙日不须备鼓吹，殿庭勿设乐悬"[②]。大业元年（605），隋炀帝杨广即位。与隋文帝杨坚的节约朴素不同，杨广铺张浪费，且无视礼制。大业六年（610），隋炀帝杨广大量征集北魏、北齐、北周、南陈的乐工子弟，其乐工数量大大超过了梁陈之时。接着又制造各种钟磬宫悬乐器共 36 架。恢复了杨坚时期废除的平时使用乐悬的制度。乐悬使用的钟磬乐器制作烦琐且造价昂贵，在文帝时期只有一套，用于殿庭飨宴，后来平定南陈时又获得两套，分别用在宗庙与郊丘的祭祀。此时这三套乐器全部藏于乐府不用，重新制造了三部：五郊祭祀使用 20 架，用乐工 143 人；宗庙 20 架，用乐工 150 人；飨宴 20 架，乐工 107 人，舞者共 132 人。

至六年，帝乃大括魏、齐、周、陈乐人子弟，悉配太常，并于关中为坊置之，其数益多前代。……又造飨宴殿庭宫悬乐器，布陈簨虡，大抵同前，而于四隅各加二建鼓、三案。又设十二镈，镈别钟磬二架，各依辰位为调，合三十六架。至于音律节奏，皆依雅曲，意在演令繁会，自梁武帝之始也，开皇时，废不用，至是又复焉。高祖时，宫悬乐器，唯有一部，殿庭飨宴用之。平陈所获，又有二部，宗庙郊丘分用之。至是并于乐府藏而不用。更造三部：五郊二十架，工一百四十三人。庙庭二十架，工一百五十人。飨宴二十架，工一百七人。舞郎各二等，并一百三十二人。[③]

隋朝时期，历经了两次对雅乐宫悬制度的修正与辩论，但由于分歧过大始终没有施行。最终隋朝时期的宫悬雅乐承袭公孙崇的观点，只使用黄

---

① 唐·魏征、令狐德棻：《隋书》，中华书局，1973，第 343 页。
② 唐·魏征、令狐德棻：《隋书》，中华书局，1973，第 43 页。
③ 唐·魏征、令狐德棻：《隋书》，中华书局，1973，第 373~374 页。

钟一宫。而隋朝灭亡至唐朝建立，并没有对当时的雅乐造成破坏。"隋世雅音，惟清乐十四调而已。隋末大乱，其乐犹全。"① 由上可见，隋朝虽然历经的时间短暂，却有一段雅乐的复苏，宫廷开始有乐悬的设置，并为后来的唐代统治者提供了经验和参考。

> 隋氏二十架，先置建鼓于四隅，镈钟方面各三，依其辰位，杂列编钟、磬各四架于其间。二十六架，则编钟十二架，磬亦如之。轩县九架，镈钟三架，在辰丑申地，编钟、磬皆三架。设路鼓二于县内戌巳地之北。设柷敔于四隅，舞人立于其中。錞于、铙、铎、抚拍、舂牍，列于舞人间。②

唐武德元年（618）唐高祖李渊建立继隋朝之后的又一个大一统王朝。由于李渊是隋朝唐国公，唐朝建立之后完全继承了隋朝的各种制度，而宫悬雅乐也是如此，"而终隋之世，所用者黄钟一宫，五夏、二舞、登歌、房中等十四调而已。《记》曰：'功成作乐。'盖王者未作乐之时，必因其旧而用之。唐兴即用隋乐"③。唐武德九年（626），唐高祖李渊招太常少卿祖孝孙与协律郎窦琎重新定制雅乐。此时唐朝由隋朝继承来的雅乐，金钟只用黄钟一宫，依十二律共有十二枚，每次击钟奏乐却只使用其中七枚，其余五枚则悬而不击，称为"哑钟"。唐朝协律郎张文收按照古籍中的记载重新定为十二律。唐高祖命祖孝孙一同重新调整隋朝未用的五枚"哑钟"，成功调整音律，至此十二枚同奏，"初，隋用黄钟一宫，惟击七钟，其五钟设而不击，谓之哑钟。唐协律郎张文收乃依古断竹为十二律，高祖命与孝孙吹调五钟，叩之而应，由是十二钟皆用"④。

自唐高祖李渊制定音律后，直至唐天宝十四年（755）安史之乱，宫悬雅乐制度没有太多改变。唐朝统治者将更多的精力用在创制新的乐舞上，对于宫悬乐器只是数量上的变化而已。

> 乐悬之制，宫县四面，天子用之。若祭祀，则前祀二日，太乐令

---

① 后晋·刘昫：《旧唐书》，中华书局，1975，第 1040 页。
② 后晋·刘昫：《旧唐书》，中华书局，1975，第 1080 页。
③ 宋·欧阳修、宋祁：《新唐书》，中华书局，1975，第 460 页。
④ 宋·欧阳修、宋祁：《新唐书》，中华书局，1975，第 460 页。

设县于坛南内壝之外，北向。东方、西方，磬虡起北，钟虡次之；南方、北方，磬虡起西，钟虡次之。镈钟十有二，在十二辰之位。……轩县三面，皇太子用之。若释奠于文宣王、武成王，亦用之。……判县二面，唐之旧礼，祭风伯、雨师、五岳、四渎用之。……特县，去判县之西面，或陈于阶间，有其制而无所用。……虡以县钟磬，皆十有六，周人谓之一堵，而唐隋谓之一虡。……唐初因隋旧，用三十六虡。高宗蓬莱宫成。增用七十二虡。至武后时省之。开元定礼，始依古著为二十虡。①

唐乾元元年（758）唐肃宗李亨认为乐器陈旧音律不准，亲自安排调试并重新制作。

> 是年三月十九日，上以太常旧钟磬，自隋已来，所传五声，或有差错，谓于休烈曰："古者圣人作乐，以应天地之和，以合阴阳之序。和则人不夭札，物不疵疠。且金石丝竹，乐之器也。比亲享郊庙，每听乐声，或宫商不伦，或钟磬失度。可尽供钟磬，朕当于内自定。"太常进入，上集乐工考试数日，审知差错，然后令再造及磨刻。二十五日，一部先毕，召太常乐工，上临三殿亲观考击，皆合五音，送太常。②

唐代的雅乐是由太常寺掌管的、以宫廷祭祀音乐为主体的仪式音乐，即以金石钟磬之乐悬为主要乐器组合形式，以一套配合郊庙、朝会仪式的乐曲、登歌、乐舞为表演程序，以《周礼》随律旋宫为乐律追求，由太常寺中专业乐工为表演队伍的音乐种类。唐代的太常寺是礼乐之司，位列九卿之首，政令仰承礼部尚书。唐代太常寺礼乐制度的重点在乐部，乐部制度是按一定乐工、乐器组织结合起来的，是被国家所著"乐令"的法律形式规定的制度化、仪式性的音乐，它是国家仪制的重要组成部分。其中，乐悬是雅乐之象征。

雅乐乐律是雅乐体制的核心内容，雅乐改制通常发生在战乱造成雅乐

---

① 宋·欧阳修、宋祁：《新唐书》，中华书局，1975，第 462～463 页。
② 后晋·刘昫：《旧唐书》，中华书局，1975，第 1052 页。

器缺损、而乐悬编制不明的背景之下。每当政权更替，而统治者们"功成"需要"制礼作乐"之时，乐律学家皆以《周礼》旋宫理论为标准，探求旋宫之路，以确立乐律体系：

> 周世旋宫因孝孙而再设，京房灰管遇毛爽而重彰。汉章、和世实用旋宫，汉世群儒备言其义，牛弘、祖孝孙所由准的也。①

《旧唐书·音乐志》中关于"乐悬"的记载非常详细，具体如下：

> 高宗成蓬莱宫，充庭七十二架。武后迁都，乃省之。皇后庙及郊祭并二十架，同舞八佾。先圣庙及皇太子庙并九架，舞六佾。……编钟在东，编磬在西。……旧皇后庭但设丝管，大业尚侈，始置钟磬，犹不设镈钟，以镈磬代。武太后称制，用钟，因而莫革。乐悬，庭庙以五彩杂饰，轩县以朱，五郊则各从其方色。每先奏乐三日，太乐令宿设县于庭，其日率工人入居其次。②

由此可见，唐代为了恢复雅乐制度做出了巨大努力，在隋代"开皇乐议"的基础上，进一步完善了乐悬制度。但是，从中也可以看出唐代的雅乐并非完全复原西周时期的礼乐制度，其中还使用相当数量的少数民族音乐，这是唐代统治者实行比较宽容的民族政策的体现，不过乐悬制度却是完全依照古制，在用钟的数量方式上都与西周时期相仿。所以，"雅乐沦灭，至是复全"具有一定的说服力。制度文化毕竟只是政治的附属品，随着唐代后期政治的衰败，雅乐文化也随之衰落。黄巢之乱后，昭宗尝试重建雅乐，但其宫悬之制已为虚设。

> 古制，雅乐宫县之下，编钟四架，十六口。近代用二十四口，正声十二，倍声十二，各有律吕，凡二十四声。登歌一架，亦二十四钟。③

唐广明元年（880），黄巢率农民起义军先后攻克洛阳与唐朝都城长安，唐朝宗庙被烧毁，乐工及宫悬乐器散失殆尽。唐僖宗李儇回宫之时，

---

① 宋·王应麟：《玉海》，台北大化书局，1978，第 166 页。
② 后晋·刘昫：《旧唐书》，中华书局，1975，第 1081 页。
③ 后晋·刘昫：《旧唐书》，中华书局，1975，第 1083 页。

宫悬乐器已经全部丢失。"广明初，巢贼干纪，舆驾播迁，两都覆圮，宗庙悉为煨烬，乐工沦散，金奏几亡。及僖宗还宫，购募钟县之器，一无存者。"① 龙纪元年（889），唐昭宗李晔即位，令人重造宫悬乐器。然而此时旧时宫悬乐器制度已经无人知晓。修奉乐悬使宰相张浚召集太常属司乐官吏商讨，却没有结果。此时太长博士殷盈孙熟知典故，重新按照《周官·考工记》计算之后画成图样让工人照此铸造，共铸钟两百四十口。"究其栾、铣、于、鼓、钲、舞、甬之法，沉思三四夕，用算法乘除，镈钟之轻重高低乃定。悬下编钟，正黄钟九寸五分，下至登歌倍应钟三寸三分半，凡四十八等。口项之量，径衡之围，悉为图，遣金工依法铸之，凡二百四十口。"②

此时唐朝宗庙被焚毁，还来不及重修，暂时以少府监为太庙。少府监狭小，无法容纳三十六架宫悬乐器，宰相张浚便建议按照隋朝以前的旧制设二十架，得到采纳。史书记载：

> 时以宗庙焚毁之后，修奉不及……其庭甚狭，议者论县乐之架不同。浚奏议曰：臣伏准旧制，太庙含元殿并设宫县三十六架，太清宫、南北郊、社稷及诸殿庭，并二十架。今修奉乐悬，太庙合造三十六架，臣今参议，请依古礼用二十架。……周、汉、魏、晋、宋、齐六朝，并只用二十架。隋氏平陈，检梁故事，乃设三十六架。国初因之不改。高宗皇帝初成蓬莱宫，充庭七十二架，寻乃省之。则簨架数太多，本近于侈。止于二十架，正协礼经。兼今太庙之中，地位甚狭，百官在列，万舞充庭，虽三十六架具存，亦施为不得。庙庭难容，未易开广，乐架不可重沓铺陈。今请依周、汉、魏、晋、宋、齐六代故事，用二十架。③

唐朝社会风气开放，经济发达，与世界各国也多有交流，其宫廷乐舞多杂有异国元素。而以继承传统为主的宫悬雅乐就更多体现其政治阶级的象征性。"唐制，天子居曰'衙'，行曰'驾'，皆有卫有严。羽葆、华盖、旌旗、罕毕、车马之众盛矣，皆安徐而不哗。其人君举动必以扇，出

---

① 后晋·刘昫：《旧唐书》，中华书局，1975，第 1081 页。

② 后晋·刘昫：《旧唐书》，中华书局，1975，第 1082~1083 页。

③ 后晋·刘昫：《旧唐书》，中华书局，1975，第 481 页。

入则撞钟，庭设乐宫，道路有卤簿、鼓吹。礼官百司必备物而后动，盖所以为慎重也。故慎重则尊严，尊严则肃恭。夫仪卫所以尊君而肃臣，其声容文采，虽非三代之制，至其盛也，有足取焉。"① 又有记载："凡元日，大陈设于含元殿，服衮冕临轩，展宫悬之乐，陈历代宝玉舆辂，备黄麾仗，二王后及百官朝集使、皇亲，并朝服陪位。……凡乐，有五声、八音、六律、六吕，陈四悬之度，分二舞之节，以和人伦，以调节气，以享鬼神，以序宾客。凡私家不得设钟磬。"②

至五代，乐工对唐代雅乐乐调已是"穿凿不明"，以致雅乐与教坊乐混淆。而且宫廷所用乐钟也由于战乱而遗失，不知去向，乐调就更无从考证。因此，雅乐又一次"沦灭"。

2. 宋代对雅乐的复古

如果说西周的雅乐代表着奴隶社会音乐文化的高度成就，其后，历代雅乐则已经成为一种纯粹的礼仪音乐。然而，宋代以前的雅乐还多少掺杂了一些"俗乐"，甚至有"胡乐"的成分。宋代以后，雅乐则随着封建制度的日趋衰落而越来越趋于"复古"，越来越僵化，艺术水平也越来越低下。这一"复古"主张的提出就是由宋代兴起。由此开始，雅乐的发展开始走向极端。

黄巢农民起义给唐王朝以致命的伤害，开平元年（907）后梁太祖朱温建立后梁，结束唐王朝的统治，中国历史进入五代十国时期。此时天下大乱，各割据势力互相征伐不断，宫悬雅乐制度遭到巨大破坏。

> 洎唐季之乱，咸、镐为墟；梁运虽兴，《英》、《茎》扫地。庄宗起于朔野，经始霸图，其所存者，不过边部郑声而已，先王雅乐，殆将泯绝。当同光、天成之际，或有事清庙，或祈祀泰坛，虽簨虡犹施，而宫商孰辨？遂使磬襄、龡武，入河、汉而不归；汤濩、舜韶，混陵谷而俱失。洎晋高祖奄登大宝，思迪前规，爰诏有司，重兴二舞。旋属烽火为乱，明法罔修，汉祚几何，无暇制作。③

---

①　宋·欧阳修、宋祁：《新唐书》，中华书局，1975，第481页。
②　后晋·刘昫：《旧唐书》，中华书局，1975，第1829~1830页。
③　宋·薛居正等：《旧五代史》，中华书局，1976，第1923页。

后周显德五年（958），后周世宗柴荣查看宫悬乐器的准备情况，发现一部分钟磬虽然挂出来，演奏时却不使用。询问乐工却没人能够回答。于是周世宗柴荣命翰林学士、判太常寺事窦俨参详雅乐制度，又命枢密使王朴考正音律。王朴用古时累黍之法完成了音律的修订。史书记载：

> 周显德五年冬，将立岁仗，有司以崇牙树羽，宿设于殿庭。世宗因亲临乐悬，试其声奏，见钟磬之类，有设而不击者，讯于工师，皆不能对。世宗恻然，乃命翰林学士、判太常寺事窦俨参详其制，又命枢密使王朴考正其声。朴乃用古累黍之法，以审其度，造成律准，其状如琴而巨，凡设十三弦以定六律、六吕旋相为宫之义。①

后周显德六年（959），枢密使王朴完成对雅乐律法乐器的定制，这是五代时期唯一一次对雅乐宫悬的校准与制作。然而，这也为后来的宋代雅乐复古提供了基础。

> 时有太常博士商盈孙，案《周官·考工记》之文，铸绫钟十二，编钟二百四十，处士萧承训校定石磬，今之在悬者是也。虽有乐器之状，殊无相应之和。逮乎殊梁、后唐，历晋与汉，皆享国不远，未暇及于礼乐。以至于十二绫钟，不问声律宫商，但循环而击，编钟、编磬徒悬而已。丝、竹、匏、土，仅有七声，作黄钟之宫一调，亦不和备，其余八十三调，于是乎泯绝，乐之缺坏，无甚于今。

在奏表中王朴提到，后梁、后晋、后汉等国，根本不知雅乐宫悬的使用方法，只是将编钟编磬按顺序循环击打而已，根本没有曲调可言。雅乐衰败至此，可见常年战争已经对文化传承造成了严重破坏。

历史发展到了北宋至仁宗一朝，政治升平，礼乐大兴，北宋思想文化发展呈现前所未有的盛况。清代学者全祖望在《宋元学案》的序录中盛赞"庆历之际，学统四起"。② 经学、史学、文学成为这一时期思想文化的三大支柱，乐律学、金石学等学问在此时业已成为专门的学科。宋仁宗时经学的突出成绩是礼学的发展。经学乃宋学之核心，"经学自汉至宋初未尝

---

① 宋·薛居正等：《旧五代史》，中华书局，1976，第 1923～1924 页。
② 清·黄宗羲：《宋元学案》，中华书局，1986，第 2 页。

大变，至庆历始一大变也"①。这一时期礼学的重要特征是礼学成为实际之学——以礼学为中心探讨礼乐刑政各种政策，使礼制为政治服务。《太常因革礼》的制定，是北宋礼学的集大成之作，甚至成为后世朝代制定礼制的重要参考。

在这样的大背景下，宋代学者以科学实验的态度议正雅乐，不仅在音乐实践的基础上辨析黄钟音高，而且还十分注意考察前朝雅乐制度的得失。但由于唐末之乱，礼乐制度亡佚殆尽：

> 广明初，巢贼干纪，舆驾播迁，两都覆圮，宗庙悉为煨烬，乐工沦散，金奏几亡。及僖宗还宫，购募钟县之器，一无存者。昭宗即位，将亲谒郊庙，有司请造乐悬，询于旧工，皆莫知其制度。②

直到唐昭宗时期，太常博士殷盈孙依《周礼》重造乐悬，但已非唐雅乐之制。而对于五代十国的文化制度，宋朝重臣欧阳修采取批判的态度，可以反观他对唐代以及唐以前的"礼乐"的高度重视。他在《新五代史》中猛烈批判五代十国"礼崩乐坏"的局面。其卷十七称：

> 五代，干戈贼乱之世也，礼乐崩坏，三纲五常之道绝，而先王之制度文章扫地而尽于是矣！③

他继而又批判五代时期的官吏。

> 以谓为国家者，帑廪实，甲兵完而已，礼乐文物皆虚器也。④

确实如欧阳修所说，自安史之乱后，再经五代十国的分裂战乱，宫廷音乐活动已经变得支离破碎，宫廷的乐器、乐工也"十不存一"。至五代后周制礼作乐，王朴依照京房律造旋宫之乐，其与唐代以管定律之旋宫乐相距更远。至北宋初年，依王朴律定制雅乐，但太常雅乐乐律出现音高不协等一系列问题，使重新演绎唐代雅乐的核心问题——唐代雅乐乐律，成

---

① 清·皮锡瑞：《经学历史》，中华书局，2004，第 156 页。
② 后晋·刘昫：《旧唐书》，中华书局，1975，第 1081 页。
③ 宋·欧阳修：《新五代史》，中华书局，1974，第 188 页。
④ 宋·欧阳修：《新五代史》，中华书局，1974，第 333 页。

为北宋统治者制礼作乐的迫切需要。

宋建隆元年（960），太祖赵匡胤建立宋朝，结束五代十国的战乱，中国再次进入大一统时期。宋朝建立之初，宋太祖赵匡胤就认为后周王朴所定的雅乐声调过高，不合中庸之道，然而王朴等人已死，便诏判太常寺和岘讨论其中的缘由。和岘认为王朴所定雅乐声调过高的原因是他使用的尺子比洛阳铜望臬古制石尺短四分。赵匡胤于是命和岘以洛阳古尺按照古法重新制定雅乐。完成之后，声音和谐，这次校准音律后确定的雅乐被称作"和岘乐"，"自此雅音和畅"。

在"和岘乐"完成之前，赵匡胤认为王朴所定雅乐声调太高，声似哀乐，所以，正殿受贺时用宫悬雅乐，而别殿上寿时则用教坊俗乐。而"和岘乐"完成之年，在大明殿行上寿礼时，开始使用宫悬雅乐。宋景祐元年（1034），判太常寺燕肃等人上奏宋仁宗赵祯，认为所用宫悬乐器时间久远，声调已改，希望按照后周王朴所定方法重新制作，同时考核乐工。宋仁宗赵祯命直史馆宋祁、内侍李随与判太常寺燕肃一同办理，同时命令集贤校理李照同理此事。景祐二年（1035）乐器做成，演奏时发现声调偏高，李照认为这是由于五代时期雅乐废坏，王朴自己创造出确定音准的方法而没有沿用古法，此时并不合用。希望用神瞽律法试着制作一套编钟，令度量权衡全数吻合。宋仁宗于是命锡庆院依法制作。

> 景祐元年八月，判太常寺燕肃等上言："大乐制器岁久，金石不调，愿以周王朴所造律准考按修治，并阅乐工，罢其不能者。"乃命直史馆宋祁、内侍李随同肃等典其事，又命集贤校理李照预焉。……明年二月，肃等上考定乐器并见工人，帝御延福宫临阅，奏郊庙五十一曲，因问照乐音高，命详陈之。照言："朴准视古乐高五律，视教坊乐高二律。盖五代之乱，雅乐废坏，朴创意造准，不合古法，用之本朝，卒无福应。……愿听臣依神瞽律法，试铸编钟一虡，可使度、量、权、衡协和。"乃诏于锡庆院铸之。①

新的乐钟铸好，李照建议重新定制雅乐。先是取京县秬黍累尺成律，发现声调依然偏高，改用太府布卷尺为标准，又低太常府定制四律。最终

---

① 元·脱脱、阿鲁图等：《宋史》，中华书局，1977，第2948～2949页。

李照以自创方法定律制器。"照遂建议请改制大乐，取京县秬黍累尺成律，铸钟审之，其声犹高。更用太府布帛尺为法，乃下太常制四律。别诏潞州取羊头山秬黍上送于官，照乃自为律管之法，以九十黍之量为四百二十星，率一星占九秒，一黍之量得四星六秒，九十黍得四百二十星，以为十二管定法。"①

宋朝太常寺所藏钟磬，每组十六枚，其中十二枚为正律中声，其余四枚为清声，奏雅乐时不使用。李照于是上表认为，十二中声已经调制妥当，剩下的四清声是郑卫俗音。宫悬之中只留十二中声，其余四清声则直接除去，这样雅乐之中就没有哀思邪僻之声。翰林侍读学士冯元反驳李照，他认为以前圣人制乐，并非只用一种标准。各种乐器取不同的数字，有各自的意义。何况钟磬为八音之首，其他乐器音律都需用其校正，是圣人最为重视的。《春秋》之中只要谈到乐就必然要说编钟，《诗·颂》中所说的美也是由编磬而来。这两种乐器都不能轻易改动。现在李照说要将一组乐悬数量减为十二，这与古时制度不合，因此，绝不可行。史书记载：

> 元等驳之曰：前圣制乐，取法非一，故有十三管之和，十九管之巢，三十六簧之竽，二十五弦之瑟，十三弦之筝，九弦、七弦之琴，十六枚之钟磬，各自取义，宁有一之于律吕专为十二数者？且钟磬，八音之首，丝笙以下受之于均，故圣人尤所用心焉。《春秋》号乐，总言金奏；《诗·颂》称美，实依磬声。此二器非可轻改。今照欲损为十二，不得其法，稽诸古制，臣等以为不可。②

李照等人重制雅乐，用工匠 714 人，五月起九月终，共计制作编钟编磬七套。又命集贤校理聂冠卿等人编写《景祐大乐图》二十卷，详述乐器的制作方法以及和之前乐器的异同之处。新乐为宋仁宗采用，后人称之为"李照乐"。史书记载："成金石具七县。至于鼓吹及十二案，悉修饰之。令冠卿等纂《景祐大乐图》二十篇，以载熔金镈石之法、历世八音诸器

---

① 元·脱脱、阿鲁图等：《宋史》，中华书局，1977，第 2949 页。
② 元·脱脱、阿鲁图等：《宋史》，中华书局，1977，第 2950 页。

异同之状、新旧律管之差。"①

李照乐成之后，先有左司谏姚仲孙上谏李照所制乐器"诡异"。其后翰林学士丁度认为李照所依尺度方法粗略紊乱，不可采用。至宋景祐五年（1038）五月，右司谏韩琦上表李照所制乐器没有依从古法，完全按其个人想法制作，皇上亲往南郊祭天之时，不可使用不合古制的乐器，请重新使用太常所藏旧乐器。同年七月，资政殿大学士宋绶也上表宋仁宗，言李照所制乐器较和岘所制乐器低三律，而这种做法没有根据，请按韩琦的说法，重新启用和岘所制乐器。面对大量的反对声音，宋仁宗只得放弃李照所制乐器，沿用旧乐。皇祐二年（1050）宋仁宗赵祯再次诏邓保信、阮逸、卢昭序，太子中舍致仕胡瑗共同重制乐器，订立新乐。次年七月，新乐制成，取名为"大安"。皇祐五年（1053）知制诰王洙以阮逸等人所制乐器形制大小不合律度，请重制部分钟磬。接着知谏院李兑又上表，言重制新乐已经耗时很久，花费极多，已完成时因为钟磬大小形制不合就重新制作，并不妥当。请求从旧乐器中挑选声调相合的与新乐器并用。至和二年（1055）试奏新乐，声调不合，遂只用新乐于常祀、朝会之时。

> 时言者以为镈钟、特磬未协音律，诏令邓保信、阮逸、卢昭序同太常检详典礼，别行铸造。太常荐太子中舍致仕胡瑗晓音，诏同定钟磬制度。……今礼官、学士迫三有事之臣，同寅一辞，以《大安》之议来复。……是月，知制诰王洙奏："黄钟为宫最尊者，但声有尊卑耳，不必在其形体也。……今参酌其镈钟、特磬制度，欲且各依律数，算定长短、大小、容受之数，仍以皇祐中黍尺为法，铸大吕、应钟、钟磬各一，即见形制、声韵所归。"……是月，知谏院李兑言："曩者紫宸殿阅太常新乐，议者以钟之形制未中律度，遂斥而不用，复诏近臣详定。……朝廷制乐数年，当国财匮乏之时，烦费甚广。器既成矣，又欲改为，虽命两府大臣监议，然未能裁定其当。请以新成钟磬与祖宗旧乐参校其声，但取谐和近雅者合用之。"②

宋元丰三年（1080）宋神宗赵顼诏秘书监致仕刘几、礼部侍郎致仕范

---

① 元·脱脱、阿鲁图等：《宋史》，中华书局，1977，第2955页。
② 元·脱脱、阿鲁图等：《宋史》，中华书局，1977，第2965~2969页。

镇和杨杰三人共同重制雅乐，"言大乐七失：一曰歌不永言，声不依永，律不和声。……二曰八音不谐，钟磬阙四清声。……三曰金石夺伦。……四曰舞不像成。……五曰乐失节奏。……六曰祭祀、飨无分乐之序。……七曰郑声乱雅"①。商议之后，刘几、范镇上表请以王朴所制乐悬降两律制新乐，自太常寺所藏乐器中选择可以使用的用于新乐，不能使用的重新制作。太常则请求保留王朴所制乐器，另外制作以验证刘几等人所议之法。"诏以朴乐钟为清声，毋得销毁。"乐器制成之后，新乐杂合王朴、李照、阮逸所制的三套宫悬乐器："钟三等，王朴钟所谓'声疾而短闻'者也，阮逸、胡瑗钟所谓'声舒而远闻'者也，惟李照钟有旋虫之制。钟磬皆三十有六架，架各十有六，则正律相应，清声自足。"元丰六年（1083）时期的新乐于正月初次演奏，后称"刘几杨杰乐"。

宋神宗在位时范镇以"刘几杨杰乐"中多有郑卫清声，请重制乐器。元祐三年（1088），范镇完成乐器制作，较李照之乐器低一律。此时杨杰上表驳斥范镇的观点，于是范镇乐被弃置不用。

制礼作乐是北宋统治者一贯实行的国家政策。仁宗朝上承前三朝太祖、太宗、真宗对雅乐的改制。仁宗景祐二年（1035）颁布《景祐乐髓新经》，将雅乐重建推向高潮。范镇《东斋记事》中道：

> 仁皇帝好雅乐，又严天地宗庙祭祀之事及崇奉神御，故中外言乐者不可胜计，置局而修制亦屡焉，其费不赀。②

由此得知，宋朝统治者不惜花费大量的人力物力财力来恢复曾经辉煌的雅乐制度。并且，个别统治者还身体力行参与到雅乐的制定中，如宋仁宗特别留意音律，并改制雅乐。

> 判太常燕肃言器久不谐，复以朴准考正。时李照以知音闻，谓朴准高五律，与古制殊，请依神瞽法铸编钟。既成，遂请改定雅乐，乃下三律，炼白石为磬，范中金为钟，图三辰，五灵为器之饰，故景祐中有李照乐。未几，谏官、御史交论其非，竟复旧制。其后诏侍从、

① 元·脱脱、阿鲁图等：《宋史》，中华书局，1977，第2981~2983页。
② 宋·范镇：《东斋记事》，中华书局，1985，第9页。

礼官参定声律，阮逸、胡瑗实预其事，更造钟磬，止下一律，乐名《大安》。乃试考击，钟声夯郁震掉，不和滋甚，遂独用之常祀、朝会焉，故皇祐中有阮逸乐。[①]

可见，统治者对雅乐是何等重视。宋崇宁元年（1102），宋徽宗赵佶历数宋朝建立后雅乐制度的缺漏之处，准备彻底重制宋朝雅乐。但宋初至崇宁的一百多年间，进行过五次改作，均未成功。直到崇宁元年，宋徽宗时，依照乐官魏汉津的"以身为度"的主张改制乐器，并制定乐律。据《宋朝事实》卷十四记载：

爰命有司，厄徒鸠工，一年制器，三年乐成，而金石丝竹匏土革木之器备。以崇宁四年八月庚寅，按奏于崇政殿庭，八音克谐，不相夺伦。越九月朔，百僚朝大庆殿称庆，乐九成，羽物为之应，有鹤十只飞鸣其上。乃赐名曰《大晟》，置府建官，以司掌之。[②]

这次制乐的结果，宋徽宗甚为满意，于是赐名曰"大晟"。同时设置了一个专门管理的机构，名"大晟府"，而当时所用的乐钟也都有了一个名称——"大晟钟"，其形制仿自当时应天府出土的春秋时宋国的宋公戌钟，"复古"之意可见一斑。

崇宁元年，诏宰臣置僚属，讲议大政。以大乐之制讹缪残阙，太常乐器弊坏，琴瑟制度参差不同，箫笛之属乐工自备，每大合乐，声韵淆杂，而皆失之太高。筝、筑、阮，秦、晋之乐也，乃列于琴、瑟之间；熊罴按，梁、隋之制也，乃设于宫架之外。……议乐之臣以《乐经》散亡，无所据依；秦、汉之后，诸儒自相非议，不足取法。[③]

宋徽宗赵佶广求精通乐理之人，一名叫作魏汉津的老人被发现。魏汉津此时已经年过九十，早在宋仁宗修雅乐之时就已经人举荐。然而他到京城的时候，音律制度已定，"既至，黍律已成，阮逸始非其说，汉津不得

---

① 元·脱脱、阿鲁图等：《宋史》，中华书局，1977，第2937页。
② 宋·李攸：《宋朝事实》，商务印书馆，1936，第223～224页。
③ 元·脱脱、阿鲁图等：《宋史》，中华书局，1977，第2997页。

伸其所学"。之后阮逸乐被弃置不用，阮逸才与魏汉津讨论指尺。"后逸之乐不用，乃退与汉津议指尺，作书二篇，叙述指法。汉津尝陈于太常，乐工惮改作，皆不主其说。或谓汉津旧尝执役于范镇，见其制作，略取之，蔡京神其说而托于李良"。①

崇宁三年（1104），蔡京为迎合上意，支持魏汉津的说法，取夏禹用自身为尺度的传说，以宋徽宗赵佶的手指长度作为定律的标准，重新制定雅乐。

> 三年正月，汉津言曰："……禹效黄帝之法，以声为律，以身为度，用左手中指三节三寸，谓之君指，裁为宫声之管；……臣今欲请帝中指、第四指、第五指各三节，先铸九鼎，次铸帝坐大钟，次铸四韵清声钟，次铸二十四气钟，然后均弦裁管，为一代之乐制。"②

崇宁四年（1105）七月，铸成九鼎，同时以雅乐不应有郑卫之音罢废旧乐中部分乐器。雅乐完成之时，在崇政殿试演新乐，先以旧时乐器演奏三曲，演奏一半，宋徽宗赵佶认为，"'旧乐如泣声。'挥止之。"然后演奏新乐，"天颜和豫，百僚称颂"。至九月，宋徽宗于大庆殿受贺，以庆祝九鼎及雅乐制作完成，"乃下诏曰：'礼乐之兴，百年于此。然去圣愈远，遗声弗存……今追千载而成一代之制，宜赐新乐之名曰《大晟》，朕将荐郊庙、享鬼神、和万邦，与天下共之。其旧乐勿用'"③。政和三年（1113），宋徽宗大力推行《大晟》乐。政和六年（1116）令人再次制作金钟玉磬，专用于明堂，"先帝尝命儒臣肇造玉磬，藏之乐府，久不施用，其令略加磨砻，俾与律合。并造金钟，专用于明堂"。

靖康二年（1127），金朝攻破宋朝都城汴梁，战乱之中，雅乐图谱乐器、景阳钟及九鼎尽数丧失。"靖康二年，金人取汴，凡大乐轩架、乐舞图、舜文二琴、教坊乐器、乐书、乐章、明堂布政闰月体式、景阳钟并虡、九鼎皆亡矣。"④《大晟》雅乐，是中国历史上宫悬雅乐最后的辉煌，其规模宏大，结构复杂，乐舞优雅，更流传至高丽等周边诸国，对东南亚

---

① 元·脱脱、阿鲁图等：《宋史》，中华书局，1977，第 2997 页。
② 元·脱脱、阿鲁图等：《宋史》，中华书局，1977，第 2998 页。
③ 元·脱脱、阿鲁图等：《宋史》，中华书局，1977，第 3001～3002 页。
④ 元·脱脱、阿鲁图等：《宋史》，中华书局，1977，第 3027 页。

地区的礼乐制度也形成了巨大影响。现台湾省依然保留有一部分《大晟》雅乐。

建炎元年（1127），高宗赵构南渡登基，雅乐器具大多失于战火，祭祀之际只得使用军队中的钟鼓代替。制备雅乐所用钟磬花费巨大，以南宋南渡时的实力无法完成。绍兴十三年（1143）高宗命从南宋各地征集礼乐乐器，不足则命军器所另制，同时命太常寺征集乐工，南宋雅乐初具规模。"乃从太常下之两浙、江南、福建州郡，又下之广东西、荆湖南北，括取旧管大乐，上于行都，有阙则下军器所制造，增修雅饰，而乐器浸备矣。其乐工，诏依太常寺所请，选择行止畏谨之人……"①

绍兴十五年（1145）给事中段拂等人讨论认为需要制作代表皇权的景钟，于是使用皇祐年间制定的尺度重新制作。

> ……而景钟又黄钟之本，故为乐之祖，惟天子郊祀上帝则用之……既至，声阕，众乐乃作。祀事既毕，升辇又击之。……音韵清越，拱以九龙，立于宫架之中，以为君围；……内设宝钟球玉，外为龙虡凤琴。景钟之高九尺，其数九九，实高八尺一寸。垂则为钟，仰则为鼎。……内出皇祐大乐中黍尺，参以太常旧藏黄钟律编钟，高适九寸，正相吻合，遂遵用黍尺制造。②

第二年，景钟制成，宋高宗命左仆射秦桧为之作铭文。然后命礼局制作钟磬，军器所制鼓。"钟成，命左仆射秦桧为之铭。……旋又命礼局造镈钟四十有八、编磬一百八十七、特磬四十八及添制编钟等，命军器所造建鼓八、雷鼓二、晋鼓一……"至此，南宋雅乐乐器焕然一新。

> 南渡之后，大抵皆用先朝之旧，未尝有所改作。其后朱熹、蔡元定等诸儒辈出，乃相与讲明古今制作之本原，以究其归极，著为成书，理明义析，具有条制，粲然使人知礼乐之不难行也。惜乎宋祚告终，天下未一，徒亦空言而已。③

---

① 元·脱脱、阿鲁图等：《宋史》，中华书局，1977，第3032页。

② 元·脱脱、阿鲁图等：《宋史》，中华书局，1977，第3033～3034页。

③ 元·脱脱、阿鲁图等：《宋史》，中华书局，1977，第2939页。

此后终南宋一朝，雅乐制度再没有大的变化。虽然有大量儒家学者议论音律原理，著书立说，然而南宋国力已经无法支撑雅乐的发展了。

3. 后世的传播

之后的历朝历代中出现过几次雅乐复兴现象，但也只是杯水车薪，辉煌已无法再现。历代皇帝为恢复周礼古制，也铸造雅乐所用的钟、镈。如清乾隆五十五年（1790）甚至还制造了现存最珍贵的金编钟，当时是举行典礼时用的乐器。这套金编钟共 16 个，制作共用黄金 1.35 万两。其中最大的一个金钟称"无射大金钟"，重 34.06 公斤，最小的叫"倍应钟"，重 18.87 公斤。由此可见，乐器之用少，而礼器之用多。这里，笔者依然按照历史的顺序来梳理乐钟在后世的传播轨迹。

辽朝是五代时期由北方契丹族建立的政权，在与中原各国的交战中，他们吸收部分中原文化，其中就包括宫悬雅乐制度。"辽阙郊庙礼，无颂乐。大同元年，太宗自汴将还，得晋太常乐谱、宫悬、乐架，委所司先赴中京。"① 此后辽朝也开始使用宫悬雅乐。"正月朔日朝贺，用宫悬雅乐。"② 公元 947 年，辽太宗耶律德光攻破后晋都城开封，获得了后晋的雅乐乐器曲谱。

金朝于北宋时期崛起，作为与辽朝相似的北方游牧民族政权，其获得钟悬雅乐制度的方式也与辽朝基本一致。"初，太宗取汴，得宋之仪章钟磬乐虡，挈之以归"③，使用方式则与辽朝有所区别，"凡大祀、中祀、天子受册宝、御楼肆赦、受外国使贺则用之。"④ 金皇统元年（1141），金熙宗完颜亶加尊号，自此金朝开始使用宫悬雅乐。因为所用乐器是由宋朝都城汴梁获得的大晟乐器，钟磬上都刻有"大晟"铭文，为避讳，用黄纸遮挡。"皇统元年，熙宗加尊号，始就用宋乐，有司以钟磬刻'晟'字者犯太宗讳，皆以黄纸封之。"⑤ 金大定十四年（1174）又把大晟钟磬上的"大晟"两字刮去，改铭"太和"。后世所发现的钟磬，多有铭"太和"，实际上都是宋朝的大晟乐器。

---

① 元·脱脱等：《辽史》，中华书局，1974，第 883 页。
② 元·脱脱等：《辽史》，中华书局，1974，第 884 页。
③ 元·脱脱等：《辽史》，中华书局，1975，第 882 页。
④ 元·脱脱等：《金史》，中华书局，1975，第 882 页。
⑤ 元·脱脱等：《金史》，中华书局，1975，第 882 页。

元朝至元元年（1264），元世祖忽必烈即位，推行"行汉法"主张，随即在故金朝都城燕京搜集散落于各处的金石乐器。之后为了节省重新铸造乐器的花费，又在全国大肆搜刮民财。

> 冬十一月，括金乐器散在寺观民家者。先是，括到燕京钟、磬等器，凡三百九十有九事，下翟刚辨验给价。……太常因言："亡金散失乐器，若止于燕京拘括，似为未尽，合于各路各观民家括之，庶省铸造。"于是奏檄各道宣慰司，括到钟三百六十有七，磬十有七，镈一，送于太常。又中都、宣德、平滦、顺天、河东、真定、西京、大名、济南、北京、东平等处，括到大小钟、磬五百六十有九。①

元朝至元三年（1266），初次使用宫悬雅乐，然而从各处搜集来的乐器并不足用，又补造钟磬。至元十九年（1282），"王积翁奏请征亡宋雅乐器至京师，置于八作司"。至元二十一年（1284），"大乐署言'宜付本署收掌'，中书命八作司与之。镈钟二十有七，编钟七百二十有三，持磬二十有二，编磬二十有八，铙六，单铎、双铎各五，钲、镯各八。"元至元二十三年（1286）太常卿忽都于思以宫悬乐器陈旧，音律不准，请求重新铸造编钟。制成后，得到合乎音律的不过六成，"太庙乐器，编钟、笙匏，岁久就坏，音律不协。遂补铸编钟八十有一，合律者五十"，此后，元朝宫悬雅乐再没有大改动。

五代十国以后，中原地区出现辽、金、元三个北方游牧民族建立的封建王朝，其中元朝更是中国历史上第一个实现大一统的少数民族政权。出于民族融合的需要以及对先进文明学习的需要，都采用了宫悬礼乐制度，并加入了自己的文化。但究其根本，以征服者的身份掠夺而来的礼乐制度，自然已经无法在这三个封建王朝获得任何发展了。

洪武元年（1368）太祖朱元璋建立明朝。作为中国历史上最后一个由汉族建立的封建王朝，明朝对于象征礼乐制度的宫悬雅乐是十分重视的。史书记载："太祖初克金陵，即立典乐官。其明年置雅乐，以供郊社之祭。"② 洪武六年（1373），仿宋朝景钟制式铸成太和钟一口，然而这口景

---

① 明·宋濂：《元史》，中华书局，1976，第1692页。
② 清·张廷玉等：《明史》，中华书局，1974，第1500页。

钟却不再是为雅乐黄钟定调之用，而是另建钟楼悬挂其中。"六年铸太和钟。其制，仿宋景钟。以九九为数，高八尺一寸。拱以九龙，柱以龙虡，建楼于圜丘斋宫之东北，悬之。郊祀，驾动则钟声作。升坛，钟止，众音作。礼毕，升辇，钟声作。俟导驾乐作，乃止。十七年改铸，减其尺十之四焉。"①

经过数千年流传，战火破坏，异族统治，自西周建立的宫悬雅乐制度近乎失传。虽然明朝统治者有心再兴雅乐，却无力重制。

> 明兴，太祖锐志雅乐。是时，儒臣冷谦、陶凯、詹同、宋濂、乐韶凤辈皆知声律，相与究切厘定。而掌故阔略，欲还古音，其道无由。……文皇帝访问黄钟之律，臣工无能应者。英、景、宪、孝之世，宫县徒为具文。……世宗制作自任，张鹗、李文察以审音受知，终以无成。……稽明代之制作，大抵集汉、唐、宋、元人之旧，而稍更易其名。②

由此可知，明朝一朝，连雅乐音律都不曾重新制定，更谈不上复兴雅乐了。

清朝是中国历史上最后一个封建王朝，也是第二个统一中国的北方少数民族政权。

> 清起僻远，迎神祭天，初沿边俗。及太祖受命，始习华风。天命、崇德中，征瓦尔喀，臣朝鲜，平定察哈尔，得其宫悬，以备四裔燕乐。世祖入关，修明之旧，有中和韶乐，郊庙朝会用之。……是年世祖至京行受宝礼，先期锦衣卫设卤簿仪仗，旗手卫设金鼓旗帜，教坊司设大乐于行殿西前导。时龟鼎初奠，官悬备物，未遑润色，沿明旧制杂用之。③

由上文可知，清朝获得宫悬雅乐的方式与元朝基本相同，都是在征伐过程中缴获自敌国。但清朝统治者更加注重与中原民族的同化融合，于是

---

① 清·张廷玉等：《明史》，中华书局，1974，第 1505～1506 页。
② 清·张廷玉等：《明史》，中华书局，1974，第 1499～1500 页。
③ 赵尔巽等：《清史稿》，中华书局，1977，第 2732～2735 页。

在康熙年间，开始了对于宫悬雅乐的重制。康熙二十九年（1690），"以喀尔喀新附，特行会阅礼，陈卤簿，奏铙歌大乐，于是帝感礼乐崩隤，始有志制作之事。"康熙三十四年（1695），"定大阅鸣角击鼓声金之制"。[①] 康熙五十四年（1715），"改造圜丘坛，金钟玉磬，各十有六"。[②] 次年乐成，至此清朝完成了中国封建王朝历史上最后一次对雅乐音律的修正。

二　习古与复古之比较

前面两节提到了唐宋两朝在历史的基础上对雅乐进行了不同程度的改制和修复，这无疑是对乐钟在后世的发展和传播起到了一定的作用。但乐钟文化最终还是走向衰落，这与宋朝统治者极尽复古主义有着非常直接的关系。下面就通过比较唐宋两个时期的不同的文化传播态度，分析其中具体的原因。

从唐代制定雅乐的方式以及最后的成果，可以看出唐朝统治者对雅乐基本上是"习古"的态度。唐朝最终制定的乐悬制度也并非完全复原西周时期的礼乐制度，其中还是用到少数民族的音乐，这是唐代统治者实行比较宽容的民族政策的体现，更是唐代对待文化传播的一种开放的态度。举个典型的例子，《旧唐书》中有唐太宗与大臣关于"礼乐"讨论的一段对话。

> 太宗曰："礼乐之作，盖圣人缘物设教，以为撙节，治之隆替，岂此之由。"御史大夫杜淹对曰："前代兴亡，实由于乐。陈将亡也，为《玉树后庭花》；齐将亡也，而为《伴侣曲》，行路闻之，莫不悲泣，所谓亡国之音也。以是观之，盖乐之由也。"太宗曰："不然。夫音声能感人，自然之道也，故欢者闻之则悦，忧者听之则悲。悲欢之情，在于人心，非由乐也。将亡之政，其民必苦，然苦心所感，故闻之则悲耳。何有乐声哀怨，能使悦者悲乎？今《玉树》、《伴侣》之曲，其声具存，朕当为公奏之，知公必不悲矣。"尚书右丞魏徵进曰："古人称：'礼云礼云，玉帛云乎哉；乐云乐云，钟鼓云乎哉！'乐在

---

① 赵尔巽等：《清史稿》，中华书局，1977，第 2738 页。
② 赵尔巽等：《清史稿》，中华书局，1977，第 2748 页。

人和，不由音调。"太宗然之。①

这节文字以"政""乐""人"为主题，对"礼乐之作""治之隆替"及"人心苦乐"三者的相互关系进行了辩论。从中我们可以看出，唐代统治者并没有从根本上否定礼乐之制，所谓"圣人缘物设教"以为"搏节"（指君子谦恭之礼）。唐太宗肯定了礼乐的教育功能，即是肯定了圣人制乐的政治及教育功效。同时，太宗还充分认识到"礼乐制作"作为帝王立国之后，以示"受命应天"的礼仪象征作用，昭示了一个王朝的正统性，在某种意义上有其发生与存在的合理性与必要性。但是，唐太宗对于传统礼乐学说中"礼乐治国"这类观点却不完全赞同，明确反对"前代兴亡，实由于乐"的观点，太宗从历史经验中清醒看到：为政之先在于"正身修德"，推施"仁政"，而不在于"制礼作乐"（"治之隆替，岂此之由"）。政治之优劣，百姓之安乐尽可反映在音乐之中，但国家之存亡，治世之兴衰绝不是仅靠音乐可以决定的。"礼乐之作"与"治之隆替"之间并无必然的联系。太宗的这种礼乐思想，使得唐初雅乐制作较之他代尤其简略，同时也奠定了唐代前期雅乐制作的思想基调，对后世影响很大。雅乐在唐王朝统治阶级手里实在只是一个政治工具，一个装潢门面的表象。而这种表面的形式也因为唐王朝政权的稳定，军事势力的强大，以及经济的繁盛，而显得无足轻重。因而，对于像乐悬制度中用钟的数量、方式、等级等具体内容，唐朝统治者自然也不会太计较是否和先秦时期一致。

宋朝（特别是北宋时期）统治者对待雅乐的态度则显得非常苛刻。较之唐代，宋代君臣皆重雅乐制作，尤其重视"雅音"的儒家正统性。这与宋代的政治背景不无关系。当时周边少数民族政权对中原虎视眈眈，"四夷不服，中国不尊"的危机感唤醒了宋代儒臣对以"尊王攘夷"为己任的儒家文化的强烈认同和忧患意识，力求维持中原王朝的尊严。因而，宋代统治者以强调汉族音乐文化的正统地位作为一种号召来巩固自己的统治地位，正如葛兆光所说："面对异邦的存在，赵宋王朝就得想方设法凸

---

① 后晋·刘昫：《旧唐书》，中华书局，1975，第 1041 页。

显自身国家的合法性轮廓，张扬自身文化的合理性。"① 而雅乐，作为中原传统礼乐文化的重要内容，儒臣们对它的复古也表明了北宋时期士大夫民族意识的觉醒。从这个意义上说，北宋雅乐的复古，又确实存在一定的历史合理性。然而，北宋雅乐制作纷繁而杂乱，并表现出强烈的复古情结，以排斥杂夷，求纯而至纯的"雅正之音"为终极目标，而音乐本身的艺术性、审美性则完全被忽略，从而也使雅乐成了完全意义上的政治工具。北宋雅乐复古主义，主要表现在儒臣乐论上的复古，儒臣之所以对雅乐进行反复讨论，就是因为他们认为越合乎"古制"的音乐就越好，而"违古之乐"则不是被斥之为"郑卫之声"，就是被批评为"无所依据"的"一家之言"。

宋代雅乐体系在乐律制度、乐器制作和音阶调式等方面的复古，使得雅乐日益衰微。宋代以后的统治阶级也一再提倡复古，目的是维护统治利益，这就使雅乐更加脱离现实，成为没有生命力的音乐古董。北宋雅乐的重大成果——大晟乐和大晟钟的音乐效果到底如何？我们今天已经无法听到，但从当时的朝臣房庶的记录可以看到：

> 今太常乐悬钟、磬、埙、篪、搏拊之器，与夫舞缀羽、籥、干、戚之制，类皆仿古，逮振作之，则听者不知为乐而观者厌焉，古乐岂真若此哉！②

如此看来，这种一味追求复古的雅乐，最终只能是失去音乐欣赏的价值，更不会再有"真实"的听众。

第三节　"功成作乐、治定制礼"
——从乐钟文化看古代的传播话语权

由于礼乐文化对中国古代社会和政治的影响巨大，因此，从先秦时代开始，中国就有"王者功成作乐"的传统。《礼记·乐记》记载：

---

① 葛兆光：《七世纪至十九世纪中国的知识、思想和信仰》，复旦大学出版社，2001，第169~170页。

② 元·脱脱、阿鲁图等：《宋史》，中华书局，1977，第3357页。

> 王者功成作乐，治定制礼，其功大者其乐备，其治辩者其礼具……
> 五帝殊时，不相沿乐，三王异世，不相袭礼。①

依照《礼记》的说法，从五帝时期起，礼乐制度就已经产生，礼乐的制定成为与政治、军事成就相适应的王权要求，这也和中国古代"审音知政"的"乐政"传统有关。

> 功成作乐。是功者，乐之所自成也。黄帝有润泽之仁，故作《咸池》以象之；舜有继绍之义，故作《大韶》以象之；是《咸池》、《大韶》之乐，非黄帝虞舜，则无由以生，无由以成也。②

正如葛兆光所说："古代中国所有的王朝，都曾经借助一系列的仪式与象征，来确立自己的合法性，这叫'奉天承运'，在国家典礼的隆重仪式中，拥有权力者以象征的方式与天沟通，向天告白，同时又以象征的方式，接受天的庇佑，通过仪式向治下的民众暗示自己的合法性。"③ 制礼作乐的行为，无疑是统治者掌握国家权力最形式化的体现，同时也最具有象征性。《汉书·董仲舒传》云：

> 教化之情不得，雅颂之乐不成，故王者功成作乐，乐其德也。
> 古之王者，理定制礼，功成作乐，所以昭事天地，统和人神，历代已来，旧章斯在。④

根据史书上的记载，从三皇五帝开始，夏商周等历朝历代，在"功成"之后，都会制定各自的礼乐。《吕氏春秋·古乐》记载：

> 帝喾乃令人抃或鼓鼙，击钟磬，吹苓展管篪。因令凤鸟、天翟舞之。帝喾大喜，乃以康帝德。帝尧立，乃命质为乐。质乃效山林溪谷之音以歌，乃以麋革置缶而鼓之，乃拊石击石，以象上帝玉磬之音，

---

① 汉·郑玄注《礼记》，中华书局，1936年版，第134页。
② 汉·郑玄注、唐·孔颖达疏《礼记注疏》，中华书局，1936年版，第247页。
③ 葛兆光：《七世纪至十九世纪中国的知识、思想和信仰》，复旦大学出版社，2001，第171页。
④ 汉·班固：《汉书》，中华书局，1962，第2499页。

以致舞百兽。瞽叟乃拌五弦之瑟，作以为十五弦之瑟。命之曰《大章》，以祭上帝。舜立，仰延乃拌瞽叟之所为瑟，益之八弦，以为二十三弦之瑟。帝舜乃令质修《九招》、《六列》、《六英》，以明帝德。①

虽然没有后世礼乐制度那么详备充分，但说明礼乐制度的雏形确实在尧舜之前已经产生。从上述文献资料中也可以看出，钟、鼓、磬这类礼乐器具早在那个时候就已经受到相当的重视。上古时代就已经形成了"功成制礼作乐"的传统，礼乐文化随着社会的发展而逐渐形成和成熟，每个时代都能够继承传统，然后又各自创新，形成自己的风格特色。这尤其体现在乐律的改进和乐器的制作上。如西周的编钟较之商朝的钟镈就更具音乐观赏性。乐钟在礼乐文化中的特殊地位，决定着它的特殊命运。汉代以降，各朝均会在开国之初，沿用前朝雅乐制度；或改前朝雅乐之名，乐章易以新词，以示不相沿袭。唐、宋两朝自不用说，随后的几个统一政权也都沿袭了这个传统。据《元史·礼乐志》记载元太祖曾降旨：

令各处管民官，如有亡金知礼乐旧人，可并其家属徙赴东平，令元措领之，于本路税课所给其食。十一年，元措奉旨至燕京，得金掌乐许政、掌礼王节及乐工翟刚等九十二人。十二年夏四月，命制登歌乐。②

《明史·礼志》载：

明太祖初定天下，他务未遑，首开礼、乐二局，广徵耆儒，分曹究讨。洪武元年命中书省暨翰林院、太常司，定拟祀典。乃历叙沿革之由，酌定郊社宗庙议以进。③

《明史·乐志》载：

明兴，太祖锐志雅乐。是时，儒臣冷谦、陶凯、詹同、宋濂、乐韶凤辈皆知声律，相与究切厘定。④

---

① 战国·吕不韦著，陈奇猷校释《吕氏春秋新校释》，上海古籍出版社，2002，第289页。
② 明·宋濂：《元史》，中华书局，1976，第1691页。
③ 清·张廷玉等：《明史》，中华书局，1974，第1223页。
④ 清·张廷玉等：《明史》，中华书局，1974，第1499页。

《清史稿·乐志》载：

> 清起僻远，迎神祭天，初沿边俗。及太祖受命，始习华风。天命、崇德中，征瓦尔喀，臣朝鲜，平定察哈尔，得其宫悬，以备四裔燕乐。世祖入关，修明之旧，有中和韶乐，郊庙朝会用之。有丹陛大乐，王公百僚庆贺用之。有中和清乐、丹陛清乐，宫中筵宴用之。有卤薄导迎乐，巡幸用之。又制铙歌法曲，奋武敌忾，宣豫八风，以俪汉世短箫。[①]

这些统一的王朝，无一例外地将"制礼作乐"作为建朝之后的头等大事。由于乐钟自古以来就是乐律的物质承载方式，同时又是雅乐乐悬的主要乐器，所以在历代开国之初对乐律的修订和改制，就必然要进行乐钟的制作，以定其律。同时，乐钟的制作也是国家实力的象征，这就更让统治者们"欲罢不能"。因此，关于乐钟文化的传播和发展，实际上非常依赖统治阶级。这一点很契合 20 世纪法国著名思想家、后现代主义大师米歇尔·福柯提出的著名的权力话语理论。他认为："话语意味着一个社会团体依据某些成规将其意义传播于社会之中，以此确立其社会地位，并为其他团体所认识的过程。"[②]"功成"之后的统治者无疑是掌握"话语"权的人，他们需要通过"制礼作乐"的方式和手段确立其权力地位，通过自上而下的传播方式，使被统治者产生趋同意识。礼乐文化的传播和盛行，一定会使普罗大众对上层文化产生仿效心理，这样的影响力实在不可小视，历朝历代统治者深知此理，自然因循不悖。

小 结

综上所述，中国古代的乐钟文化一直随着历代的乐制而发展变化。乐钟经历了先秦时期的繁荣，从秦汉时期开始逐渐衰落。然而，我们应该看到，乐钟的由盛而衰，由辉煌而走向残留，并不一定是文化的倒退，而可能是文化的更新，文化的革命。其中的原因相当复杂，包括多方面的因

---

① 赵尔巽等：《清史稿》，中华书局，1976，第 2732 页。
② 王治河：《福柯》，湖南教育出版社，1999，第 159 页。

素：社会动荡和政权更迭所造成的"礼崩乐坏"和"文化下移"；"郑卫之音"对雅乐的影响，雅乐正统地位受到民间音乐的冲击；外来音乐文化的传播带来了异域乐器，外来音乐元素的影响；乐钟自身的缺陷，等等。这些都不同程度地影响着乐钟文化的变化和发展。尽管在历史发展的过程中，乐钟文化逐渐走向衰落，但由于其雅乐象征的身份依然鲜明存在，历代统治者为了标榜自身的合法性和正统性，不同程度地重视对雅乐的修复或重建，因而乐钟文化得以传承，尤其以唐宋时期的"制礼作乐"最为典型。然而，这两次的重建虽然都带来了雅乐制度的暂时复兴，尤其是宋朝时期的乐钟甚至出现短暂的辉煌，但比较两者对待"礼乐"传统的不同态度，不难看出雅乐最终的走向和趋势。宋朝统治者对雅乐的极端复古主义态度直接导致了雅乐徒具形式，而全无音乐之美。作为雅乐代表乐器的钟，其命运可想而知，乐器功能逐渐弱化，而徒具形式象征功能。尽管如此，雅乐音乐价值的减少并不影响统治者挖掘它的利用价值的决心，"功成作乐、治定制礼"的传统思想一直得以延续。无论政权如何交叠、朝代如何更替，统治者都是传播话语权的绝对掌握者。毫无疑问，统治者对雅乐制度的维护即是对统治利益的维护，他们需要通过"制礼作乐"的方式和手段确立其权力地位，通过自上而下的传播方式，使被统治者产生趋同意识和认同心理。对于乐钟——雅乐制度的物化形态，这样一个绝好的话语传播工具，统治者肯定不会忽视它的存在，这一点尤其体现在历代对乐律的改进和乐器的制作上。

第三章

梵钟文化与佛教的传播

　　本章主要是以宗教传播语境中的钟为研究对象，而本章涉及的宗教主要是佛教，佛教仪式中所用的钟有它自己的特定名称，即"梵钟"。梵钟作为中国古钟文化与佛教文化的结合，是一个非常典型的传播符号，具有重要的传播学研究价值。它不仅具有佛教文化的传播意义，更是佛教这一外来文化与中国本土文化相互交流传播的特征之一。提及中国宗教关于钟的使用，不仅佛教用钟，道教也用钟，这是不争的事实。佛道用钟出现在中国古代古钟文化发展的后期，即从魏晋至明清这一漫长的历史时期。在这一历史阶段，出现了与前期乐钟完全不同的古钟类型。由于古钟的应用范围得到进一步拓展，古钟的形貌、声音等都因其使用功能的变化发生了相应的变化。

　　这个新的古钟体系既包括佛教寺院的"梵钟"，也包括道教寺观里使用的"道钟"，以及佛教、道教建筑上的装饰风铃。城市钟楼上报时的"更钟"和宫廷里使用的"朝钟"在这一时期也采用了佛钟的形制，因此，也归属于佛道古钟类型。这里特别指出关于道钟，道钟即道教用钟，道教是中国的本土宗教，形成于东汉末年，到魏晋南北朝时期逐渐走向完备和成熟，隋、唐、五代是道教全面发展繁荣时期，唐朝是道教的鼎盛时期，宋、辽、金、元时期，统治阶层对佛教的推崇在客观上抑制了道教的发展，使道教曾遭受道士落发为僧、道观改为寺院、道藏被毁的厄运。而道钟的命运也可想而知。明清时期，道教逐渐走向衰落。道钟的形制基本仿效佛钟，没有太大的区别，通常只能根据钟体上的铭文和纹样来辨别。然而，道教用钟的行制却是沿用了佛教用钟的行制，在很多方面基本相同，所以不加赘述。

第一节　梵钟的由来与佛教的汉化传播

自新石器时代钟的雏形出现，直到商周时期的繁荣鼎盛，中国的钟文化始终自成体系，这是毋庸置疑的。但当佛教文化由西方传入，钟开始演化成为梵钟。梵钟，又称佛钟，指佛教用钟。佛教起源于印度，两汉之际传入中国。此后，佛教在中国不断发展，形成了具有中国本土文化色彩的中国佛教。佛教的传入对中国古代古钟文化的发展起到了巨大的推动作用。在古印度，僧尼用木制的犍稚作为集众工具。在中国寺院里，梵钟是佛教寺院的常用器物，与僧尼朝夕相伴，寺院生活的一切几乎由"钟"来决定，不仅是有实用功能的报时器、警示集众作用的响声器，还是佛教宗教活动中不可缺少的法器。"做一天和尚撞一天钟"是僧尼生活的真实写照。在因袭传统风格的基础上，梵钟汲取了部分外来佛教文化因素，成为当时中外文化交流与传播的产物，见证了华夏文化与佛教文化的共生和繁荣。因此，梵钟是传播的产物，同时也充分发挥其具有的传播功能，促进两种不同文化的交流与融合。

一　佛教的传入与本土化

众所周知，佛教是古印度开创的宗教。相传约在公元前 6 到公元前 5 世纪，古北印度迦毗罗卫国净饭王的儿子释迦牟尼创立了佛教。而佛教具体何时开始传入中国，至今没有一个准确的说法。但从史料上的记载来看，佛教传入中国的时间应该是在汉代。《后汉书·西域传》里有载：

> 至于佛道神化，兴自身毒，而二汉方志莫有称焉。张骞但著地多暑湿，乘象而战，班勇虽列其奉浮图，不杀伐，而精文善法导达之功，靡所传述。……汉自楚英始盛斋戒之祀，桓帝又修华盖之饰。将微义未译，而但神明之邪？详其清心释累之训，空有兼遣之宗，道书之流也。①

①　南朝宋·范晔：《后汉书》，中华书局，1965，第 2931～2932 页。

　　佛教从古印度传入中国，是我国文化传播史上的一件大事。印度佛教传入西域与内地的时间先后，虽然还是一个争论未定的问题，但可以肯定的是，西汉时丝绸之路的开辟，为佛教在中国的长足发展提供了现实的可能性，此后才频频出现西域向内地传法或内地向西域取经的事例。佛教在中国开始传播，正是两汉之际中国儒家思想占绝对统治地位，而黄老学说也大为盛行的时期，这些都成为印度佛教这一外来宗教首先面临的文化屏障。

> 　　刘歆著《七略》，班固志《艺文》，释氏之学，所未曾纪。案汉武元狩中，遣霍去病讨匈奴，至皋兰，过居延，斩首大获。昆邪王杀休屠王，将其众五万来降。获其金人，帝以为大神，列于甘泉宫。金人率长丈余，不祭祀，但烧香礼拜而已。此则佛道流通之渐也。①

　　因此，为了能被中国人接受和理解，印度佛教必须有所变化，也就是"本土化"，"传播的过程往往是适应的过程；一种文化采取他种文化中的观念、风俗和制度，必须重加改造。"② 汉化佛教由此应运而生。佛教在中国的传播，是一个非常成功的跨文化传播的例子，"佛教则为中印文化交流提供了动力和中介"③。按现代文化人类学的观点，所谓跨文化传播，就是"一个文化群体向另一个文化群体借取文化要素并把它们渗进自己的文化之中的过程"④。简言之，就是不同文化群体之间相互交往的过程。然而，"这种文化要素通常不是很容易借助的，传播本身也不是整齐划一的运动过程，而是一个被传播的客体不断选择的过程和传播主体不断调整以适应选择的过程，这个过程就是文化本土化的过程。"⑤ 由此我们可得知，跨文化传播中的文化本土化具有两层含义：一是主体调整和改变自身来适

---

① 北齐·魏收：《魏书》，中华书局，1974，第3025页。
② 〔英〕斯密司等：《文化的传播》，周骏章译，上海文艺出版社，1991，第45页。
③ 〔美〕费正清：《中国：传统与变迁》，张沛译，世界知识出版社，2002，第127页。
④ 〔美〕C. 恩伯、M. 恩伯：《文化的变异——现代文化人类学通论》，杜杉杉译，辽宁人民出版社，1988，第535页。
⑤ 〔美〕C. 恩伯、M. 恩伯：《文化的变异——现代文化人类学通论》，杜杉杉译，辽宁人民出版社，1988，第535页。

应当地环境，与当地历史文化相融合，逐渐实现民族化以更好地借助客体文化要素从而实现其传播；二是客体面对异质文化的介入，积极主动地做出反应，依靠文化实力对其进行选择、吸收和再构建，把它纳入本民族文化，来扩充自身内涵。佛教在中国的跨文化传播所呈现出来的正是这样一种文化本土化的特征。

印度佛教传入中国时，首先遭遇的是与中国传统礼仪的冲突。中国自古就有"礼仪之邦"的美称。礼仪，是中国几千年历史发展的文化沉淀，是影响中华文明走向的决定性因素之一，也是作为对外来文化的取舍标准之一。但佛教以其自身的灵活性，主动吸收中国固有传统文化，使其能在中国文化界中得以生存和发展，并随着中国佛教道德的儒家化和戒律的中国化，逐渐形成了具有中国特色的佛教礼仪，这些都反映了佛教对中国礼仪文化的适应性。中国佛教礼仪一方面来源于印度佛教本身的戒律仪规，另一方面在传播中受中国本土传统文化和民俗的影响，体现出不同于印度佛教的中国特色。美国传播学者埃弗雷特·M.罗杰斯在其"创新—扩散理论"中提到，新事物、新思想受到社会成员理解程度的制约，而影响理解度的因素则主要包括：兼容性、可靠性、复杂性、相对便利性、可感知性。① 从某种意义上说，异质文化代表的正是一种新思想、新事物。佛教在中国化过程中呈现出来的适应性、调和性、简易性、世俗性特征刚好暗合了上述五大要素。这些中国佛教礼仪文化一经形成，又推动了佛教向民间的广泛传播，并对中国社会各方面产生了移风易俗的作用。佛教礼仪在佛教中占有重要的地位，它是佛教徒信仰生活的重要体现，也是他们表达宗教感情的重要手段之一，同时在践履佛教礼仪的过程中，通过事相上的感染力，使佛教徒从中得以领悟佛法的智慧，成为他们修习佛法不可或缺的重要内容之一，并陶冶、净化佛教徒的心灵，有助于佛教的传播并强化对佛教的信仰。

历代统治者对于佛教的重视，是通过铸钟来体现。《旧唐书》中有这样一段记载：

> 天册万岁二年三月，重造明堂成，号为通天宫。四月朔日，又行

---

① 〔美〕埃弗雷特·M.罗杰斯：《创新的扩散》，辛欣译，中央编译出版社，2002。

亲享之礼，大赦，改元为万岁通天。翼日，则天御通天宫之端扆殿，命有司读时令，布政于群后。其年，铸铜为九州鼎，既成，置于明堂之庭，各依方位列焉。……司农卿宗晋卿为九鼎使，用铜五十六万七百一十二斤。……其时又造大仪钟，敛天下三品金，竟不成。①

历史上的这个大仪钟虽然没有铸成，但当时统治者重视佛教的程度可见一斑。佛教在中国本土化的过程中，为了适应汉人的文化习俗，做了许多相应的调整和改变，这是文化传播的必然发展方向。而在一系列的改变中，梵钟这一佛教法器的出现和发展，凸显了佛教在与东方文化融合并逐渐本土化的传播特点。梵钟是佛教精神的物化形态，具有物质呈现的具体特点，较之佛教在精神上的潜移默化，更能体现出佛教文化汉化传播的显著特征。《楞严经》云："阿难，汝更听此祇园中，食办击鼓，众集撞钟，钟鼓音声，前后相续云。"② 直到现代，"晨钟暮鼓"仍然是寺庙文化的一大特征。

二 梵钟的出现——本土化佛教的特征之一

两汉时期，随着佛教的传入，寺院大量出现。为了集僧聚众，钟就被请进了寺院，随后便有了佛教的法器——梵钟。自此，梵钟与寺庙结下了不解之缘。因此，后来就有了"有寺必有钟，无钟即无寺"的说法。由于汉化佛教尤其讲究内在的心灵和精神，注重宗教的深刻内涵，因而，寺庙里所用的体鸣乐器，如梵钟、钵磬、风铎等，均具有深邃悠远的音响特性。这些乐器除了实用功能外，同时也都具有"明摄谒者之诚，幽起鬼神之敬"③ 的用意。即便是僧徒念经敲击的木鱼，同样是为了在其虚空的音响和单调的节奏中让人去体验蕴含于其中的深奥。唐代释道宣在《续高僧传》中，明确反对"未晓闻者悟迷，且贵一时倾耳"的做法，反对"掩清音而希激楚"④，主张"至如梵之为用，则集众行香，取其静摄专仰也。考

---

① 后晋·刘昫:《旧唐书》，中华书局，1975，第 867~868 页。
② 东方桥:《楞严经现代读》，上海书店出版社，2002，第 132 页。
③ 明·宋应星:《天工开物》，上海古籍出版社，2008，第 160 页。
④ 唐·释道宣:《续高僧传》，《中华大正藏》第 48 卷，中华书局，1992，第 268 页。

其名实：梵者，净也，实唯天音。"① 随着寺庙的增多，作为法器的佛事钟也越来越多，相传南朝时期，京城近五百寺，寺寺有钟。数量之巨，使梵钟渐渐发展成为中国古钟的主流形态。

在上古时期，黄帝时即有工匠垂铸钟，原系祭祀、宴享的乐器，如西周有所谓的"编钟"。到佛教传入后，始成寺院中的法器。此物多为青铜制，外形朴素，常刻有铭文，且自六朝时代起多挂在钟楼。如《广弘明集》卷二十八中列有大周二教钟铭［北周天和五年（570）武帝制］、大唐兴善寺钟铭、京都西明寺钟铭［唐麟德二年（665）造］等。又，苏州寒山寺之钟，因唐代张继名诗而梵钟，声名远播。其中，新罗的惠恭王七年（771）铸造的泰德寺钟，现仍悬于庆州南门外的钟楼。

作为佛教法器的钟在佛典中对应于梵文"Ghanta"的意译，音译为"犍稚"。佛教徒作法事时，击之召集僧众。如《增一阿含经》卷二十四云：

> 即升讲堂，手持犍稚，并作是说：我今击此如来信鼓，诸有如来弟子众者，尽当普集。②

因此，梵钟成为寺庙中的主要呗器，因其声音洪大，也名洪钟。钟主要是为铜、铁铸造，种类有报钟、大钟、半钟、斋钟等，主要作为佛寺中修行起居的讯号和佛事庆典的法乐。

梵钟自出现之后，经历了漫长的发展和演变过程，留下了大量的梵钟实物，呈现不同的时代风格。从两汉之际佛教传入中国，钟被引入佛教寺院，使得中国古代钟文化的发展出现了重大转折。随着钟在佛教、道教宗教领域的广泛应用，佛道钟铃的铸造相沿不断。魏晋南北朝至明代，遗留大量的佛教钟铃。魏晋南北朝时期，佛教传入中国以后，在这一时期得到迅速发展，修建寺院、建造佛塔、举行法会、翻译佛经等佛事活动不断出现。这一时期，梵钟的铸造已经进入成熟阶段。南陈太建七年佛钟，是现存最早的中国佛钟，铸于公元 575 年。现藏于日本奈良。隋、唐、五代时

---

① 唐·释道宣：《续高僧传》，《中华大正藏》第 48 卷，中华书局，1992，第 268 页。
② 晋·僧伽提婆：《增一阿含经》，《中华大正藏》第 25 卷，中华书局，1987，第 375 页。

期，由于隋唐两代统治阶级的大力扶植，佛教在隋、唐进入鼎盛时期，不仅寺院、僧侣的数量迅速增加，而且出现了不同的佛教宗派，基本完成了外来佛教"中国化"的过程。梵钟在中国佛教寺院的应用十分普遍，几乎"有寺必有钟"，留存至今的这一时期的梵钟实物明显增多，钟体装饰纹样日渐丰富，佛钟的形制、纹饰具有较强的时代特征。隋、唐时期也是道教的兴盛时期，被打上道教文化烙印的道钟也十分常见。宋、辽、金、元时期，受到佛教、道教以及战争等多种因素的影响，宋、辽、金、元时期钟铃的铸造呈现衰落的趋势。这一时期的钟铃承袭了隋唐时期的形制，在继续铸造铜钟的同时，出现了大量的铁钟。明代开始，佛道钟铃的铸造进入鼎盛时期，钟铃形制基本为上小下大的喇叭状，口沿大部分为莲花状的花式口，花式口的弧度因地域、时间的不同而不同，钟体上的铭文、纹饰增多，出现了纹饰繁缛、铸工精良的大型铜钟。

> 犍稚声，论翻为磬，亦翻钟，增一云：阿难升讲堂，击犍稚者，此是如来信鼓也。应法师准尼钞云：时至应臂吒。犍稚，梵语臂吒，此云打犍稚，此云所打之木。要览云：凡有一个铜铁鸣者，皆名犍稚。又云：但是金石板木砧锤有声，可以集众者，皆名犍稚。①

与中国传统的乐钟相比，梵钟作为汉传佛教寺院的法器在形制上有诸多不同之处。梵钟的钟体多为铜制或铁制，呈圆锥形，上小下大，顶部呈弧形，钟顶设钮，又称蒲牢，圆肩、中空无舌，钟口多呈曲线口或花瓣状。钟体上通常会铸刻各种图案纹饰、铭文或佛经。梵钟与乐钟明显的区别体现在外观上：乐钟的形体相对较小，然而先秦时期诸侯之乐钟也有越铸越大的趋势。这大概是由于乐钟作为国之重器所具备的表征物作用越来越受到关注。它可以用来显示经济实力和技术水平，从而成为社会心理的凝聚点。而梵钟的形体一般都很大，从对钟的量词变化就可以看出：乐钟都是用"枚"来计量；而梵钟的量词则用"口"。正因为有着巨大的钟体，所以梵钟也被俗称为"大钟"。随着佛教的广泛传播和发展，寺

庙的数量逐渐增多，佛门也产生了与世俗统治者类似的攀比倾向，比如"天下的佛寺都说自己所藏的经书珍贵"，于是梵钟越铸越大，以此来显示寺院的权威和气派。其中，流传至今最大的，也是最著名的梵钟，就是现在北京大钟寺内，明永乐年间（1403～1424）铸造的"永乐大钟"，有古代"钟王"之誉。此大钟高694厘米、下口直径330厘米，重量达46.5吨。此钟至今音响圆润洪亮，可传至数十里。《释名》云：

> 钟，空也。内受空气多，故声大也。[①]

由此说明，钟身越大，传声越远。在传播技术和手段还不够发达的古代社会，这种传声远达的功能显然是非常重要的。

虽然梵钟与乐钟存在着很大区别，但二者却是有联系的。日本学者林谦三认为：

> 凡以梵钟之名见称的，都是圆口的钟，这里面不包括中国汉族固有的周钟直系之口作橄榄形的。这种圆口的钟，佛寺用得最多，由是得此名；至其起源，则尚未完全考明。……在古印度并没有发现相当于梵钟原型的实物；而梵钟的各部分，显著地遗存着周钟的要素。[②]

据此，他提出梵钟是由周钟发展而，不过多少有一点改变。同时，梵钟的形态里也存在着印度因素——金刚铃。林谦三认为印度的金刚铃对梵钟的产生有着巨大的影响。

> 钟内悬舌，使振动以打击钟身而发音的乐器——可以称为铃铎，西方古埃及、亚述时代都曾用过，东方则中国自周代就有，名曰铎。《周礼·地官》："鼓人以金铎通鼓。"又《天官》："小宰……徇以木铎"等等。古来通说，金铎用金舌，木铎用木舌。印度也在公元前就有这种乐器，不过从系统上来说属于西方。中国不单是铎，即无舌之钟类，都是圆口，但并非正圆，而是橄榄圆形；西方系统是正圆的，印度亦然。这种圆形钟随着佛教的东渐传来，渐渐就给了东方型的钟

---

① 汉·刘熙：《释名疏证》，毕沅疏证，商务印书馆，1936，第204页。
② 〔日〕林谦三：《东亚乐器考》，钱稻孙译，人民音乐出版社，1962，第52～53页。

以很大的影响，以至于今日。[①]

　　当时随着佛教的传播，圆口有舌的金刚铃以图画文字或者实物的方式传入中国。汉人将这一异域之物与本土之物相结合，便有了今天我们看到的梵钟。梵钟在中国最早出现于何时，没有明确的证明，但大抵在六朝时期已经流行开来。存于今日的最古老的梵钟是南陈太建钟，藏于日本。其钟铭曰："陈太建七年十二月九日，钟一口，供养起，弟子沈文殊造，称廿斤。"这口钟的形制已经与乐钟大相径庭，明显是代表着佛教寺庙的梵钟。在后来的文化传播历史里，梵钟又以典型的中国式特征的面貌向周边地区传播，先后进入日本、朝鲜等地，使整个东亚地区形成了一个共同的梵钟文化体系，对汉传佛教文化传播发挥了巨大的作用。

三　梵钟文化与佛乐的汉化——以大相国寺佛乐为例

　　闻名天下的大相国寺位于今天的河南省开封市，是中国著名的佛教寺院，始建于北齐时期天保六年（555），是在"窃符救赵"的信陵君的故宅上建造的，原名建国寺，唐延和元年（712），唐睿宗因纪念其由相王登上皇位，赐名"大相国寺"。该寺历史悠久，是我国汉传佛教十大名寺之一，与白马寺、少林寺、风穴寺齐名，被称为"中原四大名寺"。在中国佛教史上有着重要的地位和广泛的影响。1992年8月恢复佛事活动，复建钟、鼓楼等建筑。整座寺院布局严谨，巍峨壮观，作为佛教的著名寺院之一，大相国寺从一开始就"很中国"，"传承中国传统文化"就成了它高扬的旗帜。在这一方面，它确实也一直在承担着佛乐汉化的职能，特别是在佛乐的汉化方面，做出了重大的贡献。

　　如佛教传入中国，融会中国儒学和玄学至唐朝最终完成佛教的中国化一样，佛乐也经历了中国化的情形，这也是佛教随缘化物的表现。佛乐又称梵乐或梵呗，不独是佛教赞颂佛菩萨和弘扬教法的一种独具宗教特色的声乐，也是佛事活动中必不可缺的内容，广泛地存在和运用于佛典仪轨之中。梁朝慧皎法师所著《高僧传》曾考证言："天竺国俗，甚重文制，其

---

　　① 〔日〕林谦三：《东亚乐器考》，钱稻孙译，人民音乐出版社，1962，第45～46页。

宫商体韵，以入弦为善……见佛之仪，以歌叹为贵……"①

佛乐和佛教是不可分割的一个整体，白马驮经，佛教传播中华，佛教梵呗也开始在我国流传。早期的中国佛教活动自然完全承袭梵呗形制，即佛教史上称作"西域化"诵经的吟唱方式。佛教史上著名的天竺国竺法兰大师及康居国康僧会大师，对佛乐在华夏的传播做出了积极的贡献，被后世尊称为南北梵呗祖师。此外，通过丝绸之路，东汉佛教的传入，箜篌、琵琶、筚篥、都昙鼓、鸡坛鼓、铜钹、贝等乐器，及许多著名乐曲，如《摩诃兜勒》等，以及鼓吹、铙歌、苏只婆琵琶七调音乐理论，也相继从佛教国家和地区传入我国，对我国音乐及音乐理论的发展起到了重大作用。公元802年，古印度骠国王太子舒难陀，亲率乐队32人及舞蹈团来华访问，并赠送乐器十种，极大地推动了我国佛教音乐的发展。

就汉语发音度而言，汉语发音的口型，音乐的长短，音韵的高低，以及文化素养、审美观点、欣赏习惯的不同，其旋律也必然随之改变。梁慧皎法师在其《高僧传》言："良由梵音重复，汉语单奇。用梵音以咏汉语，则声繁而偈迫；若用汉曲以咏梵文，则韵短而辞长。"② 基于这样的语言矛盾，融会中国各种传统音乐，探索新的梵呗声韵以适应弘法需要，成为一项亟待解决的问题和工作。随着人们不断摄取中国传统音乐来探索新梵呗，并使大量典型的中国传统曲子融入梵曲，其结果也必然导致佛乐的中国化。相传诗人曹植尝游鱼山，忽闻空中梵天之响，清雅哀婉，深动其心。曹植独听良久，大有体会，乃慕其音节，结合我们传统音乐，创作梵曲三千，流传天下，使得梵曲在传播实践中获得重建和发展，对佛乐的中国化起到了重大的推动作用。

东晋高僧慧远大师以"以歌咏法、广明教义"为旨，创唱导制。即提倡以俗讲方式宣讲佛教教义，并注重俗讲时唱颂的音乐性，因此，大师吸收了大量当地音乐素材编制佛曲，用以俗讲经义，也为佛乐民间化创造了良好的开端。接踵慧远大师唱导制发展而来的讲经形式，称谓"变文"，其对佛乐的发展更是推波助澜。"变文"主要是讲经通俗化、故事化，融

---

① 梁·释慧皎：《高僧传》，中华书局，1992，第53页。
② 梁·释慧皎：《高僧传》，中华书局，1992，第507页。

佛经教义于中国古代故事之中，形象生动地宣传了佛教。由于"变文"以唱白形式相结合，唱词为韵文体，且唱颂普遍采用民众喜闻乐见的民间曲调，这对佛乐的民间化和普及都具有极大的推动作用。至唐代，随着佛教传播的深入人心和繁盛发展，佛乐吟唱也随着佛事活动的兴盛而获得了广泛的发展空间，尤其是唐宫廷出于对佛教的信奉，不仅将佛乐引入皇室斋天、祈福、报谢、追悼及宗庙祭祀等传统宗法活动中，并在礼娱宴乐中，也演奏佛曲，伴以歌舞助兴。佛乐的地位得以极大地提高，佛曲成为唐代的主要音乐体裁；此外，佛教活动愈是大众化、地方化，佛乐也就愈倾向于民间化，用民间曲调和汉语声韵来取代旧的"梵"声已成为必然之势。至宋代，佛乐完全采用民间曲调，并普遍为各寺院采用，这就最终形成了中国佛乐的最基本的音韵调律，确立了自己的风格形式。时至今日，许多名山宝刹，仍是承袭自宋、元、明以来的佛乐曲调，只是由于地方方言之别，各地寺院在具体唱法上存在着一定差异。

大相国寺佛乐与帝王政权和闹市民众长期水乳交融的密切关系，颇具随缘化导社会的世间功能，演奏形式上也多有禅心对现实生活的观察思维，是慈和的人生志向步向觉悟的音乐。因此，大相国寺把佛乐分为声乐和器乐两大类，素有"歌声绕梁，丝管嘹亮，谐妙入神"的赞誉。其中，器乐在佛乐中占据重要地位，其在历史上的深远影响，远远超过了声乐，这也是大相国寺有别于其他寺院佛乐的根本之处。因为一些大寺院虽有梵呗赞颂，但很少设立拥有成套专业器乐的组织。大相国寺却自北宋开国，便以佛乐著称于世，且在朝廷的钦命下，设有庞大的乐队编制，常设乐僧达百余人，鼎盛时有400余人的乐队组合，气势宏大，影响深远，更加上寺院不仅拥有大师级的演奏曲目，还拥有无数专业和业余的"合唱队员"，这是其他寺院不能比拟的。

大相国寺佛乐使用的乐器与乐队编制也是佛乐史上规模空前的。在演奏佛乐时，因其阵容的庞大，运用了大量唐、宋宫廷音乐和古代音乐中使用的、今已失传的乐器。然而，由于寺院乐队一直秉承古代遗制，乐队中只使用了打击乐器、吹管乐器和拨弹乐器，乐队基本上仿唐、宋古制而建立起来的。大相国寺佛乐运用的打击乐器种类很多，分击革、击金和击石三部分，仅击革中鼓类就达十余种，手鼓、腰鼓、架鼓、羯鼓等应有尽有；击金类不仅包括佛教用的铜钹、铙、引磬、金铎、云锣等传统乐器，还有吊钟、编钟等中国古老乐器；击石类主要以和编钟情况相似的编磬等石乐器为主。另外还有拍板、木鱼等击木乐器。打击乐器部分，大相国寺佛乐所使用的乐器较多，尤其是木鱼、引磬、铛等佛教专有法器是宫廷音乐没有的，但编钟、编磬、金铎等，却和历代雅乐中用于祭祀的乐器相同，编制也一样。

佛教的宗本是慈悲，佛教的心髓乃智慧。因此，演奏和聆听佛乐，最根本的收获，当是以佛乐去作修心之事，是乐事、沉静、反省、滤知的自觉过程，即觉悟。故而，严肃、清净、安详、诚实，是为佛乐最显著的特点。大相国寺佛乐在吸收和圆融宫廷音乐、民间音乐及古代音乐的基础上，非常讲究佛乐演奏的速度，这当然也是以修持和弘扬佛法为根本要求。在这样的要求下，在应对演奏的需求上，大相国寺佛乐有两个显著的特色：一是随缘化物，在一般民间祝祷红白之事时，所奏佛乐，大多来自民歌、戏曲、民间器曲等，并加以变奏和烘托，有着热场和起兴的作用，以便吸引听众，达到佛教普度众生的理想，乐曲的演奏速度，故较为欢快，以适应广大群众的欣赏习惯；二是专用于献佛和国家的重大祭祀，这类佛乐，乃心境之光，充满了庄严、开阔及观法入境的宗教意义，追求的是曲行人心，净心于道，不见凡事，但见圣容的效果，其演奏速度较为深沉缓慢，且不因世俗的欣赏习惯而改变，着重突出对庄严、感动、信仰、远嘱以及广大和沉静的感悟。

第二节　梵钟与佛教仪式传播

佛教，作为一种具有独特生活内容的宗教实践活动，它需要通过一系列的宗教仪式、行为规范、清规戒律以及由此积淀而成的种种生活习俗，来体现它的宗教精神和教义。"全世界的宗教用十二种活动来同神灵交往：祈祷、音乐、生理经验、规劝告诫、吟诵法规、模拟、灵力或禁忌、宴会、牺牲、集会、神灵启示和符号象征。"①

---

① 〔美〕C. 恩伯、M. 恩伯：《文化的变异——现代文化人类学通论》，杜杉杉译，辽宁人民出版社，1988，第535页。

一　宗教—仪式—音乐的三重认知

"在以前的一切宗教中，仪式是一件主要的事情。"① 一般认为，仪式，通常被界定为象征性的、表演性的、由文化传统所规定的一整套行为方式。它可以是神圣的也可以是凡俗的活动，这类活动经常被功能性地解释为在特定群体或文化中沟通（人与神之间，人与人之间）、过渡（社会类别的、地域的、生命周期的）、强化秩序及整合社会的方式。仪式是典礼参与者的存在状态，其中人的存在状态是由一系列行为组成的，物的存在状态主要是通过其数量和摆放位置等来反映典礼目的。两者的存在具有规定性、约束性和强制性，是礼仪参与者必须遵循的准则。象征仪式学派认为宗教是一套象征系统，宗教礼仪是人类为了适应超自然领域的一种象征性的技术行为，它具有超越个人的重要价值。宗教礼仪是宗教意识的外在表现，是处理人与神之间的关系，具有使人同信仰对象接近或合二为一的象征作用。在现代宗教社会学的研究范畴，含信仰体系在内的宗教观念意识与宗教仪式处于两个不同的层面。在宗教社会学家乔基姆看来，宗教信徒用以与宗教境界相联系的各种方法，皆可归于三种"宗教表现形态"之下，即理论形态、实践形态和社会形态。其中的第二种形态就是指一系列的宗教仪式，包括礼拜、祈祷、冥想、布施、讲经和其他宗教活动。

这些宗教仪式行为具有高度的象征性、隐喻性和意义性。人类将累积的经验形成一种具有意义的象征体系，使所学的经验，代代相传，成为人类适应周遭生存环境的重要机制。人类学者将这种具有高度可塑性的象征体系称为"文化"；而"仪式"正是这个象征体系的核心。人类透过物件、动作、语言的运用与组合，将生活智慧与生命意义转换成隐喻性的象征符号体系。

而任何仪式都必须在一定的时空中展现，即仪式得以展现的时间过程和空间范围。而仪式的时间过程通常都与音乐有着密切的联系。宗教礼仪通常是集体举行的，有固定的程序，伴之以动人心弦的音乐以及物质的祭品，更具感染力。它又是定期地、有周期地重复进行，因而能巩固人们心

---

①　恩格斯：《马克思恩格斯全集》第 19 卷，人民出版社，1963，第 334 页。

中对宗教信仰的感情。

佛教在仪式场合是把钟类法器当作能够体现节奏感和音乐性的乐器（而不是单纯的发声器物）来使用的，借助这类乐器的恢宏音量、强烈节奏来体现宗教的内在精神和无比法力。而且，禅宗兴盛之前的中国佛教，很重视用音乐来开导心灵的作用。儒家的"乐"要为"礼"服务，音乐要服从政治。汉化佛教受这样的思想影响至深，所以佛教徒也把音乐视为弘扬佛法的舟楫、宣传法理的利器。而梵钟正是佛教仪式中常见的乐器。《敕修百丈清规·圣节》中说，鸣大钟是为了召集大众上殿，以及警觉睡眠："鸣大钟及僧堂前钟集众，列殿上，向佛排立。"又叩钟时，如果能观想觉悟一切众生，则获利更大。文中又说："鸣钟行者，想念偈云：'愿此钟声超法界，铁围幽暗悉皆闻，闻尘清净证圆通，一切众生成正觉。'仍称观世音菩萨名号，随号扣击，其利甚大。"在《增一阿含经》中说，若打钟时，一切恶道诸苦，并得止息。在《付法藏传》卷五中记载："古月支国王，因为与安息国战争，杀人九亿。因为恶报的缘故，死后化为千头大鱼，顶上有剑轮绕身砍头。可是随砍立即又出生，极痛难忍。于是前往请求罗汉僧长（常）击钟声，以止息其苦。"《续高僧传·释智兴传》中有一个故事：有一亡者托梦其妻说："我不幸病死，生于地狱，赖蒙禅定寺僧智兴鸣钟，响震地狱，同受苦者一时解脱。"有人就问智兴："为何鸣钟能有如此感应？"智兴回答："我并无特别的神术。只是见《付法藏传》中说罽贼咤王剑轮止停之事，及《增一阿含》中钟声功德，敬慎遵行，苦力行践之。我每次鸣钟之始，皆祈愿诸贤圣同入道场，然后三下；将欲长打，如先致敬，愿诸恶趣，听闻此钟声，俱时得离苦。如此愿行，心志恒常敬奉而修力，或许是如此而有感应吧！"佛教徒认为：佛教音乐的目的主要有两个：一是"赞佛功德"，二是"宣唱法理，开导众心"。

二　梵钟与佛教仪式音乐

宗教仪式之所以多用非言语传播行为，首先是因为语言被发明出来描述或传播外部世界事与物的信息，而不擅长于描述内心世界的情感，而非言语传播行为则是内心情感的外化形式。在宗教仪式中，言语增加了非言语行为的确切性，而非言语行为又给言语传播增加了情感力量。

类似宗教仪式这样的非言语传播形式，严格意义上说没有传者和受者，大家共同进入一个情境，共同参与和表演，共同观赏和感受，共同祝福与祈祷。人人都按传播习惯行事，交流默契不需要任何言语解释。因此，在这类传播语境中，语言概念是多余的，更改判断也不必要，形象、直觉、情感才是心与心真正沟通的桥梁。这种非言语传播活动充满着神秘的宗教色彩和艺术享受气氛，常常能感人至深，给心灵以巨大的影响。

礼仪民俗的非言语传播功能，并不是为了传播新信息，而重在重申既定的社会关系、等级秩序、行为道德、群体理想等，使社会成员自然而然地产生文化心理的认同感，加强群体凝聚力。中国古代传统文化得以延续，民族文化心理素质得以传承，是同这些非言语传播方式紧密相关的。

在原始佛教时期，僧众是各自进行修行的。到了后来寺院中有了佛像、经典以后，又有礼拜供养和读诵经典的行仪。佛教传入中国以后，最初也是弟子各自随师修行，没有统一的规范。到东晋时，道安法师制定了《僧尼规范三例》，为当时天下寺舍普遍遵行。南齐时期，萧子良创《僧制》也成为后世之法。后隋代智者大师居住浙江天台山时，规定寺内僧众修行可选择三种方式：或依堂坐禅；或别场忏悔；或知僧事。依堂之僧每日要四时坐禅，六时礼佛。

关于中国课诵的最早记载，见于《三国志·吴书》所记东汉笮融的事迹：

> 笮融……乃大起浮图祠……重楼阁道，可容三千余人，悉课读佛经，令界内及旁郡人有好佛者听受道……①

《法苑珠林》中记载道：

> 又至魏时，陈思王曹植字子建，魏武帝第四子也。……植每读佛经，辄流连嗟玩，以为至道之宗极也，遂制转赞七声、升降曲折之响，世之讽诵，咸宪章焉。尝游鱼山，忽闻空中梵天之响，清雅哀婉，其声动心，独听良久，而侍御皆闻。植深感神理，弥悟法应，乃摹其声节，写为梵呗，撰文制音，传为后式。梵声显世，始于此焉。

---

① 晋·陈寿：《三国志》，中华书局，1964，第1185页。

其所传呗，凡有六契。①

这一段文字叙述的是曹魏时期陈思王曹植诵读佛经时，需配以乐音，这是中国唱诵梵呗的开始，也是佛教汉化特征的端倪。由此开始，后世课诵仪式中始终伴随着梵呗。这也是由于印度佛教传入之初，"汉梵既殊，音韵不可互用"②所致。中国佛教念诵仪制的制定始创于东晋道安法师，他制定的僧尼轨范三则为后来各种法事仪制的开端。后世佛教寺院逐渐普遍奉行的朝暮课诵，便是导源于此。唐代百丈怀海"别立禅居"，《大宋僧史略》上说百丈怀海"有朝参暮请之礼，随石磬鱼为节度"。③元朝廷令百丈山德辉编订《敕修百丈清规》卷八《古清规序》的"殿钟"中载明：

住持朝暮行香时鸣七下。④

同书"磬"条下又规定：

大殿早暮住持知事行香时，大众看诵经咒时，直殿者鸣磬。⑤

可见禅僧修行和仪式都离不开梵钟的报时，而此时即已具备朝暮课诵的雏形。明清之际，朝暮课诵渐趋定型，传播的范围遍及各宗各派大小寺院和居家信徒，成为所有佛寺必修的定课。各寺的日常早暮课诵逐渐统一，成为定规。最终规定，每日的"五堂功课"，即早课、晚课、蒙山殿、早斋堂、午斋堂。与这些固定仪式配合的梵音，即佛教仪式音乐。佛教仪式音乐即佛教仪典、朝暮课诵、道声忏法中所用的音乐。《行事钞上之一》曰：

我鸣此钟者，为召十方僧众，有得闻者，并皆云集，共同和利，又诸有恶趣受苦众生，令得停息。⑥

① 唐·释道世：《法苑珠林校注》，中华书局，2003，第1492页。
② 唐·释道世：《法苑珠林校注》，中华书局，2003，第1491页。
③ 宋·赞宁：《大宋僧史略》，《中华大正藏》第54卷，中华书局，1992，第240页。
④ 元·德辉重编《敕修百丈清规》，《中华大正藏》第48卷，中华书局，1991，第1155页。
⑤ 元·德辉重编《敕修百丈清规》，《中华大正藏》第48卷，中华书局，1991，第1155页。
⑥ 唐·释道宣：《四分律删繁补阙行事钞》，《中华大正藏》第40卷，中华书局，1991，第127页。

钟声是对苦难的解脱，是走向极乐世界的象征，于是，钟的晨鸣暮奏就成为佛家的传统仪式。《敕修百丈清规》卷八的《法器章》云：

> 大钟，丛林号令资始也。晓击，即破长夜，警睡眠；暮击，则觉昏衢，疏冥昧。[①]

叩鼓鸣钟是佛家的必备功课，梵钟把佛家的仪式法理集于一身，这样钟声梵呗也就成为佛家觉悟的代称。

佛经中所载乐器多达几十种，但当今法事活动则仅用敲击乐器，以钟、鼓、引磬、木鱼为主，配以铃、铛子等，取其清澈静穆的效果。梵钟就在此类仪式场合扮演着提示时间的角色。而且，寺庙大钟的功能及撞击方式有明确的规定说明：

> 凡三通，紧缓各一十八椎，总一百零八下，起止三下稍紧。与大鼓、报钟，互相照应。证义曰：大钟，晨昏每一百八者，即事显理。由是百八愚痴，声声唤醒，百八三昧，椎椎打就，声须缓长者，昔志公借梁武道眼，见地狱苦相问，何以止之。志曰：唯闻钟声，其苦暂息。帝遂诏天下寺院，凡击钟，令舒徐其声也，鸣时念诵者。增一阿含经云：若打时，愿一切恶道诸苦，并皆停止，若闻钟声，兼说佛呪，得除五百亿劫生死重罪。又金陵志云：又钟者。聚也。故凡集众。须用之。[②]

这样的敲钟方式代代相传，且制度严格，不容更改，具有神圣不可侵犯的宗教象征意义。早晚课诵的号令起始于钟，晨暮都会使用。撞击的手法为紧十八、缓十八，循环三次，共一百零八下。而大钟发出的声响，可以"唤醒众生迷梦、打就众生三昧真智，另又有钟声可以让痛苦暂时止息"，《增一阿含经》指出击钟能让所有苦难停止，若是听到钟声，口中念着佛经咒，则可除去生死重罪。另外，宗教礼仪通常是集体举行的，集众就必须要使用钟这个法器。《大唐西域记》中记载：

---

① 元·德辉重编《敕修百丈清规》，《中华大正藏》第 48 卷，中华书局，1991，第 1157 页。
② 元·德辉重编《敕修百丈清规》，《中华大正藏》第 48 卷，中华书局，1991，第 1157 页。

> 罗汉曰:"王建伽蓝,功成感应。"王苟从其请,建僧伽蓝,远近咸集,法会称庆,而未有犍稚扣击召集。王谓罗汉曰:"伽蓝已成,佛在何所?"罗汉曰:"王当至诚,圣鉴不远。"王遂礼请,忽见空中佛像下降,授王犍稚,因即诚信,弘扬佛教。①

从佛教信仰的角度看,钟声可以沟通人神,巩固和强化信仰的力量。"崇拜活动无论它们是什么样子,都不是没有意义的活动和没有效果的姿态,通过崇拜活动的表面功能就可以加强信仰者与他所信仰的神之间的联系,强化信仰观念。"②

梵钟不仅在佛教仪式中发挥着重要的功用,在佛寺日常生活里也是不可缺少的器物。《敕修百丈清规·请立僧首座》中记载:"堂司行者鸣僧堂钟,大众同送归寮。"又"入堂钟",《禅林象器笺平清规·赴粥饭法》中说,入堂钟也入斋堂之讯号:"粥时,开静已后;斋时,三鼓已前,先于食位就坐。斋时,三鼓之后,鸣大钟者报斋时也。城隍先斋钟,山林先三鼓。此时若面壁打坐者,须转身正面而坐。若在堂外者,即须息务洗手令净,具威仪赴堂。次鸣板三会,大众一时入堂。"在寺院庙宇的日常生活中,也少不了梵钟。因为这些聚众的活动场合,一般都具有宗教仪式的神圣性。

> 凡闻钟鼓鱼版,须知所为。五更鸣大钟者,警睡眠也。……三通鼓鸣者,住持人赴堂也。……堂上鸣鼓者,升堂也。……。闻厨前鼓鸣者,众僧普请也,闻堂前钟鸣者,或接送尊官,或请知事,或送亡僧也。……黄昏鸣大钟者,行者上殿念佛也。或闻堂上鼓鸣者,小参也。从朝至暮钟鼓交参。非唯警悟大众,亦乃说法无间,丛林高士各自知时。③

梵钟不仅是寺庙行事时间的依据,更能在精神上警悟信众。唐代释道世在其中具体地谈到梵钟的警众功能。

---

① 唐·玄奘:《大唐西域记》,广西师范大学出版社,2007,第188页。

② 〔法〕E. 杜尔克姆:《宗教生活的基本形式》,渠东、汲喆译,载上海社会科学院宗教研究所编《宗教研究译文集》,上海社会科学院出版社,1986,第33页。

③ 宋·宗赜:《禅苑清规》,《中华大正藏》第63卷,中华书局,1991,第430页。

　　若夫称讲联斋众集。永久夜缓晚迟，香消烛掩，睡盖复其六情。懒结缠其四体。于是择妙响以升座。选胜声以启轴……能使寐魂更开。惰情还肃……①

　　此中所述的"妙响"即钟声，是为了使中夜用功的和尚们不至于昏然入睡。佛教梵钟除了具有以上多种用处以外，对僧人信徒的修行也有很大的帮助。《增一阿含经》中说：

　　若打钟时，一切恶道诸苦，并得停止。②

　　《佛祖统纪》中也说：

　　闻击钟磬之声，能生善心，能增正念。③

　　由于寺庙里的僧人行事、聚集、报时都仰赖梵钟，加上钟声在宗教上具有的神圣意义，其在仪式上的象征功能一直都备受重视。总而言之，钟声象征着佛教，体现着佛教精神，对佛教文化的传播起着非常重要的作用。

第三节　佛寺钟声与诗歌
——佛教文化传播对中国文学的影响

　　由汉代传入中国开始，佛教在中国的发展日益蓬勃，大量的佛经得到翻译和介绍，佛教得到广泛传播。佛教文化的传播，不仅是佛教的中国化、本土化，反之也是中国部分文化的佛教化，这是一个双向互动的过程，并且在这个过程中推动了彼此文化的共同发展。这就是跨文化传播中所谓的"文化增殖"，指的是："文化在质和量上的一种膨胀或者放大，它是一种文化的再生产和创新，是一种文化的原有价值或意义在传播过程中生成新的价值或意义的现象。"④ 在漫长的文化传播过程中，佛教已经深深

---

① 唐·释道世：《法苑珠林校注》，中华书局，2003，第 1487 页。
② 晋·僧伽提婆译《增一阿含经》，《中华大正藏》第 2 卷，中华书局，1992，第 689 页。
③ 宋·释志磐：《佛祖统纪》，江苏广陵古籍刻印社，1992，第 531 页。
④ 庄晓东主编《文化传播：历史、理论与现实》，人民出版社，2003，第 41 页。

地渗透到中国传统文化的各个领域中，例如，中国古典哲学、建筑、绘画、雕塑、音乐、文学，等等，这些也都成为佛教文化的传播载体，当然，这同时也是中国文化的一部分。汤用彤先生曾指出："溯自两晋佛教隆盛以后，士大夫与佛教之关系约有三事：一为玄理之契合，一为文字之因缘，一为死生之恐惧。"① 佛教从宗教解脱的角度来解释人生问题，化解了士大夫心中对生的疑惑和对死的恐惧，使士人的思维方式具有了形而上的超越性。本节关注的即是佛教的"钟声"为中国文学带来的新意，这特别体现在文人诗歌中。

一 佛教的传入对中国古代士大夫的影响

现代文化人类学指出，历史上诸多"文化移入"现象，常常是从思维方式的变迁开始。佛教思想在中国的传播，直接否定了传统文化中对世界和人生的认知方式，它以"出世"的态度，彻底地否定了客观世界的真实性。这一颠覆，足以使中国士大夫的传统心理结构受到剧烈冲击。士大夫佛学具有一个鲜明的特点，那就是突出了中国文化中固有的理性、人本色彩和佛教中超尘脱俗的精神。中国古代士大夫多出身于儒门，虽受佛教文化的影响，但思想的本质内涵还是儒释相通。正是有这样一批具有深厚文化修养的士大夫的参与，承担起佛教在中国的传播与发展，才形成了完全中国化的佛学，同时，也给中国文学带来新的成果和新的境界，两者始终是相辅相成的。士大夫们更多的是将佛禅之理转化为现实生活中的一种人生智慧、一种学术兴趣和文学创作中的一种文化底蕴。"总观中国文学发展的历史，自东晋时期佛教在文坛盛传，几乎没有哪位重要作家是没有受到佛教的影响的。（反佛也是一种影响的表现，而且一些反佛的人也受到佛说的熏习）可见，佛教思想观念和思维方式逐渐渗透到士大夫阶层的日常生活和心灵世界，并潜移默化地影响到其创作的诗歌。"② 而文人诗歌与佛教禅宗的关系，正如元好问在《答俊书记学诗》中所云："诗为禅客添花锦，禅是诗家切玉刀。"③ 两者相辅相成，而且佛教禅意的影响使得士大

① 汤用彤：《隋唐佛教史稿》，中华书局，1982，第 193 页。
② 孙昌武：《中国文学中的维摩和观音》，天津社会教育出版社，2005，第 3 页。
③ 金·元好问：《元遗山诗笺注》，中华书局，1936，第 211 页。

夫的诗歌别开生面，文采飞扬，而且另有一番境界。在钟声这一特殊诗歌意象上，表现尤为突出。

在前文中已经提到过钟（无论是乐钟还是梵钟）敲击时发出的声音都带有一定的象征意义。所以，钟声会引起听者对特定事物的联想，于是这种听觉符号便成为相应事物的对应性象征符号。钟声在诗歌中的出现古已有之，如《诗经》中的"钟鼓乐之"等，早期诗歌里的钟声多指乐钟发出的声响，代表着乐教文化，象征着中国传统的儒家礼乐文化。但佛教文化的引入和传播使钟声的意象在历史转变过程中发生了变化，钟声不再是王室贵族享受的音乐之声，而变成了朝暮可闻的佛音梵呗，所以，关于钟声的诗歌也经历了从儒家的"钟鼓道志"到佛家的"钟磬乐心"的转变。从这样的变化可以看出，由于佛教思想的传入和本土化，儒家传统对士大夫的精神世界的影响受到了一定程度的冲击，"入世"的态度发生了改变，转而向佛教禅宗寻求真意。因此，佛教的思想，尤其是禅宗思想，丰富了诗歌的意境，促进了我国诗歌的再度繁荣。从这个角度看来，钟声不仅是诗歌的一种意象，而且体现了中国古代士大夫文人的精神世界。

二　钟与诗

1. 文人诗中的古钟意象

"意象"是古诗词中的一个重要范畴，从艺术的角度说，古典诗词就是由意象有规律和有目的组合而成。所谓意象，即表意之象，表情之象，它是整合形象与情感意蕴的"合金"，用庞德的话来说，"一个'意象'是在一刹那间呈现一种理智和情绪的复合物的东西。"刘勰曾说："独照之匠，窥意象而远斥：此盖驭文之首术，谋篇之大端。"可见，意象在文学创作中的重要地位。对中国古代文人来说，意象是其艺术的灵魂。意象是客观物象经过创作主体独特的审美活动而创造出来的一种艺术形象。它是主观物象相整合的产物，是主体与客体、心与物、意与象的有机统一，其本质就是物象与主体的情、意、理、趣、味相契合而形成的一种意识形态。亚里士多德说过："心灵没有意象，就永远不能思考。"中国古代文论中，常以"意象"来品评作品的想象和意境。

诗歌的意象，是指诗人用来表达感情，寄托主观情思的客观事物。意象是诗歌艺术的精灵，是诗歌中熔铸了作者主观感情的客观物象。在我国古典诗歌漫长的历程中，形成了很多传统的意象，它们蕴含的意义基本是固定的，能引起无穷思绪：家国之悲，身世之感，古今之情，人天之思，往往错综交织，感慨万千。展开浩如烟海的诗卷，咏钟诗词俯拾皆是，更不乏名篇佳作，或抒发相思和离别之情，或感伤身世和游离之苦，或倾诉旷达潇洒之胸襟，或寄托济世报国之壮志，或是借以抒发对宇宙、对社会人生的思考。诗人笔下的古钟多给人以失落凄凉，漂泊沧桑之感。这里，我们把诗歌中的古钟意象进行分类和归纳，初步分成这样几种意象。

（1）晨钟意象。晨，即上午或者早晨。此时的钟声，即是晨钟。诗歌里的晨钟意象经常会用来指代时间。

> 景阳寒井人难到，长乐晨钟鸟自知。（唐·温庭筠《题望苑驿》）
> 终篇浑不寐，危坐到晨钟。（唐·李山甫《夜吟》）
> 暝雪细声积，晨钟寒韵疏。（唐·方干《滁上怀周贺》）
> 旅愁论未尽，古寺扣晨钟。（唐·黄滔《逢友人》）
> 几日淋漓侵暮角，数宵滂沛彻晨钟。（唐·徐夤《喜雨上主人尚书》）
> 坐恐晨钟动，天涯道路长。（唐·尚颜《夜寿安甘棠馆》）
> 月斜江上，征棹动晨钟。（唐·牛希济《临江仙》）
> 欲觉闻晨钟，令人发深省。（唐·杜甫《游龙门奉先寺》）
> 金山只隔水，时复听晨钟。（宋·苏辙《送董扬休比部知真州》）
> 高树起栖鸦，晨钟满皇州。（唐·韦应物《答畅参军》）
> 夜火林津驿，晨钟隔浦城。（唐·钱起《宋陆贽擢第还苏州》）
> 晨钟云外湿，胜地石堂烟。（唐·杜甫《船下夔州郭宿，雨湿不得上岸，别王十二判官》）
> 紫垣星月，禁阶灯火，朝马闹晨钟。（元·元好问《太常引》）
> 拨香开社瓮，带睡听晨钟。（宋·陆游《秋晚》）
> 谁令十载重渡泷，滩头旧寺晨钟撞。（宋·苏辙《次韵子瞻江西》）
> 禁漏晨钟声欲绝，旌旗组绶影相交。（唐·刘禹锡《阙下待传点呈诸同舍》）

（2）晓钟意象。晓，即破晓或者黎明。此时的钟声，即是晓钟。诗歌里的晓钟意象经常会用来指代时间。

共君今夜不须睡，未到晓钟犹是春。（唐·贾岛《三月晦日赠刘评事》）

金阙晓钟开万户，玉阶仙仗拥千官。（唐·岑参《奉和中书舍人贾至早朝大明宫》）

独倚梧桐，闲想闲思到晓钟。（唐·冯延巳《采桑子》）

羁旅长堪醉，相留畏晓钟。（唐·戴叔伦《江乡故人偶集客舍》）

去年欢，今夕梦。怊怅晓钟初动。（宋·贺铸《更漏子》）

更尽闻呼鸟，恍来报晓钟。（唐·李白《宿无相寺》）

睡觉扶头听晓钟，隔帘花雾湿香红。（宋·赵长卿《鹧鸪天》）

上阳宫里晓钟后，天津桥头残月前。（唐·白居易《晓上天津桥闲望偶逢卢郎中张员外携酒同倾》）

建章宵漏急，阊阖晓钟传。（唐·崔颢《奉和许给事夜直简诸公》）

留欢美清夜，宁觉晓钟迟。（唐·钱起《秋夕与梁锽文宴》）

前日犹拘束，披衣起晓钟。（唐·贾岛《净业寺与前鄠县李廓少府同宿》）

野岸鸣枯叶，烟林度晓钟。（宋·陆游《沔阳夜行》）

晓钟时出寺，暮鼓各鸣楼。〔宋·苏轼《郁孤台（再过虔州，和前韵）》〕

香辇却归长乐殿，晓钟还下景阳楼。（唐·温庭筠《马嵬驿》）

落月苍凉登阁在，晓钟摇荡隔江闻。（唐·温庭筠《宿松门寺》）

听彻清笳听晓钟，据鞍漏鼓尚冬冬。（宋·陆游《晓出东城》）

（3）暮钟意象。暮，即日暮或者傍晚。此时的钟声，即是暮钟。诗歌里的暮钟意象经常会用来暗指黄昏日暮。

楚江微雨里，建业暮钟时。（唐·韦应物《赋得暮雨送李曹》）

暮钟寒鸟聚，秋雨病僧闲。（唐·白居易《旅次景空寺宿幽上人院》）

天接海门秋水色，烟笼隋苑暮钟声。（唐·杜牧《寄题甘露寺北轩》）

一老犹鸣日暮钟，诸僧尚乞斋时饭。〔唐·杜甫《大觉高僧兰若（和尚去冬往湖南）》〕

秋山起暮钟，楚雨连沧海。（唐·韦应物《淮上即事，寄广陵亲故》）

遥看黛色知何处，欲出山门寻暮钟。（唐·韦应物《答东林道士》）

客归秋雨后，印锁暮钟前。（唐·贾岛《题皇甫荀蓝田厅》）

平原秋树色，沙麓暮钟声。（宋·黄庭坚《次韵刘景文登郑王台见思五首》）

独树沙边人迹稀，欲行愁远暮钟时。（唐·韦应物《赋得沙际路，送从叔象》）

稍开芳野静，欲掩暮钟闲。（唐·韦应物《赋得鼎门，送卢耿赴任》）

寺楼已断暮钟声，照佛琉璃一点明。（宋·陆游《梦中作游山绝句》）

人道山僧最无事，怜渠犹趁暮钟归。（宋·陆游《杂题》）

不知行道处，空听暮钟声。（宋·苏辙《留题石经院三首》）

听熟朝鱼又暮钟，全将慵懒度三冬。（宋·范成大《元日山寺》）

烟外暮钟来远寺，雨余秋涨集空壕。（宋·陆游《初秋书怀》）

（4）晚钟意象。晚，即夜晚或者晚上。此时的钟声，即是晚钟。诗歌里的晚钟意象经常会用来指代时间。

晚钟鸣上苑，疏雨过春城。（唐·王维《待储光羲不至》）

晚钟何处雨，春水满城花。（宋·文天祥《游青源二首》）

骑马行春径，衣冠起晚钟。（唐·杜甫《惠义寺送王少尹赴成都》）

苍茫寒色起，迢递晚钟鸣。（唐·韦应物《秋景诣琅琊精舍》）

闲里暗牵经岁恨，街头多认旧年人。晚钟催散又黄昏。（宋·吴文英《浣溪沙》）

晚钟过竹静，醉客出花迟。（唐·钱起《陪南省诸公宴殿中李监宅》）

扬子江头风浪平，焦山寺里晚钟鸣。（元·郭天锡《宿焦山上方》）

连筒春水远，出谷晚钟疏。（宋·苏轼《独游富阳普照寺》）

（5）五更钟意象。我国古代把夜晚分成五个时段，用鼓打更报时，所以叫作五更、五鼓，或称五夜。五更在寅时，称平旦，又称黎明、早晨、日旦等，是夜与日的交替之际。这个时候，鸡仍在鸣叫，而人们也逐渐从睡梦中清醒，开始迎接新的一天。诗歌中也经常出现这个时间的指代意象。

来是空言去绝踪，月斜楼上五更钟。（唐·李商隐《无题二首》）

楼头残梦五更钟，花底离愁三月雨。（宋·晏殊《玉楼春》）

碧纱窗影下，玉芙蓉。当时偏恨五更钟。（宋·贺铸《小重山》）

一帘病枕五更钟，晓云空，卷残红。（明·夏完淳《江城子·病起春尽》）

羸病不堪连日雨，孤愁偏怯五更钟。（宋·陆游《春雨中偶赋》）

五更钟动笙歌散，十里月明灯火稀。（宋·贺铸《思越人·朝天子》）

五更钟漏欲相催，四气推迁往复回。（唐·孟浩然《除夜有怀》）

五更钟隔岳，万尺水悬空。（唐·贾岛《寄华山僧》）

报道先生春睡美，道人轻打五更钟。（宋·苏轼《纵笔》）

润归千里麦，声乱五更钟。（宋·陆游《辛丑正月三日雪》）

想象咸池日欲光，五更钟后更回肠。（唐·李商隐《初起》）

三茆听彻五更钟，二竺穿穷九里松。（宋·陆游《天竺晓行》）

睡少未成千里梦，愁深先怯五更钟。（宋·陆游《自遣》）

（6）曙钟意象。曙，意为天刚亮。曙色，曙光，即是破晓之光，也经常比喻已经在望的美好前景。曙钟也用来指代和形容时间。

江皋闻曙钟，轻柂理还舼。（唐·贺知章《晓发》）

烟火临寒食，笙歌达曙钟。〔唐·孟浩然《李少府与杨（王）九再来》〕

九门寒漏彻，万井曙钟多。（唐·王维《同崔员外秋宵寓直》）

山明野寺曙钟微，雪满幽林人迹稀。（唐·韦应物《闲居寄端及重阳》）

锁城凉雨细，开印曙钟迟。（唐·贾岛《宿姚少府北斋》）

烟火临寒食，笙歌达曙钟。（唐·王昌龄《寒食卧疾喜李少府见寻》）

曙钟寥亮三四声，东邻嘶马使人惊。（唐·高适《送别》）

赤墀高阁自从容，玉女窗扉报曙钟。（唐·温庭筠《休浣日西掖谒所知》）

（7）夜钟意象。夜，指的是天黑的时间，与"日"或"昼"相对，夜的时间范围比较长，而且夜钟给诗人带来的意境也是十分特别的。

  头陀独宿寺西峰，百尺禅庵半夜钟。（唐·白居易《题清头陀》）

  新秋松影下，半夜钟声后。（唐·白居易《宿蓝桥对月》）

  高馆张灯酒复清，夜钟残月雁归声。（唐·高适《夜别韦司士，得城字》）

  惆怅飞鸟尽，南谿闻夜钟。（唐·岑参《因假归白阁西草堂》）

  草色带朝雨，滩声兼夜钟。（唐·岑参《春半与群公同游元处士别业》）

  水田秋雁下，山寺夜钟深。（唐·刘长卿《龙门八咏·石楼》）

  向人寒烛静，带雨夜钟沈。（唐·刘长卿《秋夜雨中，诸公过灵光寺所居》）

  楚山明月满，淮甸夜钟微。（唐·韦应物《送元仓曹归广陵》）

  竹坛秋月冷，山殿夜钟清。（唐·钱起《宴郁林观张道士房》）

  七年不到枫桥寺，客枕依然半夜钟。（宋·陆游《宿枫桥》）

  山韵江深屋翠崖，夜钟声自瓮中来。（宋·黄庭坚《双涧寺二首》）

无论是"晨钟"和"晓钟"，还是"暮钟"和"晚钟"，甚至是"五更钟"，这些关于古钟的诗歌意象无疑都指向时间。"晨""晓""暮""晚""夜""曙""五更"，都是时间的代名词。诗人听到钟声，无论远近高低，总是容易率先想到时间，这是诗歌里经常使用这些意象的主要原因。而在一天的不同时辰，听到钟声的感觉也是有差别的，早上听钟和晚上听钟的心境就截然不同。如："苍茫寒色起，迢递晚钟鸣"；"独倚梧桐，闲想闲思到晓钟"。诗中表达的情感因为不同时间的钟声而有所差异。

诗歌表达出诗人对时间的感慨，这是古钟意象创造出的主体时间感。庄子说："井虹不可以语于海者，拘于虚也；夏虫不可以语于冰者，笃于时也。"表达了中国人对时空的认知。时间因素的加入使其意象的表达方式更加变化无穷，历时性与共时性的时光在钟声中得到了统一，并创造了奇迹：历时性表达为历史——空间通过历史的研磨和洗礼，自然而然地产生一种对时光之美的感悟，一把琴，一幅画，一株古柏，几片残瓦，形式依旧，而意象却由历史引申出美的境界。共时性则表达为特定时刻的变幻之美。春之花艳，夏之荷素，秋之枫叶流丹，冬之寒松积雪，再加上每日之四时朝暮，钟意象以时间为载体，像阳光透过棱镜般变幻出异彩纷呈的色彩。

（8）寺钟意象。前面我们提到的梵钟就是这个意象的指代，寺院庙宇所传来的钟声，一为报时，二也能指代这个钟声发出的地点和出处。在很多文人诗歌里，都会有和寺院结缘的经历，而钟声就是他们寻访寺院所在的最佳线索。

> 野寺钟昏山正阴，乱藤高竹水声深。（唐·卢纶《酬李端公野寺病居见寄》）
>
> 犹有古寺钟，迢迢下重岭。（宋·陆游《秋夜闻兰亭天章寺钟》）
>
> 出谷寺钟初缥缈，穿篱绩火已参差。（宋·陆游《杭湖夜归》）
>
> 寺钟吹动四山昏，系缆来投江上村。（宋·陆游《旅舍》）
>
> 野寺钟来夕阳外，寒山空插乱云中。（宋·陆游《病起小饮》）
>
> 一醉辄至暮，卧闻湖寺钟。（宋·陆游《午醉径睡比觉已甲夜矣》）
>
> 明朝晴雨吾能卜，但听兰亭古寺钟。（宋·陆游《孤店》）
>
> 石泉试饮先师锡，午饭归寻下寺钟。（宋·苏辙《书庐山刘顗宫苑屋壁三绝》）
>
> 何时最是思君处，月入斜窗晓寺钟。（唐·元稹《鄂州寓馆严涧宅》）
>
> 云收忽见北山雪，月落正闻西寺钟。（宋·陆游《闲合》）
>
> 林昏渔火壮，山转寺钟微。（宋·陆游《暮归舟中》）
>
> 晚窗睡觉添幽事，卧听兰亭古寺钟。（宋·陆游《书斋壁》）

（9）残钟意象。"残"，即损坏的，余下的或者剩下的意思。而残钟意象经常在诗歌中表达一种凄凉的意境，和"断角"搭配在一起出现。

> 数盏残钟，一穗灯花似梦中。（清·纳兰性德《采桑子》）
>
> 归棹洛阳人，残钟广陵树。（唐·韦应物《初发扬子寄元大校书》）
>
> 楼外残钟，帐前残烛，窗边残月。（宋·朱敦儒《柳梢青》）
>
> 斯游谁道伤幽独，犹有残钟伴苦吟。（宋·陆游《蜻蜓浦夜泊》）
>
> 树隔残钟远欲无，野云漠漠雨疏疏。（宋·仇远《閒十咏》）

孤城小驿初飞雪，断角残钟半掩门。（宋·陆游《十二月初一日得梅一枝绝奇戏作长句今年於是》）

故城废市古今叹，断角残钟朝暮愁。（宋·陆游《书感》）

赋诗稿成弃不传，残钟断磬知谁编？（宋·陆游《夙兴》）

残钟断角度黄昏，小驿孤灯早闭门。（宋·陆游《三泉驿舍》）

僧归独趁残钟去，人散遥怜晚渡空。（宋·陆游《日暮自湖上归》）

孤寺残钟催夕照，汀洲疏苇送秋声。（宋·寇准《江上晚行》）

（10）闻钟意象。闻是一个动词，听闻之意。古钟和诗人之间产生的互动，就这个"闻"字，而意境全出。

谷口闻钟声，林端识香气。（唐·孟浩然《寻香山湛上人》）

树深时见鹿，溪午不闻钟。（唐·李白《访戴天山道士不遇》）

东林精舍近，日暮但闻钟。（唐·孟浩然《晚泊浔阳望香炉峰》）

高僧瞑不见，月出但闻钟。（唐·岑参《题山寺僧房》）

卷幔浮凉入，闻钟永夜清。（唐·钱起《奉和宣城张太守南亭秋夕怀友》）

斋时往往闻钟笑，一食何如不食闲？（唐·白居易《同钱员外题绝粮僧巨川》）

闻钟北窗起，啸傲永日馀。（唐·韦应物《道晏寺主院》）

闻钟戒归骑，憩涧惜良游。（唐·韦应物《游灵岩寺》）

闻钟时宿云外寺，待月亦上湖边楼。（宋·陆游《寄子虞子遹》）

近寺闻钟声，映陂见树影。（唐·岑参《郊行寄杜位》）

香烟轻上月，林岭静闻钟。（唐·钱起《酬苗发员外宿龙池寺见寄》）

城远不闻钟鼓传，孤村风雨夜骚然。（宋·陆游《不睡》）

痴儿自堕阇梨计，欢喜闻钟已过斋。（宋·陆游《对食》）

清净眷属千五百，无日不闻钟磬音。（宋·黄庭坚《南山罗汉赞十六首》）

晓渡南冈五里松，精庐未见已闻钟。（宋·贺铸《重游梵行院》）

海水闻钟下，天风引磬遥。（宋·宋祁《题蜀州修觉寺》）

童儿冲雨收鱼网，婢子闻钟上佛香。（宋·陆游《自云门之陶山肩舆者失道行乱山中有茅舍小塘》）

窗间半偈闻钟后，松下残棋送客回。（唐·温庭筠《寄清源寺僧》）

双林我起闻钟后，只日君趋入阁时。（唐·白居易《宿西林寺，早赴东林满上人之会因寄崔二十二》）

（11）钟声意象。钟声的传播带来了很多深层的情感，听者为之动容，多愁善感的诗人因由钟声而产生诸多的联想，这个意象也成为古代诗歌中出现频率较高的意象之一。

长乐钟声花外尽，龙池柳色雨中深。（唐·钱起《赠阙下裴舍人》）

披榛上山山路细，钟声出寺门将闭。（宋·苏辙《次韵子瞻自普照入山独游二庵》）

香气三天下，钟声万壑连。（唐·李白《春日归山寄孟浩然》）

稳隐香台夜，钟声彻九天。（唐·卢照邻《石镜寺》）

金山旧游寺，过岸听钟声。（唐·刘禹锡《罢郡姑苏北归渡扬子津》）

前台花发后台见，上界钟声下界闻。（唐·白居易《寄韬光禅师》）

夜深月色当禅处，斋后钟声到讲时。（唐·杜牧《宣州开元寺赠惟真上人》）

鸟势去投金谷树，钟声遥出上阳烟。（唐·韦庄《洛北村居》）

钟声到枕曙，月影入帘秋。（宋·文天祥《晓起》）

座上潮风醒酒力，晚来岩雾盖钟声。（宋·曾巩《薛老亭晚归》）

钟声自仙披，月色近霜台。（唐·钱起《和万年成少府寓直》）

庭空日色静，楼迥钟声迟。（宋·黄庭坚《丙寅十四首效韦苏州》）

风递钟声云外寺，水摇灯影酒家楼。（宋·陆游《夜步》）

淅沥暗飘金井叶，乍闻风定又钟声，薄福荐倾城。（清·纳兰性德《忆江南·宿双林禅院有感》）

远峰斜日影，本寺旧钟声。（唐·刘禹锡《送元上人归稽亭》）

雾气渔灯冷，钟声谷寺深。（唐·韦庄《信州溪岸夜吟作》）

小市钟声断，高楼月色新。（宋·陆游《醉中作》）

出谷钟声知过寺，隔林人语喜逢村。（宋·陆游《日暮自大汇村归》）

（12）钟鸣意象。鸣是钟的功能之一，当钟被敲响的那一刻，声音的传播便无法阻挡，穿透诗人的耳朵，甚至心灵。

钟鸣忽惊觉，所造恨犹浅。（宋·陆游《秋夜感遇十首以孤村一犬吠残月几人行为韵》）

钟鸣长空夕，月出孤舟寒。〔唐·岑参《陪群公龙冈寺泛舟（得盘字）》〕

王侯皆护法，何寺讲钟鸣。（唐·贾岛《送僧》）

门掩鸦栖后，钟鸣月上初。（宋·陆游《初夏夜赋》）

闲看树转午，坐到钟鸣昏。（宋·苏轼《入寺》）

钟鸣上方晚，桂发小山秋。（宋·陆游《对酒》）

鸡唱山椒晓，钟鸣霜外声。（宋·苏轼《去岁与子野游逍遥堂日欲没因并西山叩罗浮道》）

木落山尽出，钟鸣僧独归。（宋·陆游《小舟过吉泽效王右丞》）

鱼吼钟鸣索饭钱，牧牛耕种别人田。（宋·黄庭坚《次韵奉答南山禅师二颂兼呈琦上人》）

漏尽钟鸣有夜行，几人故里得归耕？（宋·陆游《故里》）

钟鸣山川晓，露下星斗湿。（宋·黄庭坚《宿黄州观音院钟楼上》）

杳杳暝钟浮远浦，离离烟树识孤村。（宋·陆游《春阴溪上小轩作》）

石头城下泊，北固暝钟初。（唐·贾岛《送朱可久归越中》）

与君醉失松溪路，山馆寥寥传暝钟。（唐·王昌龄《宴春源》）

征陌独愁飞盖远，离筵只惜暝钟催。（唐·钱起《送严维尉河南》）

若有前山好烟雨，与君吟到暝钟归。（唐·韦庄《题袁州谢秀才所居》）

城上调秋角，烟间发暝钟。（宋·司马光《秋夜》）

（13）疏钟意象。疏，这个字具有多义性，一般来说，有稀疏之意；也有疏远，不亲近的意思，亦指离间，使疏远。疏钟意象在诗歌中出现的频率非常高，对于诗人抒发心中忧伤之意，此意象所表达出的意境十分切合。

莫许杯深琥珀浓，未成沈醉意先融，疏钟已应晚来风。（宋·李清照《浣溪沙》）

日暮疏钟，双燕归栖画阁中。（唐·冯延巳《采桑子》）

谷口疏钟动，渔樵稍欲稀。（唐·王维《归辋川作》）

禁里疏钟官舍晚，省中啼鸟吏人稀。（唐·王维《酬郭给事》）

寒灯坐高馆，秋雨闻疏钟。（唐·王维《黎拾遗昕裴秀才迪见过秋夜对雨之作》）

唯有白云外，疏钟闻夜猿。（唐·王维《酬虞部苏员外过蓝田别业不见留之作》）

迎忧急鼓疏钟断，分隔休灯灭烛时。（唐·李商隐《曲池》）

蒲涧疏钟外，黄湾落木初。（宋·苏轼《发广州》）

荒寺疏钟解客鞍，由山东畔白烟寒。（宋·范成大《望都》）

思君达永夜，长乐闻疏钟。（唐·李白《夕霁杜陵登楼寄韦繇》）

愁多胆怯疑虚幕，声不断、暮景疏钟。（宋·周邦彦《月中行·月宫春》）

参差小市林边出，缥缈疏钟雨外来。（宋·陆游《夏末野兴》）

疏钟度荞苍，远火耿微茫。（宋·陆游《溪行》）

疏钟入卧内，片月到床头。（唐·岑参《宿岐州北郭严给事别业》）

林端翻远刹，花外转疏钟。（宋·司马光《风》）

北风吹雨乱疏钟，薪薪灯花破碎红。（宋·陆游《夜雨》）

僧院疏钟出林岫，渔家微火耿窗扉。（宋·陆游《归兴》）

亭午疏钟离石佛，欸昏微雨泊曹娥。（宋·陆游《城东》）

浮云扫尽天如水，十里疏钟到野堂。（宋·陆游《夜意》）

未央月晓度疏钟，凤辇时巡出九重。（唐·钱起《和李员外扈驾幸温泉宫》）

疏钟答响江山迥，啼鸟忘形松竹深。（宋·贺铸《同王克慎宿清凉寺兼示和上人孙安之》）

楼外疏钟落晓河，天涯感别思烟波。（宋·宋祁《春晓感别》）

小浦涨潮迎钓艇，疏钟出谷送行僧。（宋·陆游《出游》）

兴来倚杖清江上，断角疏钟正敛昏。（宋·陆游《晚兴》）

林外人家明远火，月边僧阁下疏钟。（宋·陆游《暮行》）

十里疏钟到野堂，五更残月伴清霜。（宋·陆游《湖村野兴》）

寒水茫茫浸月明，疏钟杳杳带霜清。（宋·陆游《冬夜独酌》）

疏钟迎客到溪亭，碧瓦朱栏相照明。（宋·陆游《右题育王山明月堂》）

卧载篮舆黄叶村，疏钟杳杳隔溪闻。（宋·陆游《夜行宿湖头寺》）

昏昏横霭凭轩见，沓沓疏钟隔岸闻。（宋·陆游《雨中至西林寺》）

坐来闻好鸟，归去度疏钟。（唐·李商隐《裴明府居止》）

芳树翠烟重，残角疏钟，落花飞絮一帘风。（元·元好问《浪淘沙》）

半夜佩环朝上阙，插天楼阁度疏钟。（宋·黄庭坚《大秀宫》）

疏钟细响乱鸣泉，客省高临似水天。（唐·温庭筠《和赵嘏题岳寺》）

晓披烟雾入青峦，山寺疏钟万木寒。（明·王守仁《登大伾山诗》）

（14）鸣钟意象。此意象和钟鸣意象其实大同小异，唯一的区别在于"鸣"字也有动词之意。

山寺鸣钟昼已昏，渔梁渡头争渡喧。（唐·孟浩然《夜归鹿门歌》）

黄河北岸海西军，椎鼓鸣钟天下闻。（唐·杜甫《黄河二首》）

南望鸣钟处，楼台深翠微。（唐·于良史《春山夜月》）

平台戚里带崇墉，炊金馔玉待鸣钟。（唐·骆宾王《帝京篇》）

丘嫂羹存先戛釜，山僧斋竟始鸣钟。（宋·陆游《病中卧闻春声》）

梦入少年丛，歌舞匆匆。老僧夜半误鸣钟。（宋·辛弃疾《浪淘沙》）

中禁鸣钟日欲高，北窗欹枕望频搔。（唐·杨凌《即事寄人》）

书云今日事，梦破晓鸣钟。（宋·文天祥《冬至》）

次舍山郭近，解鞍鸣钟时。（唐·岑参《宿华阴东郭客舍忆阎防》）

明年东府，金钗珠履，列鼎鸣钟。（宋·周必大《朝中措》）

谩夸列鼎鸣钟贵，宁免朝乌夜兔催。（唐·王仁裕《与诸门生春日会饮繁台赋》）

鸣钟惊岩壑，焚香满空虚。（唐·韦应物《寄皎然上人》）

暮倚高楼对雪峰，僧来不语自鸣钟。（唐·杜甫《暮登四安寺钟楼寄裴士迪》）

鸣钟竹阴晚，汲水桐花初。（唐·岑参《观楚国寺璋上人写一切经院，南有曲池深竹》）

鸣钟生道心，暮磬空云烟。（唐·韦应物《经少林精舍，寄都邑亲友》）

鸡鸣钟动百鸟散，船头击鼓还相呼。（宋·苏轼《舟中夜起》）

（15）钟漏意象。钟漏，指的是钟和刻漏，借指时辰、时间。也会比喻残年或者暮年，经常会和"深""稀""迟"这些字眼搭配使用。

渚宫东面烟波冷，浴殿西头钟漏深。（唐·白居易《八月十五日夜禁中独直，对月忆元九》）

宵宵钟漏尽，瞳瞳霞景初。（唐·白居易《和钱员外禁中夙兴见示》）

偷生迫钟漏，战死愧兜鍪。（宋·陆游《考古》）

半醉徐击珊瑚树，已闻钟漏晓声传。（唐·阎朝隐《夜宴安乐公主新宅》）

未央钟漏晚，仙宇蔼沉沉。（唐·张九龄《和许给事中直夜简诸公》）

风从城阙来，如闻钟漏音。（宋·贺铸《东皋舟居阻雪怀寄二三知旧三首之一》）

欣闻钟漏旦，怀彼南城客。（宋·贺铸《橇舟秦淮雨中寄侍其服之》）

钟漏初传晓，满窗风雨寒。（宋·司马光《春晓》）

秋馆烟雨合，重城钟漏深。（唐·钱起《夜雨寄抠校书》）

忆在南宫直，夜长钟漏稀。（唐·韦应物《秋夜一绝》）

捲幔星河近，严城钟漏迟。（宋·宋祁《春夕》）

清夜笙歌喧四郭，黄昏钟漏下重关。（唐·元稹《余杭周从事以十章见寄，词调清婉，难于遍酬》）

已侵钟漏行安往？略有园庐退可凭。（宋·陆游《故里》）

更散披垣静，风来钟漏清。（宋·寇准《西垣致斋日因成一章呈二相公》）

夜行钟漏迫，但取贤达笑。（宋·陆游《老叹》）

（16）钟鼓意象。钟和鼓的组合自古就有，也是时间的使者。

谷声应钟鼓，波影倒松楠。（宋·陆游《假山拟宛陵先生体》）

丝纶阁下文章静，钟鼓楼中刻漏长。（唐·白居易《直中书省》）

两座楼头钟鼓响，一轮明月满乾坤。（明·吴承恩《一轮明月满乾坤》）

寺楼钟鼓催昏晓，墟落云烟自古今。（宋·陆游《度浮桥至南台》）

钟鼓不为乐，烟霜谁与同。（唐·李白《赠任城卢主簿》）

归时烟里，钟鼓正是黄昏，暗销魂。（唐·韦庄《河传》）

星斗稀，钟鼓歇，帘外晓莺残月。（唐·温庭筠《更漏子》）

栗里田园供雅兴，午桥钟鼓赏清时。（宋·文天祥《借朱约山韵就贺挂冠》）

钟鼓寒，楼阁暝，月照古桐金井。（唐·韦庄《更漏子》）

归来翠被和衣拥。醉解寒生钟鼓动。（宋·贺铸《梦相亲／玉楼春》）

长嫌钟鼓聒湖山，此境萧条却自然。（宋·苏轼《是日宿水陆寺，寄北山清顺僧二首》）

带酒冲山雨，和衣睡晚晴。不知钟鼓报天明。（宋·苏轼《南歌子》）

寒夜纵长，孤衾易暖，钟鼓渐清圆。（宋·苏轼《一丛花·初春病起》）

凉叶辞风，流云卷雨。寥寥夜色沈钟鼓。（宋·贺铸《平阳兴／踏莎行》）

空山钟鼓梵王家，小立西风数过鸦。（宋·辛弃疾《郡斋怀隐庵》）

钟鼓江南岸，归来梦自惊。（宋·苏轼《次韵江晦叔二首》）

新晴不用占钟鼓，卧听林梢渐渐风。（宋·陆游《雨中作》）

复有楼台衔暮景，不劳钟鼓报新晴。（唐·杜甫《院中晚晴怀西郭茅舍》）

令严钟鼓三更月，野宿貔貅万灶烟。（宋·苏轼《次韵穆父尚书侍祠郊丘，瞻望天光，退而相庆》）

寂寂无钟鼓，槐行接紫宸。（唐·韦庄《嘉会里闲居》）

城远不闻长短更，上方钟鼓自分明。（宋·陆游《晨起偶题》）

野寺僧残尚钟鼓，官堤舟过见帆樯。（宋·陆游《舍北行饭》）

城南钟鼓斗清新，端为投荒洗瘴尘。（宋·苏轼《寒食与器之游南塔寺寂照堂》）

山绕楼台钟鼓晚，江触石矶蹲杵鸣。（宋·黄庭坚《再次韵兼简履中南玉三首》）

黄省文书分道山，静传钟鼓建章闲。（宋·苏轼《入馆》）

江上秋风晚来急，为传钟鼓到西兴。（宋·苏轼《望海楼晚景五绝》）

　　林园穷胜事，钟鼓乐清时。（唐·韩愈《奉和仆射裴相公感恩言志》）

　　以上列举了诸多和钟相关的诗歌意象以及出现这些意象的诗歌。在传统文化中，钟这一意象常常成了人类思想情感的载体，其深厚意蕴十分丰富。很多关于古钟的诗歌中，诗人将钟声融于自己的内心思想情感之中，并使之与内心情感相互辉映，创造了许多优美的审美意境，并将诗的文学品位、思想内涵与造诣提升到一个极高的水平。汉代传入的佛教，是中国山水文化形成与发展中不可忽视的因素，佛教传入中国，就和山水结下了不解之缘，俗语说："天下名山僧占多。"从东汉明帝永平年间起，五台山就开始兴建佛寺，此后，与峨眉山、九华山、普陀山寺庙群相继成为举世闻名的四大佛教名山。甚至本土的道教，也以崇尚自然、返璞归真为主旨，追求超凡脱俗的"仙境"，正与高山峻岭、洞天福地之灵气相合，这些山水胜迹正是人间向往的仙界天都。古代文人的心灵，存于幽谷、钟声之中，谷中有路，那是行走者留下的印迹，行走者是钟声的倾听者。古人的时空意识靠钟声来完成。每个人听到的钟声都不相同，这和钟无关，多数时间只是一个沉默的思考者，钟声关联着敲钟人的心境、修养、体力和情感，这真是一个有意味的话题。中国古钟都是时空的积淀，它们含蓄、内敛、隐秘，而诗人笔下的古钟多给人以失落凄凉，漂泊沧桑之感。

2. 儒—礼乐—乐钟—钟鼓道志

　　中国诗歌，在古代诗人的心中，主要是用来抒情言志和赋物造形的。作为中国诗歌渊薮的《诗经》和《楚辞》，其内容也无外乎这样两个方面。这种文学传统从先秦以来一直继承延续着，也契合了儒家对士大夫的理想要求，"随着儒家学说在中国大地上节节胜利，这种趋向封闭、内向的心理以及这种心理所引起的克制、稳定的性格，便逐渐在中国士大夫——深深地浸染于传统文化中的'文化人'心中积淀、定型了。"[①]"达则兼济天下，穷则独善其身"的儒家思想在士大夫心中根深蒂固，成为一种人生的追求和理想，而钟鼓之乐则可以帮助士大夫达到这种自我实现的境界。在《荀子·乐论》中提道：

---

① 葛兆光：《中国禅思想史》，北京大学出版社，1995，第40页。

　　君子以钟鼓道志，以琴瑟乐心，动以干戚，饰以羽旄，从以磬管。故其清明象天，其广大象地，其俯仰周旋有似于四时。故乐行而志清，礼修而行成，耳目聪明，血气和平，移风易俗，天下皆宁，美善相乐。故曰：乐者，乐也。君子乐得其道，小人乐得其欲。以道制欲，则乐而不乱；以欲忘道，则惑而不乐。故乐者，所以道乐也。金石丝竹，所以道德也。乐行而民乡方矣。①

荀子认为音乐来自人的内心情感表现，但也正是回归于天地的自然之情，借由音乐建构天人关系，由此得知，此处的钟鼓指向音乐。如果说，中国古代的琴瑟体现着以文人为主的古代知识分子群体的精神与追求的话，那么，中国古钟则更多地为以君王为主的统治阶级的精神与权力利益服务。钟鼓在文献中常被并列提出，以钟鼓之声象征优雅而美好的音乐。

钟鼓之声在震荡中显现宏大的气氛，在先秦时期的礼乐仪式中以钟鼓为主要乐器演奏雅乐，《荀子·乐论》云：

　　故听其雅、颂之声，而志意得广焉；执其干戚，习其俯仰屈伸，而容貌得庄焉；行其缀兆，要其节奏，而行列得正焉，进退得齐焉。②

听钟鼓之声而志意得广，就如同道德伦常对人的行为予以规范一般，强调教化的教育功能。而钟鼓象征的雅乐，又与政治关联紧密，因为统治者提倡以雅乐为正统，因而获得文化上优越及尊贵的地位。

此外《荀子·乐论》又提出声乐之象：

　　声乐之象：鼓大丽，钟统实，磬廉制，竽笙箫和，笳箫发猛，埙篪翁博，瑟易良，琴妇好，歌清尽，舞意天道兼。鼓其乐之君邪。故鼓似天，钟似地，磬似水，竽笙箫和笳箫，似星辰日月，鞉、柷、拊、鞷、椌、楬似万物。曷以知舞之意？曰：目不自见，耳不自闻也，然而治俯仰、诎信、进退、迟速，莫不廉制，尽筋骨之力，以要钟鼓俯会之节，而靡有悖逆者，众积意㵾㵾乎！③

---

　　① 清·王先谦：《荀子集解》，中华书局，1988，第381～382页。
　　② 清·王先谦：《荀子集解》，中华书局，1988，第380页。
　　③ 清·王先谦：《荀子集解》，中华书局，1988，第383～384页。

因此，音乐不但不会耽误人的作为，相反的能够促使人们发挥其所应发挥的作用，而鼓声特性宏大华丽，象征似天一般的辽阔，钟声则为厚实，象征地一般的广袤。所以，先秦乐钟的钟声不但具有与神灵沟通和驱魔逐妖神力的能力、物化为各种具有象征意义的音响，更因历史文化使然，能够直接服务于仪式活动。

《咸平集》中收录这样一篇文章，题为《钟铭》：

> 德修于内，声闻于外，行积于身，名彰于人，业茂于此，誉洽于彼，其器濩落，音则溥博，其气舂容，韵则穹隆，处厚持重，物莫倾动，询尔宏图，应以嘉谟，咨尔小道，随以忠告，恢廓尔量，俾人法像，无以铮铮，所不足尚。①

这段文字写钟，同时也示人，准确地道出先秦乐钟所蕴含的美好的道德理想，"德修于内，声闻于外"，这是儒家思想中所提倡的君子之道。唐代李程在《鼓钟于宫赋》中也作过详尽的阐述：

> 征鼓钟于前闻，诚修身之善喻；始自中出，终能外布。此夫旷理，必彰善恶之由，将以审音，不失洪纤之度，击之于宫，声无不通，乍超越以迥出，竟周流而四充。闻之者足可以自诚，听之者于焉而发聪。若然则处暗室者，可以慎独，在多言者曷若守中，岂徒夹两栾满九乳？运四气而应律，合五音而中矩，必将察理乱之变，明是非之主，播洪音于万钧，在敏乎而一鼓。由审音以听焉，钟之为喻，警夫行道之人，声也何从，出乎有过之地，苟由中而既发，谅闻外之难秘。夫钟之所响，响而见听，人之所慎，慎于未形，虽扣之而在寝，必闻之而盈庭。礼失所讥，想杜蒉之扬觯，教之以义，嘉大禹之勒铭。和顺积中，铿訇发外。可以掩笙镛之逸响，节干羽之繁会。究彼所从，爰自九重，铿然有声，初疑乎叔之离磬，铿以立号，如辩乎倕之和钟。其小也，究而无灭，其大也，瓡而不容。原乎其异，察乎所

---

① 宋·田锡：《咸平集》，《景印文渊阁四库全书》第1085册，台湾商务印书馆，1986，第445页。

以。若礼之失，惟钟是比。苟因声而必闻，信无良而可耻。故能分清浊，韵宫徵。将有感于动心，宁取乐于盈耳。故君子之听钟，非其铿锵而已。①

这篇骈赋对儒家有关钟声的理解，进行了比较全面的理论总括。对钟声的谛听，如赋中所云"君子之听钟，非其铿锵而已"，要领会伦理的变化、道德的善恶，即"征鼓钟于前闻，诚修身之善喻"，音乐的钟声被理念化、道德化、伦理化甚至神圣化。而当士大夫碰到挫折和困苦而郁郁不得志时，也会发出"少年早欲五湖去，见此弥将钟鼎疏"②的感慨之诗句。在儒家坚持着其对钟声的道德伦理文化阐释的同时，另一种对钟声的解读却已经给中国文人的诗歌创作带来新的理念和意象，使其笼罩着浓重的佛理禅思。

3. 释—宗教—梵钟—钟磬清心

前面叙述过梵钟是佛教在中国传播中的本土化象征，钟声与梵意的融合是伴随着佛学东渐而完成的。乐钟在中国古代承担着政治的"道志"艺术的"乐心"两种功能，与此同时，佛教寺院也响起了梵钟的钟声，成为宣扬佛理的法器。

佛教在中国本土的传播中，逐渐从诵经苦修中走出来，提出"明心见性""顿悟成佛"的思想。钟声的特质与佛教的精神非常吻合，如元代《蒲室集》中所说：

上古之世，有化而无教，化不足而礼乐作焉。击壤之歌，不如九成之奏，洼尊之饮，不若五齐之醇。然文生于质，贵乎本也，吾天竺圣人，最初示化谓，人人妙觉本无圣凡。物物全真，宁有净秽，无假修证，不涉功用，而昧者茫然，自失若聋瞽焉。于是随机设教击犍稚，以集众演之，为三藏修之，为禅定迄于四十九年，而化仪终矣。梵语犍稚，凡瓦木铜铁之有声者，若钟磬铙鼓椎板螺呗，丛林至今效

---

① 唐·李程：《鼓钟于宫赋》，《景印文渊阁四库全书》第1421册，台湾商务印书馆，1986，第74页。
② 唐·李白：《李太白文集》，中华书局，1977，第769页。

其制，而用之于以儆昏怠，肃教令，导幽滞，而和神人也。若夫大定常应，大用常寂，闻非有闻，觉亦非觉，以考以击，玄风载扬，无思无为，化日自永，雍雍乎仁寿之域，清泰之都矣。①

这段话对钟声的禅意形容得非常贴切，钟声不仅能"以儆昏怠，肃教令，导幽滞，而和神人"，而且能让人进入"玄风载扬，无思无为，化日自永"的精神境界，这正是文人士大夫们在"入世"而不得，转而寻求"出世"超脱时向往的境界。所以，文人们经常把钟声纳入诗歌意象。如唐朝诗人张说《山夜闻钟》：

夜卧闻夜钟，夜静山更响。霜风吹寒月，窈窕虚中上。前声既春容，后声复晃荡。听之如可见，寻之定无像，信知本际空，徒挂生灭想。②

大声已去，余音复来，钟声悠长的余音在空中摆荡，悠扬婉转，然后渐渐变弱。诗中的"春容"意指钟声之间从容不迫，典出于《礼记·学记》："善待问者如撞钟，……待其从容，然后尽其声。"③ 诗中的"晃荡"则是钟声的余韵，在静夜之中，钟声回荡，在普通意象中，象征着禅机。这是一首典型的儒家文人的佛禅之悟，从中可以看出儒、释思想之间的交流和碰撞。诗人被世俗所牵绊，钟磬的声响使其领悟人生的哲理，而钟的音响具有幽远空灵的特质，经由乐器音响的聆听，从中领悟到佛教内涵的各种思想。另外根据傅道彬《晚唐钟声》中的研究，"《全唐诗》中具有钟声象征意义词汇的出现，共有1206次，这些钟声大多来自深山古刹，清幽淡远，飘逸出尘，流露出释家精神中泯灭机心、看破红尘的佛骨禅香。"④ 而钟声的宗教象征明确如唐代诗人张继的《枫桥夜泊》诗中"姑苏城外寒山寺，夜半钟声到客船"⑤，钟声是不可忽略的文化现象，不仅营

---

① 元·释大䜣：《蒲室集》，《景印文渊阁四库全书》第 1204 册，台湾商务印书馆，1986，第 576 页。
② 唐·张说：《山夜闻钟》，《全唐诗》，中华书局，1960，第 936 页。
③ 汉·郑玄注《礼记》，中华书局，1936，第 131 页。
④ 傅道彬：《晚唐钟声——中国文学的原型批评》（修订本），北京大学出版社，2007，第 192 页。
⑤ 唐·张继：《枫桥夜泊》，《全唐诗》，中华书局，1960，第 2764 页。

造澄明悠远的氛围，而且伴随着警世醒人，祛除烦恼具有深沉的意蕴。又如常建的《题破山寺后禅院》：

> 清晨入古寺，初日照高林，行径通幽处，禅房花木深。山光悦鸟性，潭影空人心。万籁此多寂，但余钟磬音。[①]

诗人借咏禅寺幽静景象抒发隐逸闲适的情怀，以动衬静，兴象深刻，意在言外，意境恬淡清远，质朴清新。

另外，钟声的文化意象之所以深入人心，还有一个重要的客观原因。由于汉化佛教越来越得到统治者的重视和支持，各地寺院的数量越来越多，而且寺院地址选择在山水形胜的地方，所谓"天下名山僧占多"，宗教环境与自然环境的结合，使这些寺院自然是"桃李不言，下自成蹊"。秀丽景色与佛教氤氲相得益彰，寺院也就成为具有人文内涵与自然情趣的胜地。寺院不单纯是僧人修习或宣扬佛教的场所，它们还经常是文人士大夫们习业和寄居的地方。许多士大夫与寺院有着密切的联系，他们把寺院作为精神的归宿，韩愈《后二十九日复上书》：

> 士之行道者，不得于朝，则出山林而已矣。山林者，士之所独善，自养而不忧天下者之所能安也。[②]

游览寺院或结交僧人便成为诗人生活中重要的组成部分，由此写下了许多以寺院为题材的佳作。寺院的自然景物对诗人创作的意义，当诗人游览这些寺院时，他们关注的也常是寺院周围的景物，并由此引发他们登临观赏的感受。比如王维的《过香积寺》就是这样的诗作。这首诗开头写道：

> 不知香积寺，数里入云峰。古木无人径，深山何处钟。[③]

诗人写其因听到钟声而知寺院所在，并抒写所见寺院周围的清幽之景。闻钟而知寺，这样的诗歌也不在少数。如：

---

① 唐·常建：《题破山寺后禅院》，《全唐诗》，中华书局，1960，第 1461 页。
② 唐·韩愈：《韩昌黎文集校注》，马其昶校注，上海古籍出版社，1987，第 163 页。
③ 唐·王维：《过香积寺》，《全唐诗》，中华书局，1960，第 1274 页。

千船火绝寒宵半，独听钟声觉寺多。[1]（唐·刘言史《夜泊润州江口》）

汲井尝泉味，听钟问寺名。[2]（唐·贾岛《原东居喜唐温琪频至》）

梵钟与佛联系紧密，以至听到钟声就会去探问寺院的名称。在唐诗里，写僧寺很少不写钟声，那久久回荡在一代人心中的佛家钟声强烈地影响着人们的精神世界。在佛学的浸染中，儒家入世的钟声为佛家避世的意趣替代，代表人间享乐的歌钟也为禅家超凡脱俗的钟声替代。在诗界钟声里，诗人泯灭机心，否定现实世界的种种幻想，而沉浸于对人生宇宙永恒的体验领悟。张表臣说："钟磬清心，欲生缘觉。"[3]诗歌中的钟声，是耐人寻味的典型艺术意象，钟声悠悠，晨叩暮响，展示着历代文人颇为丰富的心灵世界，表现他们独特的审美趣味。唐代诗人王勃认为寺院钟声能让人"澡雪精神，清疏视听。而息机心于纷扰，置怀抱于真寂者矣"[4]。确实如此，这类诗歌总是贯穿着不慕荣利、清心寡欲、返璞归真、寄情自然、追求自由的内容，尤其是那种超然物外的精神境界中潜藏着佛教禅宗的因素。

小　结

2012 年 6 月 9 日是我国第七个文化遗产日，由大钟寺古钟博物馆主办的《古钟见证的文化遗产》在大钟寺古钟博物馆藏经楼展厅开幕了。大钟寺古钟博物馆是以钟铃文化遗物为主的专题性博物馆，致力于中国古代钟铃文化遗物的收藏、研究、展示和保护工作。此次展览展出大钟寺古钟博物馆馆藏明清时期古钟 12 口，以 12 件精品寺观钟为载体，讲述古钟原属寺观的创建、演变的历史，介绍捐资铸钟人的生平事迹，展示寺观建筑及其遗物的保存现状。该次展出通过古钟介绍了北京的十余座古刹，包括潭

---

[1]　唐·刘言史：《夜泊润州江口》，《全唐诗》，中华书局，1960，第 5325 页。

[2]　唐·贾岛：《原东居喜唐温琪频至》，《全唐诗》，中华书局，1960，第 6641 页。

[3]　唐·张表臣：《珊瑚钩诗话》，中华书局，1985，第 19 页。

[4]　唐·王勃：《王子安集》，上海古籍出版社，1992，第 113 页。

柘寺、摩诃庵、栢林寺、法华寺、天宁寺、显应寺等。展出的 12 口古钟中最大的是柏林寺钟，柏林寺钟通高 236 厘米，口径 168 厘米，重约 2268 公斤，铸于清康熙四十六年（1707）。钟纽为蒲牢造型，钟肩饰莲花瓣 24 片。钟体表面满铸铭文，内容十分丰富，主要包括佛经、咒语、铸造年月、寺院僧众、助缘信众、铸钟人、镌字人等内容，其中佛经、咒语有《大方广佛华严经八不可思议解脱境界普贤行愿品》《大悲无碍大陀罗尼神咒》《往生净土神咒》《报父母恩咒》。展出的最小的钟是汇通祠钟，通高 68 厘米，口径 56.2 厘米，铸于民国二十九年（1940）。铭文内容为："汇通祠。积水潭住持本容叩化，愿此钟声超法界，铁围幽暗悉皆闻，闻尘清净圆通，一切众生成正觉。中华民国二十九年三月吉立。德胜门内大街路西永兴铁厂孙玉发敬献。"新中国成立后，汇通祠被拆，铁钟被移至附近的西直门消防队，钟身涂刷成红色，改作了消防的警钟。来自城市记忆深处的古钟，不仅是博物馆里珍藏的文物，而且是历史文化遗产的历史见证。在展出的 12 口古钟中，其中一些钟所在的原址或已经破落不堪，或已消失不见。

佛教文化的传播，不仅是佛教的中国化、本土化，同时也是中国部分文化的佛教化，这是一个双向互动的过程，并且在这个过程中推动了彼此文化的共同发展。众所周知，佛教是舶来品，而梵钟不是。梵钟是佛教汉化的象征，是佛教传入中国后发生的特殊现象。在梵钟出现之前，中国的钟文化自成体系；梵钟出现之后，这一体系中自然出现了新的领域——即梵钟文化，它既作为佛教文化传播的一种典型现象而存在，同时也是中国文化的一部分。佛教在仪式场合是把钟类法器当作能够体现节奏感和音乐性的乐器（而不是单纯的发声器物）来使用的。他们借助这类乐器的恢宏音量、强烈节奏和配合有致的音乐律动来体现佛教的内在精神和无边法力。梵钟的晨鸣暮响，成为汉化佛教固定下来的传统仪式，而钟声也因此具有极强的宗教象征意味。梵钟文化同时也是世界各地不同国家和地区共同存在的文化现象，在文化的传播和交流中，不同地域的古钟文化相互影响、相互促进，共同形成了多元的世界古钟文化，特别是涉及日本、韩国的梵钟以及东南亚一些国家的梵钟。

佛教文化的传播，体现在许多方面，尤其是对中国古代士大夫的精神世界的影响，使他们的传统心理结构受到剧烈冲击。儒家思想与佛家思想，两者既矛盾又统一地存在于士大夫的心中。士大夫将佛禅之理转化为现实生活中的人生智慧、学术兴趣和文学创作中的文化底蕴。这一种文化影响在文学范畴内具体体现在文人诗歌中，而钟声这一诗歌意象正是典型例证。与传统儒家的"钟鼓道志"思想不同的是，佛教钟声少了尘世之气，多了宗教的超脱意识。所以，钟声在文人的诗歌创作中逐渐被意象化，成为耐人寻味的典型艺术意象，表现了士大夫们更为丰富的心灵世界和精神生活。

第四章

钟与铭

在本章中，钟已不再是作为一个传播符号来解读，而是作为一种传播媒介来进行分析。离开具体的传播语境，从钟所承载的文字符号为切入点，我们不难发现，与西方的钟相比，中国的古钟在文化传播中承载着太多的内涵，其中不仅包含其自身的发展历史，其所代表的文化底蕴以及钟声传播的信息，而且显而易见的是钟体上所铸刻的那些图案、符号和文字，即本章中要讨论的"钟铭"。古代铸钟，除了雕铸一些图案，还有文字，或吉祥用语，或记时记事。因此，古钟不仅为研究文字发展史提供了宝贵而丰富的史料，而且对古代社会、政治、思想、文学、经济等各方面的研究弥足珍贵。铭文记事也是中国古钟另一个十分重要的功能。钟铭不仅构成了古钟文化的一部分，而且是相当特殊的部分。

第一节　何谓"铭"

一　"铭"的由来

铭是文化传播发展的必然产物。在原始社会就已经有原始信息的储存手段，人类意识到只靠记忆和口头转述远远无法达到传播的效果。于是，开始有结绳记事，即以绳子打结的方式记录某种事物。古书上就有关于结绳记事的记载，《易传·系辞下》就说：

上古结绳而治，后世圣人易之以书契，百官以治，万民以察。①

注曰：

结绳为约：事大，大结其绳；事小，小结其绳。②

作为一种记事符号，绳结比后来的记事法更抽象，同具体事物之间没有必然联系。但是，它毕竟是原始信息传播的初级形态，说明符号传播已经初具雏形。

随着文明的发展，人类也不断提高传播的技巧，传播手段也随之更加丰富。于是，人们开始在日常生活中寻找可以记录事件、信息的载体，也就是传播媒介。木块、石头、甲骨、兽骨等物品都曾经作为人类信号传播的媒介。由于古代的传播工具比较落后，人们极力寻求具有稳固持久性能的传播媒介。在漫长的摸索中，人们渐渐发现"唯有金石可以垂不朽"，而铭的出现和最终形成是与青铜器这一介质的产生密切相关。

古之明君，必有辅德之臣，规谏之官；下至器物，铭书成败，以防遗失。③

人类在漫长的生产劳动和物质文明的创造过程中，很早就学会了铸造青铜器。在我国，铜器制造始于新石器时代后期的铜石并用时代，距今六千年前就已经有红铜器出现。但由于红铜硬度较差，后来人们学会了将红铜与锡或铅按适当比例熔铸在一起，这样既提高了硬度，又加强了其韧性，铸造出来的工具非常耐用。这种铜合金的使用，宣告我国青铜器时代的到来。商周时代，青铜器在各类手工业制品中居于首位，为王室和贵族所垄断，并专设工官以监督青铜器的生产。

随着青铜铸造技术的不断提高，铭文自然而然产生。因为对钟这样具有相当重要价值的传播媒介，人们是不会忽略和浪费它所具有的使用价值。所以，许多青铜器身上都有铭，如鼎，虽是食器，但也会铸刻一些记

---

① 魏·王弼、晋·韩康伯注《周易》，中华书局，1936，第56页。
② 唐·孔颖达：《周易正义》，中华书局，1962，第235页。
③ 南朝宋·范晔：《后汉书》，中华书局，1965，第3311页。

事的文字；而本书的研究对象——钟，在当时不仅是乐器，同时也承载着传播文字信息的功能。而这些文字信息被称为"铭"，亦称"金文"或"钟鼎文"，即铸或刻于青铜器上的文字符号，承接甲骨文而产生的传播形式。"帝尧作龟书，灵后氏象形篆以铭钟鼎"。① 由于商周盛行青铜器，而青铜礼器以"鼎"为代表，乐器以"钟"为代表，故刻于其上之金文，亦因此而得"钟鼎文"之名。

> 铭之所始，盖始于论撰祖考，称述器用，因其镌刻，而垂乎鉴诚也。铭之于嘉量者曰"量铭"，斯可也；谓其文为"量"，不可也。铭之于景钟曰"钟铭"，斯可矣；谓其文为"钟"，不可也。铭之于庙鼎者曰"鼎铭"，斯可矣；谓其文为"鼎"，不可也。古者盘盂几杖皆有铭，就而称之曰"盘铭""盂铭""几铭""杖铭"，则庶几乎正。②

"铭"始于商末，盛行于西周，记录的内容与当时社会，尤其是王公贵族的活动联系紧密，多为祭祀典礼、锡命仪式、征伐战事、围猎或契约之类的内容。后来金文研究者以周宣王在位时期铸造的毛公鼎金文为代表，毛公鼎铭文共 32 行，497 字。西周以后，金文仍被普遍地使用，而用途也随着时代的变化而发生着变化。

二　为何而铭

"铭"作为名词，是一种文字符号的表达形式；而作为动词，则是一种传播的表达方式。看着那些静静地躺在冰冷的金属器物上的文字，我们不禁要问：为何而铭？

前文中提到，中国古代社会非常重视家庭伦理道德的建设。我们的祖先对此有着强烈的流传后世的愿望，所以，各种经时历久的传播媒介是古人经常使用的，比如金文、石刻。《墨子·明鬼下》：

> 恐后世子孙不能知也，故书之竹帛，传遗后世子孙；咸恐其腐蠹

---

① 宋·王应麟：《玉海》，台北大化书局，1978，第 883 页。
② 清·徐乾学：《读礼通考》，《景印文渊阁四库全书》第 114 册，台湾商务印书馆，1986，第 358～359 页。

绝灭，后世子孙不得而记，故琢之盘盂，镂之金石以重之。①

而从媒介的角度言，相较于石刻低廉的造价和易得的材料，金文的介质更为难得，因而"铭之"更是非常重要而慎重的事。《礼记·祭统》：

> 夫鼎有铭，铭者自名也，自名以称扬其先祖之美而明著之后世者也。②

> 铭者，论撰其先祖之有德善、功烈、勋劳、庆赏、声名，列于天下，而酌之祭器，自成其名焉，以祀其先祖者也。显扬先祖，所以崇孝也。③

可见，在古代社会里，人们已经具有了相当朴素的文化传播意识。尤其是受传统的"三不朽"观念的影响至深。"三不朽"出自《左传》：

> 太上有立德，其次有立功，其次有立言，虽久不废，此之谓不朽。④

立德指树立道德，即提高道德修养；立功，是指为国家立大功。立言，就是著书立说。

在传播手段相对简单的古代社会，舆论意识虽然比较原始，但也是相当强烈的。"舆论"是指公众的意见或群众的言论。在没有现代技术的人类早期社会，同样需要对群体的行为进行规范，以形成一定社会行为的模式，并型塑出共同的社会意识。而这一切正是在一定的舆论背景中形成的。《国语》中的《邵公谏厉王弭谤》一篇中就有这样的记载：

> 邵公曰："是障之也。防民之口，甚于防川。川壅而溃，伤人必多，民亦如之。是故为川者决之使导，为民者宣之使言。故天子听政，使公卿至于列士献诗，瞽献曲，史献书，师箴，瞍赋，矇诵，百工谏，庶人传语，近臣尽规，亲戚补察，瞽、史教诲，耆、艾修之，

---

① 张纯一注《墨子集解》，上海书店，1996，第208页。
② 汉·郑玄注《礼记》，中华书局，1936，第179页。
③ 汉·郑玄注《礼记》，中华书局，1936，第179页。
④ 晋·杜预：《春秋经传集解》，上海古籍出版社，1997，第1011页。

而后王斟酌焉，是以事行而不悖。"①

随着铭文的不断丰富和发展，"铭"更成为古代文体的一种体裁。刘勰《文心雕龙·铭箴》对铭文有这样的论述：

> 昔帝轩刻舆几以弼违，大禹勒筍簴而招谏，成汤盘盂，著日新之规，武王户席，题必戒之训，周公慎言于金人，仲尼革容于欹器，则先圣鉴戒，其来久矣。故铭者，名也，观器必也正名，审用贵乎盛德。盖臧武仲之论铭也，曰：天子令德，诸侯计功，大夫称伐。夏铸九牧之金鼎，周勒肃慎之楛矢，令德之事也，吕望铭功于昆吾，仲山镂绩于庸器，计功之义也；魏颗纪勋于景钟，孔悝表勤于卫鼎，称伐之类也。若乃飞廉有石槨之锡，灵公有蒿里之谥，铭发幽石，吁可怪矣！赵灵勒迹于番吾，秦昭刻博于华山，夸诞示后，吁可笑也！详观众例，铭义见矣。②

最初主要以"天子令德，诸侯计功，大夫称伐"为主要内容的钟铭渐渐发展成为一种文化形式。铭文成为文体之后，文化价值倍增，传播意义也越发重要。

第二节　作为传播媒介的钟与传播内容的铭

一　钟的传播特质——时间型媒介——"唯有金石所以垂不朽"

前面解释何为"铭"以及为何而"铭"，而铭文的一个重要的传播媒介就是钟。虽然"铭"并不一定是铸刻在钟体上的符号，有时也铸刻于其他金属器物上，但是钟却离不开"铭"。不论是久远的青铜乐钟，还是后来的佛教梵钟以及钟楼大钟，铭文一直如影随形，有钟即有铭，甚至是放置钟的架子上都有铭文的存在。师古曰：

> 簴，神兽名也，悬钟之木刻饰为之，因名曰簴也。③

---

① 《国语》，上海师范大学古籍整理组，上海古籍出版社，1978，第9～10页。
② 梁·刘勰：《文心雕龙注》，范文澜注，人民文学出版社，1961，第193～194页。
③ 汉·班固：《汉书》，中华书局，1962，第1252页。

禹之治天下也，以五声听，门悬钟鼓铎磬而置鼗，以待四海之士，为铭于簨虡曰："教寡人以道者击鼓，教寡人以义者击钟，教寡人以事者振铎，语寡人以忧者击磬，语寡人以狱讼者挥鼗。"此之谓五声。①

钟作为传播媒介的功能可见一斑。就乐钟而言，虽然它的主要功能是演奏音乐，但是礼器的功用也同样存在。在古代社会，礼器是用来体现"礼治"的。一些用于祭祀和宴饮等重要仪式场景中的青铜器物被赋予了特别的意义，即所谓的"藏礼于器"。这些青铜乐钟的器身除了纹饰外，许多都铸刻有铭文。商周时代的奴隶主王室贵族都非常重视祭祀祖先。他们通过乐钟上的铭文来记录、颂扬祖先的美德，这也是中国古代独有的传播方式。这样的传播方式，从某种角度来说，对于了解当时的社会文化也有着重大的意义。"别上下，明贵贱"，作为礼器重要组成部分的青铜乐器也反映了贵族的等级制度，贵族们的观念是"礼非乐不履"。由于乐钟作为礼器的使用范围非常广泛，不仅用于祭天祀祖、宴享宾朋、赏赐功臣、记功颂德，甚至还用来作为随葬品。第一章提及"事死者如事生"的传统使得古人往往将死者生前使用的物品葬入其坟墓，或者依照死者生前所好而专门制作一些物品随葬，而且这些物品上经常铭记有物主姓名或其功名事迹。奴隶主贵族对于礼器的独特态度，在一定程度上刺激了青铜乐钟制造工艺水平的提升。商周时代的青铜乐钟不论是造型设计、纹饰图案，或是铸造技艺都有独特之处。

秦汉以后，青铜乐钟失去了宗庙传世重器的地位，取而代之的是寺庙的梵钟和民间的报时钟。但是钟具有的传播媒介作用依旧没变，而且由于不再受到音乐声律的限制，钟从乐器功能中摆脱出来，同时材质也相对要求不高，钟身开始越铸越大，导致钟铭的发挥空间更大，因此，钟铭的内容也相应地发生了一些变化。这些大钟上的铭文，在宋朝之前是在已经铸好的钟身上进行镌刻，而从宋朝开始演变为直接在钟身上铸造出铭文，而且铭文的字数也更多一些。如北京觉生寺的"华严钟"，铸于明朝永乐年

---

① 清·马骕：《绎史》，中华书局，2002，第154页。

间，当时的铸钟工艺已经达到相当高的水平，至今仍是世界上第二大钟。钟高 694 厘米，钟口外径 330 厘米，钟重 46.5 吨。钟身铸有《金刚经》《华严经》《金光明经》等佛教经咒 17 种，铭文字体系明代著名书法家沈度撰写的楷书，具有重要的史学价值和艺术观赏价值。而且作为法器的钟，因为有了佛经铭文加身，更加具有宗教意蕴。

钟与铭之间并不仅是传播媒介和传播信息之间的关系，铭文更是钟不可或缺的身份证明，在漫漫岁月中，古钟虽然历经风霜雪雨，多年以后也许当年的辉煌和荣耀已经不再，但是钟铭却能让人们从中探寻到古钟昔日的风光。下一节我们就钟铭的内容进行具体分析，探索钟铭在文化传播过程中的流变。

二 钟铭的内容——静态的文字符号传播——钟铭内容的演变

谈及钟铭的内容，必须说明的是：在钟（尤其是早期青铜乐钟）身上，并非只有铭文，还有许多复杂的纹饰，这成为它的另一大亮点。商周时期是中国青铜乐钟发展的鼎盛时期，这一点在前文已经提到。商周青铜乐器纹饰是当时社会意识的重要载体。在大量考古资料的研究中，将商周时期乐钟的纹饰，尤其是动物纹饰划分为像生动物纹和幻想动物纹两类。商周时期的人们将这两种动物纹描绘在乐钟上，作为自然力或超自然力的象征，从而使器物具有巫性或神性。这些动物纹主要有饕餮纹、夔纹、虎纹、龙纹和凤鸟纹几种。同时，还有一些几何纹饰，如云雷纹、圆涡纹、乳丁纹。另外，有部分纹饰，如凤鸟纹和夔纹，也可能兼备音乐方面的特殊含义。商周乐钟通常集几种或多种动物纹样于一身，其中的隐喻也相当复杂：它或许表示人们将能够助人通天的多种动物融为一体，并可以使其成为沟通人神世界的媒介，发挥协和万民众生、帮助祭祀、达到通鬼神祇的效果和功能。关于古钟纹饰，将在下一章中详细论述。

显而易见，商周青铜乐钟是当时信仰观念的物化形态。青铜乐钟，同时也是青铜礼器，作为祭祀所用的仪式物件，其音乐功能担当了沟通天地和人神的"巫术"功能，青铜乐钟上的各种动物纹饰，便是这种信仰观念的外在表现，其与当时的信仰观念相适应和相一致。因为仪式上的乐器演奏通常会被认为具有特殊威力和神秘意义，有助于通达另一世界。《诗经·周颂·有瞽》："肃雍和鸣，先祖是听。"① 所以，在乐钟上面装饰的那些纹样，也是当时人们传播理念的表达。比如，乐钟上经常出现的凤鸟纹，它是周朝时期人们崇拜的神灵。西周早期和中期之交是幻想动物纹变化的重要分界线，应与周公的"制礼作乐"有关，反映了商周两朝社会信仰的差异：商朝时期，人们对神的信仰十分虔诚，纹饰的"巫教"成分相当高，它后来成为中国民间信仰的重要组成部分；而周朝时期，人们的信仰渐渐趋于理性，其信仰可称"礼教"，后来成为中国历朝历代的正统思想。这样的传播方式相当抽象而模糊，因为这种图像符号还停留在形象上，所以，还需要文字符号作为补充和说明。铭文的存在，正好满足了这一要求。

商周乐钟的铭文的内容大体上可以分为两个方面。

第一，是明功用。这一时期的钟铭的内容比较简单，主要是器物制造的纪年、重量、铸造者的名字、吉语，有些还包括工官的名称。例如：古代乐钟中有一件为楚惠王铸赠曾侯乙的铜镈，其铭文为墓葬的断代提供了可靠依据。铭文为："佳王五十又六祀，返自西阳，楚王口章乍曾侯乙宗彝，奠之于西阳，其永时用享。"而另一件举世闻名的曾侯乙编钟上共有2828 字的错金铭文（钟铭共 3755 字，包括见于钟体、钟架和挂钟构件），记载了当时楚、齐、晋、周、申等国与曾国的各种律名、阶名和变化音名。铭文中使用的乐律学术语，在科学概念上达到相当精密的程度。铭文不仅显示出其作为乐器的身份，而且也为后人探索这种古老乐器的奥秘提供了参考，具有重要的考古价值。如：著名的曾侯乙编钟上的铭文更是多达 3755 字，分别见于钟体、钟架和挂钟构件。字数最多的是钟体铭文。65件钟上均有铭文，共有 2828 字。铭文铸于钟体两面的钲间、正鼓或左右侧鼓上，内容主要为记事、标音和阐述乐律关系。这么多字的铭文，内容除少数为记事之外，绝大多数均与音乐有关，堪称一部刻在铜钟上的古代乐书，被誉为中外音乐史上的空前发现。

康熙五十二年（1713）永泰寺铜钟，钟上铸有敲钟偈："闻钟声，烦恼轻。智慧长，菩提生。离地狱，出火坑。愿成佛，度众生。"这段铭文不仅概括了佛钟的功用，也表达了佛教信徒的意愿。

---

① 汉·毛亨传、汉·郑玄注《毛诗》，中华书局，1936，第 154 页。

第二，是纪功德。西周编钟的铭文内容大多涉及祭祖，大量钟铭显示，周人制作编钟的首要目的，是称颂、追念和祭祀祖先，以护佑国家社稷，祈福子孙后代。如果说商代青铜器上的汉字书法是以标志器主的族氏和用途为主的话，那么，从西周早期开始铭文大发展，无疑是与其礼乐制度及其政治形势相关联。其用意之一便是用以形成贵族的权威。他们把自己的功劳或父辈对王室的贡献，以及周王的赐命铭铸于青铜礼器上，就等于自己获得了地位和职务的证件，具有护身符的作用，以作为他们的权威。其用意之二便是加强宗法制度。宗法制度是周礼的重要组成部分，是周人维护其内部，巩固和加强统治的一种手段，其核心就是严格的宗法承袭关系。西周时代，王臣都是世袭制，靠祖先的荫庇获得地位和特权。他们在青铜器铭文中追述祖先的功勋，告祭自己的荣誉，发布有关的约定，都是为了加强自己在其宗族体系中的地位。介于上述因素，西周青铜器物上的汉字书法装饰以块面状为主，其章法布局多对称工稳，有整齐划一的美感。虽然各阶段或各地域的书法面貌有质朴平实、瑰异凝重、雄奇恣放等的不同，但总体上是端严矜持、厚重圆浑的。

> 恐后世子孙不能知也，故书之竹帛，传遗后世子孙；咸恐其腐蠹绝灭，后世子孙不得而记，故琢之盘盂，镂之金石以重之。①

同时，协和的钟声可以用来取悦祖先神灵，并以此作为媒介，取得与祖先神的沟通。如《历代钟鼎彝器款识法帖》中谈及一商钟，铭文如下：

> 惟正月王，春吉日丁亥既望，分召纯，釐择乃吉金，自欣和其安以乐，喜而宾客，其怡鼓之，凤暮不忘焉，余子子孙孙，万叶无疆，用之协相。②

又有《绎史》关于周代钟铭的记载：

> 周迟父钟铭：迟父作姬齐姜和林夹钟，用昭乃穆穆，丕显龙光，

---

① 张纯一注《墨子集解》，上海书店，1996，第208页。
② 宋·薛尚功：《历代钟鼎彝器款识法帖》，中华书局，1986，第83页。

乃用蘄丐多福。侯父洎齐，万年眉寿，子子孙孙亡疆宝。①

周聘钟铭：宫今宰仆锡聘钟十有二，聘敢拜稽首。②

周宝和钟铭：走作朕皇祖文考宝和钟，走其万年，子子孙孙，永宝用享。③

楚邛仲钟铭：惟正月初吉丁亥，楚王賸邛仲妳南和钟，其眉寿无疆，子子孙孙永保用之。④

郘子钟铭：惟正月初吉丁亥，郘子将以择其吉金，自作铃钟，中县且扬，元鸣孔谨。穆和钟。用宴以喜，用乐嘉宾大夫及我朋友。□□镈镈，万年无期，眉寿无已，子子孙孙永保鼓之。⑤

商钟铭文比较简单，周钟铭文反映的内容相对丰富，多记奴隶主贵族祭典、训诂、分封诸侯、朝觐、赏赐策命、征伐功勋、盟誓契约、宴飨狩猎等。但总的来说，钟铭"显扬先祖，所以崇孝"，其纪功颂德的实质是一致的。因为这一时期文字已经比较繁荣，统治者也注意到文字在历时过程中的传播功能，他们绝不会放过乐钟这个相当有用的传播媒介，钟铭顺理成章地成为表达他们政治理念的重要途径和方式。《国语》中有这样的记载：

昔克潞之役，秦来图败晋功，魏颗以身却退秦师于辅氏，亲止杜回，其勋铭于景钟。⑥

虽然这里所提及的景钟已散佚，不过通过史书的记载也可以推测钟体上的铭文定为歌功颂勋之作。另外，还有关于齐侯镈钟的铭文记载，其铭曰：

惟王五月，辰在戊寅，师于淄陲。……谷择吉金铁镐镣铝，用作铸其宝镈，用享于其皇祖、皇妣、皇母、皇考，用祈眉寿，令命难

① 清·马骕：《绎史》，中华书局，2002，第3863页。
② 清·马骕：《绎史》，中华书局，2002，第3863页。
③ 清·马骕：《绎史》，中华书局，2002，第3863页。
④ 清·马骕：《绎史》，中华书局，2002，第3864页。
⑤ 清·马骕：《绎史》，中华书局，2002，第3864页。
⑥ 《国语》，上海师范大学古籍整理组校点，上海古籍出版社，1978，第432页。

老。不显皇祖，其作福元孙，其万福纯鲁，和协而有事，俾若钟鼓，外内开辟，都都俞俞，造而朋剚，毋或承类。汝考寿万年，永保其身，俾百斯男而埶斯字，肃义政，齐侯左右，毋央毋已，至于业日武灵成。子子孙孙永保用享。①

商周时期钟铭的"明功用、纪功德"的形式，被完整地保留下来，这和钟作为时间型的传播媒介的功能是有关系的。到秦朝，钟铭的这种纪德的传播功能仍然有迹可循。《玉海》中有这样的记载：

> 宋秘阁有秦昭和钟，形制瑰谲，其始得之豳雍间，其铭首曰：不显朕皇祖，受天命，奄有下国。十有二公，不墬在上，严恭寅天命，保业乃秦，虩事蛮夏，曰余虽小子，穆穆秉明德，叡夐明刑，虔敬朕祀，以受多福，协和万民，呼凤夕□起，万生是赖。咸畜百辟胤士，楚楚文武，镇静不庭，百邦，于秦执事，作昭和钟，乃名曰旹邦，其音铣铣，雍雍孔皇，以昭格孝享，以受纯鲁多釐，眉寿无疆，畯惠在位，高弦有庆，敷有四方，永宝宜。②

其后，乐钟开始走向衰落，取而代之的佛教梵钟和钟楼报时钟在形制、功能上与其大不同，而"有钟就有铭"这一点却保持一致。虽然这些钟都是承载铭文的传播媒介，然而由于钟所具有的功能已各不相同，这些钟铭在内容上的相异非常明显。就梵钟而言，由于其佛教法器的身份，所以，其钟铭也打上了佛教的烙印。如《随州法云禅院佛阁钟铭》曰：

> 众生法性无有边，是故钟声无有边，众生法性无有量，是故钟声无有量，非声非闻，离根境，具千二百，圆功德，以此闻根，妙法身，普施十方作佛事，第一速声四十九速，拔二十沉沦苦。初终后际一念空，罪性如风如电火。第二非速百四十显示诸佛不共门，非速非久破二边，语言不摄离名相，八万四十经久，声舒长为接未来际。众生不尽，声不尽，此声非断无最后，我今开此观音门，无凡圣情咸得入此声，无碍遍河沙，以河沙遍，此声故即声即法即众生，更无，众

---

① 清·马骕：《绎史》，中华书局，2002，第3864页。
② 宋·王应麟：《玉海》，台北大化书局，1978，第2061页。

生闻声者，了知声相常寂灭，惟一真心含法界。①

又如，前面提到的《广弘明集》中所录的《大兴善寺钟铭》："犍槌夕震，莫不倾耳以证，无生入神，而登正觉，圆海有竭，福祚无穷。"② 此时的钟铭已经完全没有早期乐钟铭文的内容特征，因为它要传播的是佛法精神，某种意义上讲也是"铭随其身"的流变。

更重要的一点是，铭文开始有署名的创作者。如唐睿宗的《景龙观钟铭》：

> 原夫一气凝真，含紫虚而构极；三清韫秘，控碧落而崇因。虽大道无为，济物归于善贷；而妙门有教，灭咎在于希声。景龙观者，中宗孝和皇帝之所造也。曾城写质，阆苑图形。但名在骞林，而韵停钟虡。朕翘情八素，缔想九元，命彼鼓延，铸斯无射。考虞倕之懿法，得晋旷之宏规。广召鲸工，远征兔匠，耶溪集宝，丽壑收珍。警风雨之辰，节昏明之候。飞廉扇炭，屏翳营炉，蓊鹤呈姿，蹲熊发状。角而不震，侈而克扬，庶其晓散灵音，镇入鹓鸾之殿；夕腾仙韵，恒流鸩鹊之闱。聋俗听而咸瘥，迷方闻而永悟。洪钧式启，宝字攸镌。其铭曰：紫宸御历，青元树因。倾岩集宝，竭府收珍。杜夔律应，张永规陈。形包九乳，仪超万钧。上资七庙，傍延兆人。风严韵急，霜重音新。自兹千岁，从今亿春。县玉京而荐福，侣铜史而司辰。景云二年，太岁辛亥，金九癸酉金朔，一十五日丁亥铸成。

由于铭文的广泛传播和不断发展，文制形成了一种固定的形式，渐渐成为一种文体。这个文体就是刘勰所指的：

> 蔡邕铭思，独冠古今。桥公之钺，吐纳典谟；朱穆之鼎，全成碑文，溺所长也。至如敬通杂器，准矱戒铭，而事非其物，繁略违中。

---

① 宋·沈括：《长兴集》，《景印文渊阁四库全书》第 1305 册，台湾商务印书馆，1986，第 207 页。

② 唐·释道宣：《广弘明集》，《景印文渊阁四库全书》第 1048 册，台湾商务印书馆，1986，第 738~739 页。

崔骃品物，赞多戒少；李尤积篇，义俭辞碎。蓍龟神物，而居博奕之中；衡斛嘉量，而在臼杵之末；曾名品之未暇，何事理之能闲哉！魏文九宝，器利辞钝。唯张载剑阁，其才清采。迅足骎骎，后发前至，勒铭岷汉，得其宜矣。①

可见，随着"铭"文体的产生和逐渐成熟，许多文人参与到铭文的创作中，使得这些钟铭更加具有艺术特点。这类文人创作的铭文，其中不乏名篇，唐代"诗仙"李白就曾有过钟铭之作，名为《化城寺大钟铭》：

> 噫！天以震雷鼓群动，佛以鸿钟惊大梦。而能发挥沉潜，开觉茫蠢，则钟之取象，其义博哉！夫扬音大千，所以清真心，警俗虑；协响广乐，所以达元气，彰天声；铭勋皇宫，所以旌丰功，昭茂德。莫不配美金鼎，增辉宝坊，仍事作制，岂徒然也。粤有唐宣城郡当涂县化城寺大钟者，量函千盈，盖邑宰李公之所创也。公名有则，系玄元之英蒤，茂列圣之天枝，生于公族，贵而秀出，少蕴才略，壮而有成。西逾流沙，立功绝域。帝畴乎厥庸，始学古从政。历宰洁白，声闻于天。天书褒荣，辉之简牍，稽首三复，子孙其传。天宝之初，鸣琴此邦，不言而治。日计之无近功，岁计之有大利。物不知化，潜臻小康；神明其道，越不可尚。方入于禅关，睹天宫峥嵘，闻钟声琐屑，乃谓诸龙象曰：……雄雄鸿钟砰隐天，雷鼓霆击警大千。含号烜爀声无边，摧慑魑魅招灵仙。傍极六道极九泉，剑轮辍苦期息肩，汤镬猛火停炽燃，恺悌贤宰人父母，兴功利物信可久，德方金钟永不朽。②

显然，这篇钟铭较其他钟铭而言，更具有文学气息，"雄雄鸿钟砰隐天，雷鼓霆击警大千"，诗人气质洋溢其中，绝对是铭文中的佳作。而诗人中还有一位钟铭专家，也是个中高手，即宋代文人苏轼，他不仅写过有关于钟的诗歌，由于他与寺庙高僧过往甚密，还经常为一些寺庙的梵钟撰铭，如他的《法云寺钟铭》：

---

① 梁·刘勰：《文心雕龙注》，范文澜注，人民文学出版社，1961，第194页。
② 唐·李白：《李太白文集》，中华书局，1977，第1339～1346页。

元祐元年四月，钟成，万斛。东坡居士苏轼为之铭。曰：有钟谁为撞？有撞谁撞之？三合则后鸣，闻所闻为五。阙一不可得，汝则安能闻？汝闻竟安在？耳视目可闻，当知所闻者，呜寂寂时鸣。大圜空中师，独处高广座。卧士无所著，人引非引人。二俱无所说，而说无说法。法法虽无尽，问则应曰三。汝应如是闻，不应如是听。①

从这些钟铭的内容，我们不难看出佛教的传播对中国文人的影响之深远。也正是由于文人的参与，使钟铭的传播行之更远，而佛教精神也因此得到了广泛的播散。

虽然，在流传的历代钟铭中，佛钟的铭文占了相当大的比重，但也有报时钟的钟铭遗留下来。如唐代名臣岑文本为唐朝太极殿前的朝钟作铭，云：

夫金之为德，冠五材以称宝；钟之为器，谐八音而表节。成物兼于军国，致用适于洪纤，故习戎者用之以警众；司历者俟之以考辰。②

由于朝钟具有报时的功能，这篇铭文简单直接地表述了它的功用，这与先秦时期乐钟铭文"明功用"的特点不谋而合。

大钟寺藏有十二口宦官铸的钟，都是明代宦官所铸，其中最有名的是天启丁卯年魏忠贤铸铜钟。由其单独捐资铸作，不屑邀集众太监共同捐铸，可见其人品之差。明代的政治使这些阉人能够有超越普通人的活动范围时，他们便也依照"德大者铸大钟"的原则，为自己找到了一条发泄的途径。于是，在明代，宦官铸钟成为一种时尚，钟体堂而皇之地铸上了宦官的名字。

第三节　钟铭的文化传播意义

詹姆斯·W. 凯瑞曾经说过："从文化角度来看，时间意味着神圣、道

---

① 宋·苏轼：《东坡全集》，上海古籍出版社，2000，第 1023 页。
② 明·冯复京：《六家诗名物疏》，《景印文渊阁四库全书》第 80 册，台湾商务印书馆，1986，第 47 页。

德和历史；空间意味着现在和将来、技术和世俗。"① 钟铭因为有钟这一时间性的传播媒介和载体，能够跨越时间甚至空间而得以传播。

一 历史文献的补充

在中国，普通百姓相信"纸笔千年会说话"。从传播角度来看，信息一旦通过文字书之于竹帛、铸之于钟鼎，便具有公开性和普遍性，使得信息传播获得更多人的参与，受到更大范围的关注和监督，经历更长时间的筛选和检验。瞬间和永恒，新闻与历史，在这里得到某种契合，这是口语传播无法企及的。因此，钟铭具有非常重要的史料价值；可以印证文献的可靠性，充实文献的可行性并纠正文献的不足和错误，具有非常重要的历史传播意义。据现有考古资料可知，古代器物上出现完整意义的汉字最早是在商周青铜器上，习惯上称之为青铜器铭文或"钟鼎文"。青铜器是一种用铜、锡、铅等元素合金材料铸造而成的器物，它产生于夏，流行于商周，当时奴隶制社会的发展，对青铜器的使用起到了决定性的影响。因此，青铜器并不像原始陶器只是一种生活实用器那么单纯，而是非常错综复杂，尤其是在奴隶制鼎盛时的商代晚期和西周早期，青铜器早已被神化和礼化，其造型强调体积感，重量和力度，注重雄厚、刚劲、凝重；其装饰也突出威严、狞厉。而西周中期至春秋早期的青铜器造型又体现一种秩序化、系列化、规范化的发展趋势，其纹饰的连续和反复构成，给人一种整齐的、条理的、统一的美感。郭沫若在其《两周金文辞大系图录考释序》里写道：

> 铭辞之长有几及五百字者，说者每谓足抵《尚书》一篇，然其史料价值殆有过之而无不及。《尚书》自当以今文为限，今文中亦有周、秦间人所伪托，其属于周初者，如《金縢》《洪范》诸篇皆不足信，周文而可信者仅十五六篇耳。而此十五六篇复已屡经传写，屡经厘定，简篇每有夺乱，文辞复多窜改，作为史料，不无疑难。而彝铭除少数伪器触目可辨者外，则虽一字一句均古人之真迹也。是其可贵，

---

① 〔美〕詹姆斯·W. 凯瑞：《作为文化的传播——"媒介与社会"论文集》，丁未译，华夏出版社，2005，第125页。

似未可同列而论。①

"彝铭"，特别是早期青铜乐钟的铭文简单短小，且字迹难以辨认，但由于其年代的久远，传播至今已属不易，因而更加具有历史价值。而早在古代，统治者也已经认识到钟铭以及钟的重要意义。《周官总义》中就记载当时设有典庸器这一官职，"掌藏乐器庸器及祭祀"，注曰：

> 庸，功也。庸器，即伐国所获之宝器，明堂位所言崇鼎贯鼎，及左氏传所谓作林钟而铭鲁功之类，是已。且周，自文王伐四国，武王克殷之后，所获玉镇大宝器，藏之天府，皆足以昭先王之功。然天府藏之，而典庸器复藏之者，藏其器物之可以备声乐之饰者也。……后世子孙德足以绍先，然后能传而守之，其所以贻谋于后者，远矣。②

可以看出，统治者已经有传播的意识，即文中提到的"传而守之"和"贻谋于后"。

论及钟铭与历史的关系，自然要提到古已有之的一门学科——金石学。早在宋代，就已经有了金石学这一专门研究金文石刻的学科，钟铭正是这个学科研究的主要对象。宋代创立金石学的先驱及主要论著有欧阳修及其《集古录》、赵明诚及其《金石录》。金石学的创立，开拓了人们对历史文献的认识、研究的视野，丰富了历史文献的内容，相当于接通了一条古已有之的信息通道，诚如宋代学者郑樵所说："唯有金石所以垂不朽。"③他在《通志》的《二十略》中专开《金石略》，并且强调：

> 三代而上，惟勒鼎彝，秦人始大其制而用石鼓，始皇欲详其文而用丰碑。自秦迄今，惟用石刻，散佚无纪，可为太息，故作《金石略》。④

而后来清代学人修订的《续通志》中《金石略》开头第一篇就指明金

---

① 郭沫若：《青铜时代》，中国人民大学出版社，2005，第 234 页。
② 宋·易袚：《周官总义》，《景印文渊阁四库全书》第 92 册，台湾商务印书馆，1986，第451 页。
③ 宋·郑樵：《通志》志八四一上，中华书局，1987。
④ 宋·郑樵：《通志》志八四一上，中华书局，1987。

石之文对历史的贡献不可小视：

> 金石之文，传小学之源流，资经史之考核，非徒嗜其奇古与，夫波磔之足供临摹也。自考工载嘉量之铭，礼记述孔悝之鼎，法训微言，阐昭后世。辨牺尊为象形，识舜珰之用玉。先王制器，尚象之精，赖三代彝器，犹有存者。①

正是因为金石有着如此重要的价值，一个以金石为媒介的文化传播史的研究专业逐渐发展成为史学专业的正式成员。

钟铭的历史文化传播价值，由于金石学的兴起而得到更广泛的关注和重视。刘勰曾经在《文心雕龙》中对铭箴文体的兴衰产生过担心：

> 夫箴诵于官，铭题于器，名目虽异，而警戒实同。箴全御过，故文资确切；铭兼褒赞，故体贵弘润；其取事也必核以辨，其摛文也必简而深，此其大要也。然矢言之道盖阙，庸器之制久沦，所以箴铭异用，罕施于代，惟秉文君子，宜酌其远大焉。②

现在看来是有些杞人忧天，至少钟铭因为钟这一媒介得到了有效的传播。钟铭所记载的内容涉及不同时代社会生活的各方面。这一特殊的媒介为保存和传播历史文化做出了巨大贡献。也正是由于其特殊的传播价值，金石学至今仍然吸引着国内外大批的学者投身其中。如：1976 年 2 月 6 日，一件钮上刻铭错金篆书铭文的"乐府"钟在临潼始皇陵出土，通高 13.3 厘米，铣间 7.2 厘米。这是一个对秦代音乐的认识有突破意义的重要发现。由此，可以肯定秦王才是设立"乐府"机构的始作俑者，也为"汉袭秦制"找到了最好的注解。这样的考古发现是对以往历史资料的有效补充。

二　文化传统的传播方式

对于时间型媒介的特点，哈罗德·伊尼斯在其著作《传播的偏向》中曾指出：在人类历史上印刷时代到来之前，诸如羊皮纸、陶土和石块

---

① 清·嵇璜、刘墉：《续通志》，浙江古籍出版社，2000，第 856 页。
② 梁·刘勰：《文心雕龙注》，范文澜注，人民文学出版社，1961，第 195 页。

等主导性媒介，是偏倚时间，而不是空间：它们很难借助空间来传递，但最后证明是一种能经得住时间销蚀的媒介。由于偏倚时间的媒介能与具体的地方物质非常紧密地联系在一起，它们相对来说是稳定的社会现象，能将过去、现在和将来联结在一起。这一观点与《考古图》中的观点非常契合：

> 观其器，诵其言，形容仿佛，以追三代之遗风，如见其人矣。①

钟是中国古代文化的物质成果，作为古老的器物，它在文字发明前是同有声语言同等重要的传播媒介。较之口语传播，物质载体不受时空限制，能行远长存，既可以横向传播，从一个群体流入另一个群体，供他人欣赏、仿制，也可以纵向传播，一代代传承下去。器物的形态结构和功能渗透着人类群体的创造力和世界观，负载着人类当时精神文明与物质文明的信息。今日的考古学家有可能无法知晓当时的语言，但透过器物这些传播媒介便能解读当时社会的文化信息，依据其外部特征可以划分不同的文化区域、传播线路等。

而当文字发明之后，钟又成为古代文字的重要载体。钟铭一方面显示了文字记述能力的明显提高，另一方面则体现了文字在传播政治、文化信息方面的重要功能。通过这些铭刻在器物上的金文，我们不难发现祭祀、纪事类的文字明显比殷商的甲骨文更完整、更严密，更像一篇文章。礼乐文化与古代祭祀有关，故青铜时代的器物中礼器、乐器是大宗，而且又以钟、鼎为重器，因此，青铜器上的铭文常以"钟鼎文"代称。从青铜铭文的产生与发展来看，商代所铸铭文字数不多，一般只有一两字，多者四五字，直到殷末也没出现五十字以上的铭文。铸铭的目的起初在于标记器主的族氏，识别用途，所以，这个时期铭文的部位一般都不显著，多在骤视不能见的隐蔽之处。西周时期，礼乐与政治、军事、法律等完全结合在一起，逐渐形成了一套比较完备的制度，不仅作为治国之本，而且渗透到社会生活的各个方面。因此，青铜器铭文大发展，而且铭文的性质、内容、形式、字数，甚至书体等方面都较前有了很大的变化，其中，铭文的内容涉及当时的政治、经济、军事、法制、礼仪等多方面，记载了祭典、宴

---

① 宋·吕大临、赵九成：《考古图》，中华书局，1987，第 2 页。

飨、田猎、征伐、赏赐、册命等，具有明确的书史性质。然而，"作器铸铭，本质上也是礼的体现"。我们仔细观察已出土的西周时期的青铜铭文，其铸铭部位不仅已由商代的不够显著而逐渐变得突出，而且书法设计亦显得精心，如《毛公鼎铭文》等。可以推测，西周统治者为了让礼乐制度深入人心，更好地发挥其教化功能，那些吉金铭刻的要义已不仅停留在宣讲内容的层面上，而且又以器形、纹饰、铭刻等形式来感召人，这样，刻铭的汉字书法在客观上就起到了装饰作用。春秋战国时期，对周天子王室来说是"礼崩乐坏"，而各诸侯国则多自定礼乐制度，冶铜铸器各得其便，从而把"礼乐"当作一种理想的统治制度。因此，这个时期的铜器铭文也表现出较强的随意性，其内容和形式多显夸耀之势，出现了新的转机，开始成为器物整体装饰的一个有机组成部分。郭沫若对此有精辟的论述："东周而后，书史之性质变而为文饰，如钟镈之铭多韵语，以规整之款式镂刻于器表……凡此均于审美意识之下所施之文饰也，其效用与花纹同。中国以文字为艺术品之习尚，当自此始。"综观春秋战国时期的青铜器可知，鸟虫篆书装饰是当时的重要特色，战国中山王鼎的鸟虫铭文在腹外器表的中上部（连器盖）布满鼎身一周，中山王壶的鸟虫篆铭文亦位于壶之鼓腹处外表凸显部位，此二铭都经过精心的设计和计算，在器体上营造了十分美观的装饰效果。其他，如春秋时吴国"王子于戈"，越王勾践剑，战国曾侯乙钟的铭文也多用鸟虫篆来装饰。

受礼乐文化语境下青铜器铸铭文化的影响，历代其他器物如陶瓷器、玉石器、漆器、竹木器等刻制铭文不断增加，只是内容各有不同，形式更加多样，其铭文书法除实用外，主要是为装饰服务。而且，周代的礼乐经孔子以"仁"解释后，使社会的外在规范化为内在道德伦理意识的自觉要求，从此，儒家便形成了一个传统。汉代以后，儒学几经变化，但礼教德治的精神始终一贯，从而成为中国传统文化的正宗。于是，树碑立传、刻石表经等成为儒家文化的一种重要表现形式，其装饰小至器物，大到建筑，亦无不体现尊卑等级观念，其中汉字书法不仅本身会因装饰的要求（平面的或空间的）变化，而且与色彩、图案、制作形式等共同构成一种装饰模式，甚至连帝王赐匾、名家题字也被视为一种装饰。因此，我们说"礼乐文化"是古代钟铭文化发展的原动力。

显然，从目前提供的一切情况看，钟的文化传播既是物质的又是文化的，这些原本可以发出悦耳声音的器物，同时也可以成为无声的媒介，默默地传播着古老的信息和文化。"石雕像传播着上古时代诸神的庄严伟大，建筑物和纪念碑传播着某个王国或君主的业绩，泰姬陵和金字塔之类的名胜古迹以及天主教堂这样的非凡的构想，不仅聚集人群，传播某种生活方式，而且讲授一个民族的历史以及他们的对未来的希望。"① 中国古钟又何尝不是这样一个传播媒介，它负载着的不仅是表面的那些不朽记忆，而且是文化艺术的高度集合体。时间带给古钟许多岁月沧桑，同样也在钟的身上积淀了浓厚的文化印迹，留给后人广阔的想象空间。

三　书法文化的艺术传播

《宋史》记载这样一件关于制钟的史实："钟成，命左仆射秦桧为之铭。其文曰：'皇宋绍兴十六年，中兴天子以好生大德，既定寰宇，乃作乐以畅天地之化，以和神人。维兹景钟，首出众乐，天子专用禋祀，谨拜手稽首而献铭。其铭曰：德纯懿兮舜、文继。跻寿域兮孰内外？荐上帝兮伟兹器。声气应兮同久视。贻子孙兮弥万世。'"② 这里，我们应该注意到钟铭的作者，即历史上著名的奸臣秦桧。作为一件重器，景钟的地位十分重要，但是皇帝命令他作铭，其中的原因就在于秦桧写一手好字。秦桧书法颇有造诣，早年被宋徽宗任用为御史台左司谏，据说，秦桧发现这些来自全国各地的公文字体不一，很不规范，乃利用公务之暇，潜心研究字体，尤其对徽宗赵佶字甚有研究，后在仿照赵佶"瘦金体"的基础上创造出一种独特字体，工整划一，简便易学。这种字体逐渐演变为我们今天印刷用的"宋体"。所以钟铭文化里，书法文化是其中华彩乐章。汉字书法是中华民族传统文化中的一朵奇葩。这朵奇葩至今已绵延绽放了几千年。她争奇斗艳、蔚为大观，她光耀千古、彪炳史册。长期以来，古代书法已不仅是纯粹的书写技法活动，而且是民族精神的历史延伸。汉字书法在中华文明的发展过程中一直扮演着重要角色，几千年来，书法不仅影响了中国人的人文精神，而且对艺术文化也有过不小的影响。

---

① 〔美〕施拉姆、波特：《传播学概论》，陈亮等译，新华出版社，1984，第 140 页。
② 元·脱脱、阿鲁图等：《宋史》，中华书局，1977，第 3034 页。

1. 钟铭让汉字书法成为中国传统文化中一种有生命的符号

汉字是中国人智慧的结晶，汉字书法是在书写汉字的过程中反映了中国人的形象思维和才情，为中华民族的历史和文明史谱写了璀璨的一页。可以说，汉字是书法赖以生存的基础，书法是汉字得以保存的媒介。汉字在不断的书写实践中演化着笔画、结构的形态，最终定型为字体，每种字体又因时代、地域、书家个性修养的不同而有不同的书体，进而形成各种风格；因而钟铭作为这一艺术传播的载体具有十分重要的功能和意义。应该说，汉文化的环境孕育产生了汉字和汉字书法，而汉字书法作为一种独特的文化形态，又创造并丰富了汉文化的环境。中国人特别重视文字，在纪念重大事件的时候，都喜欢铸器铭文、立碑刻字。

2. 钟铭体现了古代汉字书法的装饰功能。

功能就是事物的使用价值，汉字书法的装饰功能即其所发挥的装饰作用。前文说过，汉字书法是在汉字实用书写的过程中产生的，起初只要求其点画正确、结构端正、清楚便识，后来发展成为艺术，书写者则对点画线条的质感、结构的斜正、虚实以及书写的个性风格都有审美的追求。与此同时，古代刻铭记事、建筑标识，本来是为了实用或艺术欣赏，但渐而演变为装饰。正如鲁迅先生所说："尝闻艺术由来，在于致用，草昧之世，大朴不雕，以给事为足，已而渐见藻饰。"因此，本书认为，古代汉字书法除了实用的纯艺术欣赏外，还具有一定的装饰功能，即以汉字书法为元素来美化一定的主体（如附着于器物上、石刻上或陈设于建筑物内等），使其具有装饰效果。正是由于这种装饰功能的需要，从而导致了汉字书法在特定的环境下产生笔画和形体的变化。很多钟铭都被后人拓下来进行临摹，特别是书法文化史上流传甚广的名篇——柳公权《大唐回元观钟楼铭》，此铭题为"大唐回元观钟楼铭并序"，令狐楚撰文，柳公权中楷正书。铭文共41行，满行20字，共761字，唐开成元年（836）四月二十日立。由于长期埋藏地下，碑面和个别字稍有残损，但文可通读。其铭文如下：

> 礼之乐记云：钟声铿，铿以立号，号以立横。言号令之发，充满其气也。春秋之义，有钟鼓曰伐，言声其罪以责之也。而道人桑门师亦谓为信鼓，盖以其警斋戒勤惰之心，时朝礼早暮之节，故虽幽岩绝

銮，精庐静室，随其愿力，靡不施设。京师万年县所置回元观者。按乎其地，在亲仁里之巽维：考乎其时，当至德元年之正月。前此天宝初，玄宗皇帝创开甲第，宠锡燕戎。无何，贪狼睢盱，豮豕唐突。亦既枭戮，将为污潴。肃宗皇帝若曰：其人是恶，其地何罪。改作洞宫，谥曰回元。乃范真容，以据正殿，即太一天尊之座，其分身欤。贞元十九年，规为名园，用植珍木，敕以像设，迁于肃明（观名）。辇舆既陈，绋绋将引，连牛胸喘而不动，群夫股栗以相视。俄而或紫或黑，非烟非云，蓬勃惚恍之间，细缊阶砌之上。主者惶恐，即以状闻。德宗皇帝骇之，遽诏如旧，而廊庑未立，鼓钟未鸣。入者不得其门，游者不知其方。大和初，今上以慈修身，以俭莅物。永惟圣祖玄元清静之教，吾当率天下以行之。由是，道门威仪麟德殿讲论大德，赐紫却玄表，冲用希声，为玄门领袖，抗疏上论，请加崇饰。其明日，内锡铜钟一口，不侈不掔，有铣有于，而带篆之间，元无款识。今之人其罔闻，后之人其罔知。四年夏，有诏女道士侯琼珍等同于大明宫之玉晨观设坛进箓，遂以镇信金帛刀镜之直，并中朝大僚、外舍信士之所施舍，合七十万，于大殿之前少东创建层楼。栾栌既构，籫簴既设，合大力者扛而登于悬间。鲸鱼一发，坑谷皆满。初拗然而怒，徐寥然而清。沉伏既扬，散越皆黙。终峰巘以振动，观台廊而开爽。闻其声者，寝斯兴，行斯归，贪淫由是衰息，昏醉以之醒寤。虽三涂六趣之中，亦当汤火沧寒，拲梏解脱。钟之功德，可思量乎。余与威仪，有重世之旧，闻其所立，悦而铭之。其词曰：钟凭楼以发声，楼托钟以垂名。钟乎楼乎，相须乃成。盘龙在旋，蹲熊在衡。百千斯年，吾知其不铄而不倾。观主太清宫供奉赵冬阳、上座韩谅、监斋任太和、前上座王辩超、大德郭嘉真、道士田令真、直岁田令德。开成元年四月廿日立。[①]

碑文前半部分记叙了唐代回元观的历史沿革，其中提到回元观旧址原是唐玄宗赏赐给安禄山的宅第，以及"安史之乱"历史事件。碑文的后半

---

① 吴钢主编《全唐文补遗》第一辑，三秦出版社，1994，第8页。

部分，讲述了唐文宗赏赐铜钟给回元观的经过，并赞扬钟声的美妙："闻其声者，寝时兴，行斯归。贪淫由是衰息，昏醉以之醒悟。虽三涂六趣之中，亦当汤火沦寒，拳栉解脱。"汉字是我们的祖先在长期劳动生产实践中创造出来的，是为记录语言服务的，其形体所代表的物象只需要和词对应即可，而汉字书法正是这些记录显现的视觉的、无声的、不在场的交流方式。因此，起初的书法就是以表达文辞意义、传递信息为主要目的，这就是汉字书法的实用性。现存的甲骨刻辞、简帛文书、刻石，以及青铜器等器物上的铭刻等，无不是为了记事、标识等实用目的。即便后来书法发展成为一门艺术，但实用性的书法依然处处存在，因为汉字书写的主要目的还是指意与传达。换句话说，书法艺术只是一部分理解了艺术创作规律的人所为之。至于那些原本是实用性的书法（如甲骨文、金文、简帛书等），后人以毛笔书写而摹其刚劲爽利、古穆浑朴的气息，则是艺术的再创造。实践证明，汉字书法的演进是在书法实用书写的递进中完成的，其中古今文字的变革，也是在日常手写体中开始的，目的是应时代发展之需要而"趋时简约"。

3. 钟铭自身的艺术性

然而，实用的汉字书法，在其刻铸制作的过程中，作者又不知不觉地受汉字"近取诸身，远取诸物"积淀的形态结构和意识的影响，使每个字有了那些以字母排列组合之文字所不具有的自然形体构成的基础，由点而线，由形而态的运动效果，包涵着后来书法艺术所取资并加以发挥的无尽资源，蕴藏着无心插柳柳成荫的艺术因素。正如郭沫若先生赞叹甲骨文书法"卜辞契于龟骨，其契之精而字之美，每令吾辈数千载后人神往。……而行之疏，字之结构，回环照应，井井有条……是知在世契文实一代法书"。[①] 这不仅体现在殷墟甲骨、商周青铜器等汉字实用的范畴内，而且后来文人的信札也是以交流思想、保存信息为目的的实用书法，但由于其客观上符合艺术形象创造规律的要求，因此，形成了书法艺术，也为古代装饰提供了新的元素。

---

① 郭沫若：《殷契萃编·自序》，科学出版社，1965，第5页。

小　结

　　本章通过对"铭"的由来和内容的分析，考察钟作为传播媒介的价值和意义；以钟所承载的文字符号为切入点，探讨中国的古钟在文化传播中承载的内涵。钟体上所铸刻的图案、符号和文字，即"钟铭"。随着历史的推移、社会的发展、钟体的变化、古钟功能的改变，钟铭的形式和内容也在发生着改变。本书着重考察了钟铭内容上的具体变化，并且讨论"铭"作为文体的文学特点和影响，以及在文学传播上的意义。由于具有时间型媒介的特征，钟体承载着铭文历经时间的考验，文化也因此得以延续和传播。所以，古钟不仅为研究文字发展史提供了宝贵而丰富的史料，而且对古代社会、政治、思想、文学、经济等各方面的研究都具有珍贵的价值，是历史文献的补充和参考。有钟就有铭，这成为中国古钟的十分重要的特点。钟铭不仅是古钟文化的一部分，而且钟与铭构成的整体里也包含了丰富的文化传统含义，默默传播着其象征和蕴含的深厚的文化意义。

第五章

钟饰文化与图腾传播

中国的古钟在文化传播中承载着太多的内涵，其中，不仅包含其自身的发展历史，其所代表的文化底蕴，以及钟声传播出的信息，而且显而易见需要关注的是钟体上所铸刻的那些图案、符号和装饰，即本章中所要讨论的"钟饰"。古代铸钟，除了雕铸一些图案，还有文字，或吉祥用语，或记时记事。因此，古钟不仅为研究文字发展史提供了宝贵而丰富的史料，而且对古代社会、政治、思想、文学、经济等各方面的研究弥足珍贵。有钟就有铭，这成为中国古钟另一个十分重要的特征。钟饰文化不仅构成了古钟文化的一部分，而且是相当特殊的重要部分。

第一节　中国古钟装饰文化

一　何为"钟饰"

装饰是通过人的主观对客观的感受和认知，以想象与夸张等一系列创造性活动，对一定的主体进行美化，使之表现出来的形象既有生活情趣又具形式美感。因此，可以说，装饰是人类按照"美的规律"所从事的精神生产，是意识形态的产物。虽然它只是对其所依附的主体进行美化以增加艺术感染力，具有一定的从属性，但随着装饰艺术的发展，同时又有其相对独立的欣赏价值和审美情趣。古代古钟的装饰作为装饰的表现形式之一，具备了装饰艺术的共性，同时又有其自身的特点。饶宗颐先生认为："人类在未有文字以前，似乎是要经过使用纹饰与符号的阶段，器物上的款识在纹饰与文字的中间，还有'符号'这一漫长阶段存在。汉字发

160

展过程中，40 年来考古学的成果，各地发现了无数的陶器符号，正证明这一不可否认的事实。"中国古代青铜器纹饰最早追溯到公元前 7000 年的贾湖文化类型时期的甲骨文符号和公元前 3500 年的仰韶文化时期。中国考古学者们在黄河下游的河南省贾湖遗址中发现大量的刻在甲骨、陶器与石器上被称为 "铭文" 或 "记号的符号" 的图像，它是我们目前看到的最早的纹饰渊源。1950 年在半坡遗址中发掘出大量的新石器陶器或陶片刻符，这些刻符笔画简单，组合具有一定的形式美感。在仰韶文化遗址还发掘出很多彩陶图案，如 "人面图案" "动物图案" "鱼形图案" 以及 "鸟形图案"等，这些图案无可置疑地为陶器起到装饰审美的作用。不可否认的是，在这些图案中还孕育着某种特定的 "图腾崇拜" 的萌芽。

而 "钟饰" 的出现也是在这个萌芽期，是人类社会赋予古钟钟体外表的一种装饰纹样，特别是在商周那个极具个性思想内涵的时代，是我们对青铜古钟纹饰深刻理解和进行剖析 "青铜器文化的礼制性" 的重要历史时期，也是文学、宗教、艺术、哲学等具有中国传统文化元素形成的历史阶段。当时的青铜纹饰，作为青铜文化形成的重要物质文化元素，青铜器纹饰所形成的独具特色的审美风尚很受帝王、大臣，以及社会各阶层欢迎。无论是青铜器纹饰给人们带来的审美性与实用性，还是青铜纹饰在一定历史时期中产生的某种神秘宗教巫术意义，它都是我们研究青铜器文化，以及商周两代社会变化的重要参考史料。

二　为何而饰——钟饰的人文属性

《易·贲卦·象传》："刚柔交错，天文也，文明以止，人文也。观乎天文以时察时变；观乎人文以化成天下。"这里的 "文" 是从纹理之义演化而来。日月往来交错文饰于天，即 "天文"，亦即天道自然规律。同样，"人文"，是指人伦社会规律，人文是一个发展的综合概念，即社会生活中人与人之间纵横交织的关系。从而引申到社会秩序和文明礼仪制度，以及人的精神理想和价值观念等。

所谓古钟器物上装饰的人文属性，就是指品格理想、价值观念、社会制度，以及与人相关的愿望、情感、道德、尊严、个性、教养等生存状态在其中的潜移默化的独特的精神表现。例如，青铜时代的青铜乐钟是奴隶主和封建贵族奢华生活、繁缛礼仪的各种用品，其用途以礼器为主。尤其是在西周礼乐制度较为健全的时期，一切视听言行，一切吉礼、凶礼、宾礼、嘉礼、军礼等，从生活方式到政治活动，都要合乎礼乐制度。统治者享受着各种特权，并以此维护他们的特权。由此，青铜器上的铭文书法装饰实际上是礼制的外化表现，是"礼"的物化载体。中国青铜器的发展主要经历了夏商周三个历史时期，其间青铜器的装饰风格从凝重庄严转向了朴实、简洁，同时，青铜器的社会功能也从祭祀用的礼器逐渐转变成实用器具。古老的乐钟纹饰则由庄重的饕餮纹、夔纹到富有音律的窃曲纹、环带纹，再发展为清新的蟠螭纹、宴乐纹等。中国传统纹饰从产生就与图腾观念相联系，由此使中国传统纹样的创造以一种仿生形纹样开始，是某种自然界或生物界的象征物。在仿生形纹样的基础上，经过组合、重构，把原有内容规律化、韵律化，达到一种装饰效果。这是在中国特有的文化基础上产生的法则，虽然在构成形式上与西方构成有某些相似之处，但两者的出发点是不同的。青铜器上的装饰纹样，相对以前的装饰纹样，得到了抽象化的发展，装饰性和抽象性特征都较明显。但这一点和西方现代艺术的构成却有着很大的区别。西方现代平面艺术是以人的生理基础作为视觉构成的出发点，必然带来某种纯粹的抽象性，并且是以无形象性为代表特征。青铜艺术造型及纹饰不仅具有神秘意味，而且具有独特的装饰美感。尤其是对称美的运用更是青铜器纹饰中不可忽视的特征之一。对称的运用在人类艺术史上很早就已经出现。在中国的新石器时代的装饰艺术中，半坡彩陶的人面鱼纹的对称性便颇为典型。新石器时代的人们已经感到对称的纹饰更能引起人在视觉上的美感。可见这一时期的装饰艺术已将对称视为一条普遍的美的原则。这种审美观念发展到商周时期，便造就了青铜乐钟上精美而纯熟的对称性装饰艺术。

第二节　中国古钟装饰文化的传播

一　中国古钟装饰的种类

古钟作为一种发声工具，其器物造型较为特殊，因其发声共鸣的需要，器体是经过反复设计试验而成型。《考工记》中"凫氏为钟"一节记载了钟各部分的长度、大小、厚薄的计算方法。那些突出伸长的枚既是发声的，又是装饰的，这影响到铭文的排布。因此，钟的铭文书法装饰多在

"钲"的部位，即钟的正背的中上部直的阔条处。另外，钟之"鼓"部亦常有铭文书法装饰。"乐"在西周及以后多与"礼"合称，故乐器上有各种象征礼乐的装饰物就顺理成章了。

按照古钟上的装饰物的图案，分为如下几种类型。

第一，动物装饰。常见的古钟上的动物装饰纹样有牛、虎、羊等形象的变形设计。这是人类在狩猎阶段的图腾样式，这一时期人类的生活方式基本上是摄取性的，人们在狩猎活动中接触的大多是身边的各种动物，因此，将动物作为图腾的崇拜物，同当时的生活状态是密切相关的。一般来讲，人们对强悍的无法征服的动物，便会产生敬畏感，并将其视为崇拜物和氏族的象征物，像虎、狮、豹、牛等。

同时，也有由这些动物形象复合而成的兽面形装饰——这就是青铜器装饰中常见的各种被称为"饕餮"纹的装饰。关于"饕餮"，有人说是由牛演变，也有主虎为原形，大多认为是理想中的多重组合。它是十分完美的造型，是青铜器中最具代表性的纹饰，也是占据时间最长的一种纹饰。以饕餮纹为代表的古老纹饰，其神秘感和狞厉美是在权力和地位的抗争中积淀而成，在血与火的洗礼中产生。因此，它俨然是一个统治者，总以主体形象占据青铜乐钟钟身的主体位置。而游嬉在它周围的夔龙、夔凤、虎纹和雷纹等，在精细刻线、疏与密的处理、威严与活泼的对比中，使主体形象的饕餮纹更具强烈的统治感。兽面纹饰，传载着隽永的精神诉求。商周时期的青铜饕餮纹也称之为"兽面纹饰"，"贪于饮食，冒于货贿，侵欲崇侈，不可盈餍，聚敛积实……不分孤寡，不恤穷匮，天下之民，以比三凶，谓之'饕餮'"①。《吕氏春秋》云："周鼎铸饕餮，有首无身，食人未咽，害及其身，以言报更也。"于是商周将思想观念与祭祀的原始形态纳入贪婪成性与狰狞的多种物象中，并赋予各大祭祀重器上。

这里特别要提到的就是这一类型中的龙纹类，夔、蟠龙等。除了饕餮纹饰之外，在商周时期的纹饰体系中还有一种风格独树一帜的纹饰——龙，这种龙纹饰与商周两代的某种特定概念有关。在《说文》中记载：龙是"鳞虫之长，能幽能明，能细能巨，能短能长，春分而登天，秋分而潜渊"。据《左传》记载："火、龙、黼、黻，昭其文也。五色比象，昭其物

---

① 晋·杜预：《春秋经传集解》，上海古籍出版社，1997，第87页。

也。钖、鸾、和铃，昭其声也。三辰旂旗，昭其明也。夫德，俭而有度，登降有数。文、物以幻之，声、明以发之，以临照百官。百官于是乎戒俱而不敢易纪律。"商周两代青铜龙纹饰按其结构与图像所呈现的方式可以分为："卷龙纹、双龙体纹、两头龙纹、交体龙纹以及爬行龙纹五大类。"在青铜纹饰的分类中，一般将躯体是蜿蜒形的动物都划归龙类。龙作为一种想象中的动物，装饰各种器物，在历史的演进中，以至成为中华民族的象征。在青铜器上，根据龙的特点，大体有爬行龙纹、卷屈龙纹、交体龙纹和双龙纹等。这些龙纹在形制制约的空间里表现得非常自由且丰富。

虎纹在中原、西南和南方地区出土的商周乐器上均有发现。在中原地区，虎纹见之于特磬和编镈的纹饰。如陕西省眉县杨家村西周青铜器窖藏出土的虎翼编镈，镈体侧翼各有两只头朝下的奔虎，气势雄伟。在西南地区，虎纹见于四川省广汉三星堆二号祭祀坑出土的 G 形铜铃，铜铃的体部为虎头状造型和纹饰。在南方地区，虎纹主要见于湖南地区出土的商周铙、镈。如湖南宁乡北峰滩出土的铙，两面鼓部正文与钲部相接处的内壁上各铸有一对长 9.3～9.5 厘米的圆雕伏虎；湖南省博物馆收集的一件铙，侧鼓饰浅浮雕卷尾立虎纹；湖南宁乡老粮仓栗山坡出土的十件铙中，有一件（7 号铙）的鼓两侧各饰一浮雕虎纹，虎身上有细阴线云纹及鳞纹；湖南邵东民安村出土的虎翼镈，与上述陕西眉县杨家村出土的虎翼镈之虎的造型略同；此外，山西天马曲村晋侯墓地出土的南方楚国乐器楚公逆钟的鼓部也饰有虎纹。

凤鸟纹在中原和南方地区出土的乐器上均有所见。如湖南安仁豪山出土的铙的钲两侧有尾向甬部的圆雕立鸟；陕西扶风周原出土的楚公钟右侧鼓也为鸟纹；凤鸟纹在中原地区出土的西周编钟上习以为常，编钟的右侧鼓一般都有凤鸟纹，以作为此处可击奏出第二基音的符号显示，它既具有标志性，同时又包含凤鸟鸣声动听悦耳之寓意，与铿然的钟声一起，象征着吉善和祥瑞。凤鸟纹在西周编钟上的大量出现，表明这种纹样对于周人可能具有特殊的意义。西周时期的青铜器纹饰中，凤鸟纹作为器物的主题纹样有着突出的展现。在古代典籍中，凤鸟为建邦兴国的祥瑞。如《左传·昭公十七年》郯子曰："我高祖少皞，挚之立也，凤鸟适至，故纪于鸟，为鸟师而鸟名。"又《国语·周语》"周之兴也，鸑鷟鸣于岐山。"三国吴韦昭注曰："鸑鷟，凤之别名也。"即凤凰，在古人心中是吉祥之鸟，既是风神，又是传达天命的使者。周人主要从事农业生产，将凤鸟作为保护神和命使加以崇拜，并绘于青铜编钟之上，当在情理之中。

夔纹，或称夔龙纹，其实，这种纹饰也非现实世界所见原形，它似蛇非蛇，似鸟非鸟，是人们幻想中的一种超现实的动物花纹。李纯一指出，这种纹饰"所表现的当是古人想象或幻想中的一种灵物和神奇动物，在现实世界中并无一种自然动物可以确指，管它叫作龙或夔或螭，那就见仁见智，似乎无可无不可。"所言极是。西周时期的乐器，兽面纹逐渐不再作为主题纹样，而夔纹开始盛行。夔纹是主要见于西周编钟的纹饰，并以编钟的正鼓或篆间作为夔纹的主要刻画部位。除编钟之外，编镈和编磬也有将夔纹作为主题纹饰者，如传世乐器克镈。

古代典籍屡见关于夔的神话传说，如《山海经·大荒东经》云：

> 东海中有流波山，入海七千里。其上有兽，状如牛，苍身而无角，一足，出入水则必风雨，其光如日月，其声如雷，其名曰夔。黄帝得之，以其皮为鼓，橛以雷兽之骨，声闻五百里，以威天下。[①]

在《吕氏春秋·察传》中，有鲁哀公问于孔子的一段话，其文如下：

> "乐正夔一足，信乎？"孔子曰："昔者舜欲以乐传教于天下，乃令重黎举夔于草莽之中而进之，舜以为乐正。夔于是正六律，和五声，以通八风，而天下大服。"重黎又欲益求人，舜曰："夫乐，天地之精也，得失之节也，故唯圣人为能和。乐之本也。夔能和之，以平天下。若夔者一而足矣。"故曰夔一足，非一足也。[②]

从上可知，夔是由一种水中怪兽，变成通晓音律的"乐正"。由此看来，夔纹在乐器上出现并非偶然，它与音乐应该有着不解之缘。西周乐器，尤其是作为"金石之乐"的钟磬之类饰以夔纹，当是与音乐之夔或夔这种音乐之神不无牵连。

需要指出的是，无论像生的动物纹还是幻想的动物纹，它们出现于同一件乐器之上，在多数情况下纹饰并非单一，而是几种甚至多种动物纹样

---

① 袁珂校注《山海经校注》，上海古籍出版社，1980，第361页。
② 战国·吕不韦：《吕氏春秋新校释》，上海古籍出版社，2002，第1536页。

分处乐器的不同部位，或虽处于相同部位却是不同纹饰的层叠与复合。如湖南宁乡师古寨出土的一件镈，侧鼓部饰浮雕立象纹，钲部饰浮雕粗阳线变形大兽面纹，双目作卷龙形，并皆填以细阴线云纹，钲部左、右、下三边皆以细阴线云纹为地纹，饰以浮雕夔、鱼各六，又如，西周编钟常有正鼓饰夔纹，侧鼓饰小鸟纹，舞饰云纹的例子。这些情况都说明，两种或多种纹饰集于一件乐器之上，其寓意可能较为复杂，它或许表示人们将可以助人通天的多种动物融为一体，以产生协和万民、助祭通神的效力和功能。

第二、植物装饰。花卉、缠枝、盘草等纹样装饰在早期青铜乐钟装饰中常见。以盘草纹、藕曲纹、四瓣花纹、垂叶纹等图案与其他纹样配用，也有植物纹样单独使用的装饰。而在后来出现的梵钟上，我们可以发现植物类的装饰图案同样也有存在，即运用得十分普遍的莲花图案。植物装饰图案纹样经常会运用两方连续的带状纹样。铜器的花纹用反复的连续来表达其有条不紊的秩序和规律。这种秩序和周代的礼制要求有一种间接的联系，也反映了古代图案艺术的形式法则，是用以恰当表现思想意识的。商至西周青铜器上的植物装饰纹样，掀起了一个象征性装饰的高潮。力量、权利、生命和吉祥四种类型，最有代表性。当时的迷信思想严重，一神崇拜的宗教、敬天怕鬼的思想，对天命的迷信，使祭祀活动成为国家政治生活中的头等大事，青铜器则是这类活动的重器，形制、纹样无不服从政治需要。装饰在青铜器设计中，也不断地以各种简繁不等的风格交替出现，并渐渐地从象征性装饰向艺术性装饰转变。

第三，景物装饰。主要有雷纹、云纹、涡纹、勾连波纹、垂鳞纹、桑纹等以自然景物为装饰的纹样。随着农耕生活的开始，人类同气象和种植产生了密切关系，生产性的生活方式替代了早期以狩猎为主的生产方式。原始图腾物中也出现了许多以天象和动植物为题材的图腾造型，像太阳、月亮、风、雨、云、雷电、芭蕉……特别是云崇拜，万物有灵的图腾观念，是早期原始图腾艺术的基本特征。

第四，几何形装饰。几何纹装饰在青铜器中的屡见不鲜，如圆、方、三角、直纹、环纹、棱纹、斜格纹、凹凸纹等，都是经常出现的装饰形式。春秋中期，文字作为一种符号标志进入青铜器装饰，并成为当时一种几何装饰新潮流。铭文在青铜器装饰中变成线状，字体变形拉长，形成了横竖疏密有序的装饰几何图形。几何形装饰在青铜器中，因时代不同、器物不同、地域不同呈现多种风格。多元的风格象征不同的文化诉求。几何纹饰作为一种辅助纹饰出现在青铜器皿的表面。这是由祭祀文化与巫术文化共同作用的结果。同时，商周时期的几何纹饰常常是以现实的事物经过演变与发展、夸张与变形并有规律地组织起来的内容丰富的纹饰符号。在主体兽面纹存在的时代里，几何纹只能以陪衬和表现主体纹饰的丰富内涵为主要目的。青铜几何纹饰主要包括：连珠纹、弦纹、云雷纹、直条纹、横条纹、斜条纹、菱形纹、三角纹、勾连雷纹、百乳雷纹、曲折雷纹等。几何纹样的发展也是经历了由简单到复杂、由单一到整体的衍化过程。作为商早期的形成阶段的二里头文化层上，几何纹饰就作为由青铜装饰符号与图形铭文之间的一个过渡桥梁，它仍然沿袭了史前纹饰所具有的共同题材性质和共同造型特征：抽象。正如史前陶器纹样那样，青铜几何纹饰也表达了殷人与周人自己对自然的审美情趣，进而创造出一种超凡脱俗并囊括和呈现宗教、巫术、政治，以及整个社会生活的最佳图像，这也从侧面反映出当时人们在满足宗教信仰的同时也汲取了各种现实事物中具有高度概括性和展现规律性的图像，青铜几何纹饰也为满足这种需求起到了画龙点睛的作用。

二　图腾文化传播的典型——以蒲牢、莲花为例

装饰，是美的表现手段之一，简而言之，就是美化其所依附的主体事物以引人注目。装饰是人的本质体现的一种方式，是潜意识的需要，它为人类的设计活动带来了积极而丰富的表征，是一重要的历史现象，也是人类文明的象征。装饰通常是由图案、纹样、色彩等元素来形成标志性的特征，但在中国，由于汉字书法的特有形象及其实用性和艺术性，故也常常被单独用作装饰元素，或将书法与图案、纹样、色彩等元素一起共同构成装饰的效果，或以书法艺术作品的形式直接悬置于建筑空间作为装饰。这样，古代汉字书法就具有了装饰功能。当这种具有装饰功能的书法附于器物、石刻上时，它既不像文字那样只要求书写正确，易知便认，只是为了交流思想；也不像书法艺术那样强调抒发个性、表现精神，从而独立成章；而是要与被装饰的主体协调一致。当这种具有装饰功能的书法以艺术作品的形式进入建筑装饰时，则在书法艺术创作的基础上求得幅式与装潢

的协调甚至书法风格的变化，以适应建筑环境的和谐统一。这就产生了一些诸如点画变化、结构夸张，以及布局随形的新规律，而且装饰功能的书法在制作过程中常常辅之以铸凿、雕刻、模印、描绘等工艺手法，使碑的书写更加美化。张光直认为商周青铜器的动物纹样可以协助巫觋以实现沟通天地，他的看法是有道理的。商周墓葬常能发现用动物牺牲作为祭祀的供品，其作用也当是协助巫觋来通神和通天地。青铜乐器上的动物物象，当具有相同或相类的功能。据《左传·宣公三年》记载："昔夏之方有德也，远方图物，贡金九牧，铸鼎象物，百物而为之备，使民知神奸。故民入川泽山林，不逢不若。螭魅罔两，莫能逢之，用能协于上下以承天休。"① 说明夏代之时，"铸鼎象物"，青铜器上饰有各种花纹。所谓"魑魅魍魉"，就是指各种动物，这些动物的作用当如《左传》所言，能够"协于上下，以承天休"。

"图腾"一词，最早大约出现于 18 世纪末英国学者约翰·朗格的著作，它源于北美印第安语的 "totam"，但论及图腾崇拜与原始艺术关系的却首推弗雷泽的《图腾主义》和格罗塞的《艺术的起源》。西方学者关于图腾制的起源虽然有着各种不同的观点和认识，但归纳起来几乎所有的观点都认为，图腾制是一种在早期人类文化中就已出现了的"精神祭礼"式的信仰观念，它的中心理论就是所谓由"人兽同形论"发展而来的"人兽同宗论"。图腾崇拜的最早形式是"祖先图腾"，对于早期人类来说，祖先图腾也正是所有原始图腾的共同特征，即它一方面是人，另一方面又是动物。图腾是氏族部落的象征和标志，被其成员当作神加以敬奉。他们描绘自己的始祖，并且相信与之有着某种亲属血缘关系，认为是宗族的守护神，使得本民族得以持续和兴旺发达。图腾崇拜也应运而生。而图腾崇拜的主要信仰是相信他们的氏族起源与图腾有关，甚至把图腾当作是氏族的起源。在古代，由于生产力水平极其低下，人们对于大自然以一种敬畏的心态来对待。图腾崇拜作为某种宗教形式，具有普遍的意义，是世界上所有部落、氏族在特定的社会发展阶段中所共有的普遍特征。

与世界其他地区一样，中国的图腾崇拜及文化也表现出普遍的特征。在新石器时代的遗存中发现了很多图腾遗迹。出土的彩陶上的许多动物纹

① 晋·杜预：《春秋经传集解》，上海古籍出版社，1988，第 546 页。

样及其他象征纹饰是古代部族的图腾标志，而其中最具有代表性的便是"龙"图腾。传说中，人们把始祖描绘成半人半兽的形象。

1. 蒲牢与钟——图腾崇拜的文化意义

西安钟楼原先悬挂的巨钟是唐朝景云年间铸造的"景云钟"，原为长安城内的景龙观（现西安西大街）所用，宋敏求撰《长安志》注："本长宁公主（唐中宗第四女）宅，估价木石两千石。公主随夫为外官，遂奏请（中宗）为景龙观。"明初移至西安钟楼。明洪武十七年（1384）在唐长安钟楼旧址上建了一座钟楼，以保存这口富有神话色彩的"景云钟"，作为报时用。据说每天撞击报时的时候，全城都能听到清亮悦耳的犹如凤凰鸣叫的钟声。1953 年景云钟移藏至西安碑林博物馆，现陈列于二门里东亭内。西安市文物局仿制了景云钟，1997 年 1 月 30 日将其悬挂于西安钟楼基座的西北角，现对游客开放。仿制的景云钟外观与原钟近似，高 245 厘米，重 6.5 吨，钟裙外径 165 厘米，纹饰、铭文酷似原钟，音质嘹亮雄浑，可与原钟媲美。该铜钟的原型钟高 247 厘米，腹围 486 厘米，口径 165 厘米，重 6 吨。钟用铜锡合金铸成，铸造时分为 5 段，共 26 块铸模，钟体可见铸模痕迹。钟形上锐下侈，口为六角弧形。钟身有可调节音律的"蒲牢"形钟乳 32 枚，钟声纯美优雅，清脆洪亮。钟身周围铸有纹饰，自上而下分为 3 层，每层用蔓草纹带分为 6 格，共 18 格。格内分别铸有飞天、翔鹤、走狮、腾龙、朱雀、独角独腿牛等图案，四角各有 4 朵祥云，生动别致。

这件钟身上的蒲牢是十分有趣的一种古钟装饰物，而其渊源也颇深。蒲牢，有传说是龙生九子之老四，个性十分古怪，受击就大声吼叫，充作洪钟提梁的兽钮，助其鸣声远扬。西汉班孟坚（固）《东都赋》称："于是发鲸鱼，铿华钟。"[1] 李善注："三国薛综《西京赋·注》曰：海中有大鱼曰鲸，海边又有兽名蒲牢，蒲牢素畏鲸，鲸鱼击蒲牢，辄大鸣。凡钟欲令声大者，故作蒲牢于上，所以撞之者，为鲸鱼。"[2] 后因以蒲牢为钟的别名。唐代诗人皮日休有诗《寺钟暝》云："重击蒲牢唅山日，冥冥烟树睹栖禽。"古时钟上多作兽头。梵钟又称大钟、约钟、撞钟、洪钟、鲸钟、

---

① 　梁·萧统编《文选》，上海古籍出版社，1986，第 33 页。
② 　梁·萧统编《文选》，上海古籍出版社，1986，第 33 页。

蒲牢、华鲸、华钟、巨钟。多属青铜制，少数为铁制，一般高约 150 厘米、直径约 60 厘米，形式是上端为雕成龙头的钩手，下端有相对的两个莲华形撞座，称为八叶，撞座以下称草间，下缘称驹爪；以上则分池间、乳间两部分，且乳间有小突起物并列环绕，又联结撞座呈直角交叉的条带称为袈裟举，又名六道，另外，钩手旁有呈圆筒状的筒插通内部。此类钟多悬于钟楼，作为召集大众时或早晚报时之用。

图腾的艺术起源于先民对于生活的解读，以及他们所具有的独特生活方式和行为习惯，从而以美的符号形式来表达，这些形式遍布于各种生活用具及装饰纹样中，这些装饰图纹是人们表达寓意和抒发自然崇拜的形式与精神，也是人们高度提炼和概括艺术的一种表现，反映了人们对于精神和意识的一种高度寄托和崇拜，也体现了思想文化的进步状态。"蒲牢传说"则是钟为圣物的体现之一。"凡钟欲令声大者"，把梵钟的钟纽做成蒲牢状，把撞钟的木杵刻作鲸鱼状。敲钟时，让"鲸鱼"撞击"蒲牢"，使之"响入云霄"且"专声独远"，"重击蒲牢哈山日，冥冥烟树睹栖禽"。除了钟钮铸为蒲牢状外，钟上所铸图案与铭文也显示出钟的凝重与高贵。以梵钟为例，早期梵钟上多铸青龙、白虎、朱雀等图案，晚期则以写实龙纹居多，并出现了在佛钟上镌刻佛经咒语的现象。

上古三人无法解释大自然的各种现象，如：雷、电、风、火、洪水雨雪等的巨大威力，无法抗拒生老病死，他们崇拜自然、崇拜上天、崇拜给万物带来温暖与生命的太阳。因而在人们的想象中出现了一种极其神秘、崇高、不可侵犯并主宰一切的神灵，人们把各种想象和神话的神秘化与神灵化，用图形符号记录下来，或做成一种原始的护身符，或刻画在崖壁上，或者做成某种崇拜祭奠性的实物，或做成一种象征祖先的灵牌，对其顶礼膜拜，并发展成某一氏族的宗族标志，把它们刻在自己的生产工具、财产或陶罐之类的初级原始产品上，作为一种部族所有权的标志和装饰，或代表家族特有的精神和传统。原始社会生产领域的不断提高与扩大和部落间交往的增加，促进了原始艺术的发展。

"旋虫"，早期史书上解释为兽形的钟纽。《周礼·考工记·凫氏》："钟县谓之旋，旋虫谓之干。"郑玄注："郑司农云：'旋虫者，旋以虫为饰也。'玄谓今时旋有蹲熊、盘龙、辟邪。"孙诒让注："王引之云'旋虫为兽形，兽亦称虫'。"①《续资治通鉴·宋仁宗景祐二年》："李照上《九乳编钟图》。钟旧饰以旋虫，改为龙井。"②《佛教器物简述》中关于钟的解释：寺院为报时，集合大众时而敲击的法器。其形制有梵钟及半钟两种。梵钟又称大钟、约钟、撞钟、洪钟、鲸钟、蒲牢、华鲸、华钟、巨钟。多属青铜制，少数为铁制，一般高约 150 厘米、直径约 60 厘米。寺院为报时，集合大众时而敲击的法器。其形制有梵钟及半钟两种。在人类社会不断的进化和发展中，人们在图腾纹样中发现了具有美的元素和特征，并把这些特征加以整理和提炼，形成了中国传统纹样特有的规律特点，在藏族服饰中，图案大多是抽象的几何图形，圆中有方，曲中有直，表现了佛教的"圆通""圆觉"的理性精神。龙是中国古人对鱼、蛇、猪、马、牛、虎、鹰等动物，与云、雷电、风雨等自然天象模糊集合而产生的一种神物。而且，以龙的"血缘"关系，把它的形象复杂多样化，创造了赑屃、鸱吻、蒲牢、狴犴、饕餮、睚眦、狻猊、椒图、蚣蝮，这些龙的九子的图腾纹样，分化于中国传统的器物和建筑之上，比如，青铜器上的饕餮、建筑上的螭吻、蚣蝮、椒图；香炉上的狻猊；兵刃上的睚眦等，都具有通灵、避邪等崇拜精神，因此，产生了原始人的祭祀活动。龙图腾这种由多种动物组合出来的图腾，对后世讲究天人合一，阴阳和谐的哲学思想具有塑造性的影响。

在语言文字符号还未有完备之前，图腾是主要祭祀语言。标志纹样和文字都是由原始符契、简单的图腾发展而成的，它们浓缩着原始人强烈的情感、思想、信念和期望。商周时期的人们，将自然界生存的一些动物赋予超自然力从而使其具有神性，有些动物是可能被视为精灵或图腾，作为沟通人神世界之间的媒介，起到帮助施祭者通天达地的作用。商周青铜乐器和其他青铜器之上常有这些动物形象的描绘，便是这些信仰观念的反映，从而显示出乐器的祭祀功能。商周青铜器中的礼乐器，是当时信仰观念的物化形态。商周时期人们致祭的对象主要是天神、地祇和人鬼，青铜礼乐器作为祭祀所用的仪式物件，担当了沟通天地和人神关系的"法器"功能。青铜乐器上的各种象生动物纹和幻想动物纹形象，正是这种信仰观

---

① 清·孙诒让：《周礼正义》，中华书局，1987，第 3261 页。
② 清·毕沅编著《续资治通鉴》，中华书局，1957，第 929 页。

念的外在表现，其与当时的信仰观念是相适应和相一致的。图腾艺术是人类早期混沌未开阶段的一种奇特的文化现象，是最早产生、最具神秘色彩的艺术形式之一。图腾艺术在人类历史上曾起到重大的影响和作用，只是由于时间的久远，时代的变迁，使人们渐渐淡忘了这种早已注入我们血液和灵魂的远古艺术。古老的图腾文化现象，在历史的流变中也逐渐消失，但是图腾文化的深层影响不会消失，图腾崇拜的意识在我们的生命基因和潜意识中延续下来。

图腾崇拜是人们对未知世界的猜测和期盼，当今随着人类认知空间的不断扩大，新的未知、新的迷茫又会再次困扰人类，在人们的潜意识中，便会隐藏更多、更神奇、更新的"精神崇拜"，由此，在注重人与自然和谐统一，强调人性恢复的今天，人们自然会将目光投向那古老的过去，去重新思考那神秘而具有吸引力的原始图腾现象，并寻找与现代文化艺术的契合点，这种视线的转移和精神的回归，不但具有艺术的价值而且具有文化学意义上的价值。

最初的图形是比较写实的，又具有内在的寓意，由动物形象的写实逐渐变为抽象化的符号，在商代青铜器上的饕餮纹就是传统图腾纹样的一种演变和延续形式，纹样都表现出一种次序，它们构成了一种节奏。每一种纹饰在一般情况下是不会单独存在一件器物当中，各种纹饰之间的结合，让青铜的美上升到一种无可形容的地步。从商周的神兽纹到铭文器形的演变发展就可窥见其端倪，起初先民用羊的角、虎的口和耳朵，还有豹子的眼睛等不同动物的特征组成了"饕餮"图形，最初之意为保存祭祀中的事物免遭虫子的叮食，因为古人认为祭品中的事物被奇怪的虫子叮食，寓意着凶恶之兆。但这只是图腾形式最初意义中的一部分，重要的是这与原始先民在巫术活动中头戴的羊角、羽毛和狰狞的面具在概念上具有同等性质，便是对美的最初认识。在以后的青铜器铭文和代替纯图画形式的礼器中可发现，图腾艺术在图纹装饰上的衰落和铭文在器物上的逐渐普及，说明先民在祭祀仪式的具体进程模式上，把图腾形式由"看"的对象转变成"读"的对象。这种发展也是由最初的再现模拟到表现抽象化，这也是美作为"有意味形式"的原始形成过程。巫术礼仪的图腾形象逐渐简化和抽象化并成为形式符号，其原始图腾含义不但没有消失，反而被加强，做到抽象形式中有内容，感官感受中有观念，这种形式在于它是积淀了社会内容的自然形式，它并不只是对比较固定的客观事物的直观再现，而是常常象征着主观情感的形式，现代艺术一直保持了这种特征。

图腾是建立在万物皆有灵性的观念基础上，图腾崇拜实质上是一种灵魂的崇拜、精神的崇拜。在人类的童年，人类曾受到各种来自自然外力和动物界的侵扰，对世界存在着许许多多的未知，这些现象在原始人类的意识中归结为一点：就是在人与自然物之间有着某种超自然的神灵存在，而且神灵是神圣的、不可知的、具有统摄力量的，由此便产生了神灵的物化形象——图腾崇拜物。图腾崇拜物实质上是一种精神上的信仰，一种精神化的符号，是潜意识的一种幻象，也是灵魂深处的一种感悟，今天我们将它作为艺术化的符号来解读，从艺术造型的角度来分析这种古老的造型特征，并从中获得创作上的启示，这对艺术上的创新是有着非常重要的文化价值和审美价值。

2. 莲花与钟——宗教艺术的传播价值

宗教艺术的象征性。"所有的艺术都具有象征性"，这是阿恩海姆对艺术的一个总体评价，宗教艺术把这种象征化的寓意应用到具体的媒介传达上。在中国民间装饰图案里，吉祥图案带有很强的象征性，使吉祥图案大受欢迎，难怪雷圭元先生这样说道："吉祥图案除了给人的视觉以美的享受外，还兼顾到了精神的营养。在吉祥图案上看到的是形象，心中感受到除了形象还有语言。所以这些会说话的艺术，除了形象美、形式美之外，还有一种寓意美、比喻美、语言美。"莲也称荷，古代又称芙蕖、芙蓉。《尔雅·释草》中解："荷，芙蕖……其华菡萏，其实莲，其根藕。"[①] 中国自古有悠久的爱莲、喜莲的历史，最早可追溯到原始社会时期。莲花在中国也以其别致的花形，不染纤尘的高洁品德深受世人的喜爱。在漫长的历史进程中，莲花被不断赋予各种含义，中国文化典籍中描写莲花的诗文更是不可胜数，这逐渐形成了中国以莲为主体的"莲花文化"。随着佛教自西汉末年从印度传到中国，至魏晋南北朝时期佛教已逐渐在中国昌盛起来，随之带来了佛教艺术在中国的广泛普及。

明代的弘治钟，铸于公元 1492 年，钟肩饰莲瓣纹二十八朵，莲花瓣内分别铸有二十八星宿名。钟体铸满文字，为《北方真武经》等道教经文。

---

① 晋·郭璞、宋·邢昺：《尔雅注疏》，北京大学出版社，2000，第 285 页。

钟裙部位布满宗教符号。符号在宗教仪式中地位十分重要，是执法的手段之一，钟又是佛家行法事的重要法器，将符号铸在钟上，目的是召神降鬼，祈福禳灾。明正德七年（1512）的三十五佛名铜钟，钟体上半部铭文区内铸满三十五佛名号。下半部铸有捐资铸钟的太监姓名。这种将佛名号铸在钟上的做法是比较常见的铸造形式，明代宦官经常向寺院布施佛经、佛像等宗教用品，众太监将佛名镌铸在钟上，也是捐助布施佛教的一种表现形式。康熙五十八年（1719）的善缘庵铜钟，此钟最大特点是在铸造方面，钟身饰满缠枝花纹和蟠螭纹。蟠螭纹是古代青铜器上纹饰的一种，以盘曲纠结的螭形图案组成。善缘庵铜钟在铸造工艺上，雕刻技术细腻、考究，无不显示出皇家之物的气派。从明代开始，中国古钟的铸造进入鼎盛时期，钟铃的形制基本为上小下大的喇叭状，口沿大部分为莲花状的花式口，花式口的弧度因地域、时间的不同而不同，钟体上的铭文、纹饰增多，出现了纹饰繁缛、铸工精良的大型铜钟。

莲花纹饰作为佛教中的重要装饰纹饰，在中国兴盛并影响到很多装饰领域，自此开始了中国植物纹饰的繁盛时代。宗教艺术起源于原始先民的图腾崇拜。在旧石器时代晚期，人们往往将某些自然力理解为先祖的神力，因而创造图腾加以崇拜。图腾是原始人类不同部落间相互区别的标志，也是一个民族的宗教起源。无论鸟崇拜、龙崇拜还是虎崇拜，都会演绎出许多神话传说、巫术、祭祀、舞蹈、雕塑等，英国学者罗伯逊曾指出："古代的宗教实是由巫术、图腾制度、祖先崇拜、自然崇拜和合理化的但又互相矛盾的神话所构成的一种不调和的混合物。"万物有灵论认为，自然界的一切都处于神灵的控制下，所以，主张将自然事物的自然力量本身直接看成具有意志的对象而加以崇拜。同时，由于原始先民们求生能力的薄弱，自然而然就产生了自然崇拜，并由此产生了宗教和宗教艺术。宗教在宣扬自身教义的时候，通过绘画雕塑等审美主体将宗教教义镶嵌其中，在这个语义结构下，宗教艺术使人对神性的宗教意识顶礼膜拜。宗教艺术自身作为人类的一种文化思想体系，引领着人类靠近美好的精神彼岸。因此，诗歌、音乐、建筑、雕塑等，都表现出先民对自然和神灵的图腾的崇拜，所以，在宗教艺术里蕴含着深刻的宗教内容。

纹饰的出现都有一定的装饰作用，中国文化中的纹饰还有一个显著的特点：纹饰的装饰必和其被装饰者的实用目的结合在一起。中国纹饰在起源时就有一定实用目的，其最早可能是为了防滑作用而添加在器物上。同时，"传统纹饰的本质，在于它的审美意义，也就是纹样的装饰意义"。从莲花纹饰开始，其审美意义就逐渐成了主要部分。人们从莲花的自然形态中感触而抽象出对莲花的认识，由其中体会到圣洁、崇高、美好，并赋予莲花纹饰以"人为的力量与象征"，使纹饰发生了一种从自然形态到审美形态的升华。在这一过程中，纹饰的审美意义自然融入纹饰的自然本体形式之中。人们用莲花纹饰装饰生活并赋予莲花以象征意义，纹饰的装饰性就自然成为纹饰审美意义的主要方面。纹饰的装饰性在于丰富创造物本身，并使被装饰物呈现令人愉悦、优美、华丽的形态。莲花纹饰由早期朴实、简洁的形式逐渐发展成内涵丰富、风格多样的理想之花。

在宗教中，莲花是佛教艺术中极为重要的象征符号。佛教自从创立时起，信徒和僧侣就赋予莲花以特殊而神圣的意义，佛经称为"莲经"、佛龛称为"莲龛"。相对于佛教来讲，佛即莲，莲即佛。莲花在佛教中被视为佛的象征——崇高、圣洁、吉祥、平安、素雅、光明、贞静等，并赋予它神秘的色彩。莲花在佛教中是美好理想的化身，是超凡脱俗的象征，象征不受污染的清静世界。在佛教艺术中莲花纹饰常常用来象征佛的教义和观念，使佛经教义形象化并更容易为人们理解接受。莲花纹饰在佛教艺术中的应用也使艰深的佛经教义转化成一种大众可理解的形式。佛教以莲花为喻来迎合民俗中的爱莲心理，通过莲花纹饰更形象化地弘扬佛法，吸引信徒。中国文化自古具有强大的自信心和宽大的包容性，魏晋南北朝时期，战争不断，人口频繁迁徙，佛教从印度传入中国并和中国文化进行碰撞、交融，从而形成了文化之间的交融、交流。随着佛教在中国的兴盛，中国在思想、艺术和文学等多个领域形成了新风。佛教艺术传入的同时也带来了莲花纹饰的发展。受佛教艺术的影响，魏晋南北朝时期的器物、壁画、工艺品、佛教造像中莲花纹饰开始在中国装饰领域普及，并促使中国模特纹饰的发展。

莲花纹饰在中国佛教中是一个艺术化的经典符号，也是佛陀世界的重要象征符号。在佛教艺术中，莲花代表着"净土"，并寓意吉祥，象征着"自性清净"。"瑞莲生佛步，瑶树挂天衣。"这说明莲花在佛教中也是祥瑞的象征。佛教艺术中多是取莲花"出淤泥而不染"的特点，以莲花代表清净的境界，使人超凡脱俗、清心寡欲、心无尘染。莲花的自然特征体现了佛教超然出世的特性，其茎直而中空，这一特点正与佛教中万事皆空的意念相符合。因此，由于莲花的种种特性和佛经教义在很大程度上相吻合，莲花纹饰就自然成了佛教艺术中重要的装饰纹饰之一。佛教中莲花纹饰形式多样，遍及佛教艺术的建筑、造像、壁画等。在佛教中莲花也喻示着由烦恼到清静的升华过程，象征着圣洁与不灭。佛经中的莲花有四义：在泥不染，自性开发，为群蜂采，香、净、柔软、可爱。《三藏法数》中也将莲花喻为菩萨十种善法，即：离诸污染，不与恶俱，戒香充满，本体清净，面相熙怡，柔软不涩，见者皆吉，开敷具足，成熟清净，生已有想。信众日常所诵的"唵、嘛、尼、叭、咪、吽"六字真言中，"叭、吽"的梵文意也为"莲花"，即"莲花部心"，比喻佛法如莲花一样洁净。莲花广泛装饰于佛教的建筑（寺庙）、雕塑、壁画、供物、法器上，纹饰华美、寓意深刻。莲花纹饰在汉代之前已经形成了自己的风格样式，从早期的缺乏写实感、形式抽象的莲花纹饰，逐渐发展到造型饱满的写实原生莲纹。不管是装饰在青铜器上的莲花纹饰，还是建筑和墓室天顶的莲花装饰，人们都在莲花纹饰上寄托了更多的美好理想，也通过莲花纹饰来表示人与天穹的关系。将人对宇宙的认识通过莲花纹饰联系在一起。这一时期莲花纹饰的形式大都是表现莲花一种盛开的状态，从纹饰中表达了人们对于生命的热爱。莲花纹饰多采用正面俯视的角度，取其完整、端正、饱满的形态。中国原生莲花纹饰在形式和内涵上都融入了中国传统审美对于"圆满"的精神文化追求，在其中体现了中国早期的"观物取象"的造型方式和设计思想。

第三节　钟饰的文化传播意义

一　审美传统的历史

黑格尔在《美学》第一卷里说："美的要素可分为两种：一种是内在的，即内容，另一种是外在的，即内容借以现出意蕴和特征的东西，内在的显现于外在的；就借这外在的，人才可以认识到内在的，因为外在的从它本身指引到内在的。"[①] 形式是任何事物都有的，青铜器也不例外。任何

---

① 〔德〕黑格尔：《美学》，朱光潜译，商务印书馆，1979，第25页。

产品的设计，纹样的描绘，都离不开形式，但形式美却要经过洗练才能达到美感的高度。因此，从青铜器的形式美，我们可以看出当时制作工匠的设计思维和智慧。

最早的原始装饰形态上带有初级阶段的雅朴性，无所谓民间与非民间之分，人们所选器物都是为了人的生活实用。然而，进入阶级社会以后，随着社会制度的变革和生活方式的改变，人开始类聚，思想开始分化，生活环境也开始不同。民间器物的制作，主要是满足他们自己生活的需要，体现了自作自用的纯朴率真的品格，劳动者把生命维系过程与造物直接沟通，并作为联系生活的主要方式，将一切真情美意都物化其中。其装饰艺术特点为：第一，图案纹样是以单独适合纹样为主。这种单独纹样是以变形奇特且现实中没有的想象的怪兽纹和自然界动物纹为主。其主纹常见的有饕餮纹，形成兽面，大眼，有鼻，双角的形象。这种兽面纹应是牛、羊、猪等作为祭祀牺牲的形象。但这种表现并不完全写实，而是加以象征化、抽象化，或进行综合处理。也有用相对的两个"夔"纹组成。通常，"夔"纹只是作侧面描写。第二，图案纹样多采用对称的形式。兽面的正面对称表现可以更强烈地衬托出青铜祭器的肃穆威严；此外，与器物的制作和成形有关，青铜器用模块制作花纹，而运用左右对称的办法，更能做到工整和准确。从以上特点不难看出，形式美的规律"多样统一"，这在商代青铜器装饰形式中得到了充分的体现。从外部形态到内容，共享一个载体，不可分解。这一时期青铜器纹饰在继承前代纹饰风格体系的威严、华贵的审美特征的同时，把威严、狰狞、肃穆、无法把握的神异形象人性化。在很长的时间里，青铜器皿作为"国之重器"在奴隶制国家中占有重要的精神地位，并在雕绘纹饰时，统治者要求工匠打破动物图案、植物图案以及兽面图案的既成格局，讲究"图"与"底"相互照应的关系。"有时只有几圈简朴的弦纹，间或于中央加饰一个凸出的兽头或是在窄条形的花纹带里使自己简化分解兽面纹或夔纹。"① 这些器具被广泛用于帝王与贵族大臣的祭祀和礼仪活动中，并逐渐扩展到不同的阶层中。而此时的纹饰图形与文字的相结合与前期的风格不一样，也就是青铜图像铭文相互组合并形成另外一种寓意内涵的图形符号，使之更加确切地反映当时贵族祈求

---

① 向中华：《青铜的历史》，新世界出版社，2006，第68页。

"神性"的美好祝愿。

图腾之美，反映了古人的话语与心态。图腾崇拜的核心是认为某种动物、植物或无生物与自己的氏族有血缘关系，是本氏族的祖先和亲人，从而将其尊奉为本氏族的标志、象征和保护神。它是一个家庭为了保证生命的安全和不断繁衍生息，而创造出来的一种来自于他们周围熟悉环境中的形象，可以说是一种精神上的寄托。弗雷泽说："图腾是一个种类的自然物，野蛮人以为其物的每一个都与他有密切而特殊的关系，因而加以迷信的崇敬。"① 图腾作为一种原始的氏族标志，把自然物人格化，并赋予一种超自然的力量，这在原始装饰中具有很普遍的意义。同时，它也是最早具有实用意义的一种装饰，体现了原始的宗教崇拜，或文刺于身体上，或刻在器皿与武器上，成为标志性的表号图案。图腾浓缩着原始人们强烈的情感、思想、信仰和期望，这也是原始先民的"自然哲学"，虽然这种"哲学"是幼稚而简陋的，是用定理本身替代了论证的思维。原始人们把梦中的图像与声音认为是客观实在的物像，同时，确认他们自己的存在也是双重性的。他们认为，自己可以作为一个有生命与意识的人存在着，同时，认为自己是可离开躯体用单独魂魄的方式存在着。他们想要确定很多无法理解和无法解释的自然现象的原因，于是用自己的幻觉和梦境来理解并加以推广。在祭祀上的歌唱、咒语和舞蹈无不表达着与图腾崇拜的心理一样的朴素逻辑运算，其中，充斥着神圣与庄严、狂热与虔诚。图腾纹样是先民对于自然和生命的一种解读符号，是长期以来对劳动生活的提炼和加工，这种图案，象征的是一种思想的共识、一种古老的信仰、一种精神的力量。容庚先生在其《商周彝器通考》中归纳了饕餮纹饰："有鼻有目、裂口巨眉者；有身如尾下卷者，口旁有足者；两眉矗立者；有首无身者；眉皆作雷纹者；两旁填以刀形者；两旁无纹饰，眉作兽形者；眉往下卷者；眉往上卷者；眉鼻口皆作方格，中填雷纹者；眉目之间作雷纹而无鼻者；身作两歧，下歧上卷者；身作三列雷纹者；身作三列，上列为刀形下二列作雷纹者；身一脊，上为刀形，下作钩形者；身一足、尾上卷，合观

---

① 〔英〕詹姆斯·乔治·弗雷泽：《金枝——巫术与宗教之研究》，徐育新、汪培基等译，大众文艺出版社，1998，第169页。

之则为饕餮纹，分观之则为夔纹者。"① 《春秋宣公三年》记载："昔夏之方有德也，远方图物，贡金九牧，铸鼎像物，百物而为之备，使民知神、奸。故民入川泽山林，不逢不若；魑魅魍魉，莫能逢之。用能协于上下，以承王休。"在商周两代，这种动物图像转变为具有神灵化的鬼神。

研究原始图腾文化是了解一个民族历史、民俗等艺术文化起源和审美意识的一面镜子，是挖掘其优秀传统精髓的依据，也是当今我国艺术设计发展的一个矫正器，通过对图腾美学意义与文化意义上的讨论，也是对中华古代文明价值观的一种肯定，更需要我们报以尊重和谨慎的态度去面对，注重章法形式美的装饰效果，形式美是装饰艺术的主体，是主客观结合的产物。从广义上说，形式美就是美的事物的外在形式具有的相对独立的审美特征；从狭义上说，形式美是指构成事物外形的组合规律（比如整齐、比例、对称、均衡、反复、节奏、多样统一等）呈现出来的审美特性。古代器物上的汉字书法装饰，除了文字内容具有一定的意义外，其主要注重汉字书写的形式美，并由此构成一定的章法，就像纹样装饰的构图一样，讲究对称与均衡、对比与秩序、节奏与反复，变化与统一等。由于汉字为方块形，其本身就具备对称均衡的特性，因此，器物上的汉字书法首先能保持视觉上的稳定感。同时，器物上的汉字书法形式还与其所附着的器物环境均衡协调，如与器物装饰面的比例关系与纹饰风格的和谐对比关系等。如果把器物的纹饰比作"图"，那么器物上的书法就是"文"，图文共存本身就是一种对比。

中国古钟的装饰艺术形式的最佳装饰效果是变化中的统一。"变化"体现了自然和人类生存的原则，也是艺术生命，没有变化就没有发展，装饰效果就流于简单、呆板、浅薄和单调乏味。"统一"体现了事物发展的整体性和共性，使装饰作品达到和谐。没有统一就没有整体，装饰效果就流于繁杂、散乱、琐碎和喧宾夺主。没有变化的统一会一潭死水；没有统一的变化会杂乱无章。因此，变化与统一是辩证关系，体现了客观事物具有的特性。包含了对称、均衡、对比、调和、节奏、反复等因素，使人感到既丰富又单纯，既活泼又有秩序。

---

① 容庚：《商周彝器通考》，上海人民出版社，2008，第 123 页。

二 符号文化的见证

符号是负载和传递信息的中介,是人们认知事物的一种简化手段,它以浓缩而抽象的形态储存和传递着一切人和事、人与自然等信息,一旦在社会生活中定型,就会使人的思维形成某种主客对应的定式。比如,一谈到园林,我们就联想到苏州和苏州城市的建筑文化。符号,作为一种专门的学问来研究,最早是在20世纪初由瑞士语言学家索绪尔(Sauaaure)和美国哲学家皮尔士(Pierce)提出的,索绪尔的符号学尤其注重符号对社会生活的意义,与心理学相联系。皮尔士的符号学则注重对知觉现象的分析,与哲学相关。美国美学家苏珊·朗格在1953年撰写的《情感与形式》对艺术的本质作了深刻的揭示,是20世纪中期符号主义美学中极有影响的著作。20世纪80年代,我国开始了现代意义上的符号学研究,并将其逐渐应用到语言学、逻辑学、哲学、文学、艺术、宗教学,以及人类学、心理学、社会学、生物学、传播学、信息科学等多方面的研究中。在设计艺术领域,符号的运用相当广泛,有语言性符号(比如文字),有非语言性符号(比如图形),充分表现了符号的认知性、普遍性、约束性和独特性。其实,早在原始社会,中国人就以自觉不自觉的符号行为丰富着生活,如结绳记事、氏族图腾等,都是维系古代社会秩序的信息符号,也是为了实用和审美两种需求。《易经·系辞下》中说:"古者,庖牺氏之王天下也,仰则观相于天,俯则观法于地,观鸟兽之文与地之宜,近取诸身,远取诸物,于是始作八卦,以通神明之德,以类万物之情。"其中"观物取象",指的正是我们现在研究的符号创制的最初过程。当代美学家叶秀山先生曾谈到书法与符号的关系,他说:"它(书法)有作为记录语言的符号的意义,它同语言的声符一样,也可以引起意象,同时,它还有作为符号媒介的字形,一种以线条为主的点、线、面的组合。……作为文字来说,人们在阅读时,总是扬弃线条,去理解它所代表的意义(内容);但作为书法艺术,则力求把字的线条和字的意义结合起来,而始终不扬弃字的形式。"[1] 本书提出"汉字书法符号说",旨在应用当代符号学的研究成果来

---

[1] 叶秀山:《说"写字":叶秀山书法谈丛》,中国人民大学出版社,2013,第58页。

说明古代汉字书法在国人心目中的崇高地位，说明古代汉字书法无论是实用书写还是审美效应，都远远超出了字形和字义的界面；它是一次有意或无意的记录，但记录的不仅仅是某种确定的意义和感情，并总使人联想到一种生命的物化，一种生命的永恒性滞留。正如苏珊·朗格所说："符号性的形式，符号的功能和符号的意味，全都融为一种经验，即融成一种对美的知觉和对意味的直觉。"汉字书法符号作为一种传递、展现精神面貌的介质，为传达中华民族的智慧和情感打开了一扇亮窗，并通过某种视觉形式与人——产品——环境——社会——自然等进行沟通、连接，直接影响人的生活方式，从而导致实用、纯艺术审美而外在建筑、器物、碑刻等设计形式上的装饰表现。

考古发现的商周乐器，除少量为素面外，大多都有不同式样的花纹装饰。除了某些乐器品种，如骨笛、骨箫等，由于制造材料和自身构造等原因不便施以花纹外，多数青铜钟类乐器以及磬、鼓 、埙等乐器的体表，往往都有精美的纹饰。乐器体表花纹图案的构成，不但表现出不同时代、地域和民族的文化传统、风格以及审美习俗，而且还是一种表象和表意符号，在乐器纹饰的背后，蕴含着人们的信仰观念和精神风貌，具有一定象征意义，形成青铜纹饰的神圣化与等级相叠加的宗教巫术制度。艾兰认为："虽然商代青铜器纹饰母型并非再现性的，可是如果把它们放在宗教祭祀器皿这个大前提下，它们的图画意义是可以得到诠释的。这些器皿是用来向祖先神灵奉献祭品，由于接受祭祀的不是活人，于是，它所用的语言也一定不是这个世界的。"她还指出："商代青铜器纹饰母型最基本的内涵就是死亡、转化、黄泉下界的暗示。正如神话一样，它们也是在突破着真实世界的界限，以传达出一种神圣性本质。"这是就商代青铜器而言，也是具体到周代的青铜器纹饰所具有的同样的意义。

中国早期的青铜纹饰是从史前文化演化而来，自然承袭或被赋予了包含不同民族、不同政体、不同文化的宗教信仰与风俗传统。先秦人类对祖先、圣灵的敬畏和崇拜在日常的生活和风俗中变得越来越重要，其生存环境的了解与对工具的使用，以及对自然环境的变化知之甚少，往往表现出闭塞状态，它不仅散发出神秘的宗教气息，而且以图像化、概念化的艺术造型向世人展示青铜器纹饰所具有的宗教巫术功能。然而，宗教祭祀活动在商周时代的社会生活中占有重要地位，那时，人们对宇宙观的精神与物质方面的思维经常与神性的事物联系起来。列维－布留尔在《原始思维》这本著作中认为："例如悬崖和峭壁，因其位置和形状使原始人感到惊惧，所以它们很容易由于凭空加上的神秘属性而具有神圣的性质。江、河、云、风也被认为具有这种神秘的能力。空间的部分和东南西北的方位也有自己的神秘的意义。"① 从而商周两代把这种原始精神崇拜反映在占卜、祭祀的巫术中，把某种起源与某种特定纹饰相连接，构成并超越自然的时空与神灵之间的沟通体系。

宗教起源于原始先民对上帝与自然力的图腾，因此，宗教艺术从诞生之日起就具有了一定的装饰性元素。面具、岩画、壁画、舞蹈等已经含有装饰性意义，这种装饰性把宗教的本体语言渗透到对事物的情感当中。宗教艺术的装饰性也体现在绘画与建筑中。宗教绘画是宗教艺术的重要形式。据记载，佛教绘画是从东汉时期传入中国的，佛教传入中国后，大量的佛教经典变成了具有形象化的壁画或者雕塑，随着佛教的发展，佛教绘画的题材越来越倾向于对神像和动植物的装饰，这种形象的变化要求宗教艺术形式必须依存一定的审美规则。

符号装饰常常代表吉祥文化，吉祥，就是吉利祥和，所谓"吉者，福善之事；祥者，嘉庆之征"。在我国汉字中，"吉""祥"两字出现较早，甲骨文中有较多的"吉"或"大吉"字样；"祥"字在先秦篆文中用"羊"，是假借，以声托事。可以说吉祥是原始先民对生存和生活充满的热望，久而久之便演成一种文化，一种对万事万物祝福的意愿。因此，《周易·系辞下》有"吉事有祥"之句，《庄子》也有"虚室生白，吉羊止止"之说，而《战国策·秦三》则云："天下继其统，守其业……岂非道之符，而圣人所谓吉祥善事与？"可见古人已把吉祥视为国家巩固、安定繁荣的表征，它植根于每一个人的内心深处，渗透到生活的每一个角落，使这一中华民族源远流长的吉祥文化几千年来久盛不衰。概言之，古代吉祥文化的内容主要包括：纳福迎祥、驱邪避恶、多子长寿、升官发财、喜庆如意等，意在表达"富、贵、寿、喜"。同时，这些丰富的内容又逐渐

---

① 〔法〕列维－布留尔：《原始思维》，丁由译，商务印书馆，1981，第30页。

浓缩成一些"吉语"，如"大吉羊"。这些吉语可以在口头上说，可以画成吉祥图，也可以用书法写出来，成为人们喜闻乐见的文明形式。当人们把吉祥图或吉语书法附加在一定的主体，如器物之上就形成了吉祥装饰，这也是设计制作者乐意为之的。如中国的古钟，特别是在梵钟的钟身上经常会铸上"卍"字符，也叫万字符，是古代印度宗教中的吉祥标志。随着古代印度佛教的传播，"卍"字也传入中国。显现金光，佛教的如来佛胸前有"卍"字。中国唐代武则天定音为"万"，义为"吉祥万德之所集"。佛经中也有"卍"的记载。"卍"字（英文为 swastika）在梵文中作 Srivatsa，音译为"室利踞蹉洛刹那"，旧译为"吉祥海云相"，意为"吉祥之所集"。北魏菩提流支在所译《十地经论》卷十二中，译为"万"字；而鸠摩罗什和玄奘都译为"德"字，取万德庄严之意，强调佛的功德无量。一般认为"卍"字符之所以读"万"音是武则天于长寿二年（693）定的，在宋朝人编的《翻译名义集》卷六中说："主上（武则天）制此文，着于天枢，音之为万，谓吉祥万德所集也。""卍"形符号的写法历来有左向"卍"和右向的"卐"两种。唐慧琳《一切经音义》提出，应以"卍"为准。藏传佛教则以右旋的"卐"为正规，这是汉地和藏区在使用"卍"形符号的区别。但是藏地的古老宗教——苯教却以"卍"作为崇奉的符号。藏语称"卍"为"雍仲"，意为"坚固"，象征光明，还有轮回不绝的意思。

从装饰效果看，吉祥图常用象征（如龟、鹤象征长寿，莲花象征圣洁）、谐音、表号等寓意手法，迂回地表达纳吉迎祥的目的，形象丰富，传神而风趣；而吉语书法往往通过汉字的语义和书写的形式美表达装饰的目的，简洁、直观、雅致。由于吉祥文化的主题不仅表明人们的希望和理想，又以寓意的方式表征人们改变生存环境的艰苦努力和征服困难的伟大意志，所以，吉祥既是理想的，又是现实的，不论国家还是个人，也不论官方或民间，都与吉祥文化有关，可以说，从黎民百姓到达官贵人对此都有好感。因此，以吉祥语为内容的书法装饰覆盖面大，带有极强的普遍意义。如前所述，吉祥图装饰形象丰富，多姿多彩，但这些形象可能会随历史的进步、文化的变迁而有变化和转义，给人的理解带来困难；而吉祥书法装饰，文字简洁，使人一望便知，并且有些吉语一旦约定俗成就会广为流传，并且有些构成吉语的汉字如"福""寿"等本身亦能图案化，形成特定的表号。至于汉字书法中将某一吉语的词组或成语，由笔画的互相搭配、巧借组成表号作为装饰，更是别具匠心，在吉祥与审美中包含着智慧和风趣。因此，吉语书法装饰由来已久。如果说先秦铜器上的铭文装饰是在礼乐文化的熏陶下形成的，那么，吉语书法的装饰就是在汉代吉祥文化兴盛的前提下走向完全独立的（因为先秦铜器铭文中虽有吉语，但尚未构成独立的吉语书法装饰）。汉武帝"罢黜百家，独尊儒术"后，人们迷信"天人感应"，更以"谶纬"相附会，将自然界一些偶然的现象看成将来要应验的预兆，并以此去解释儒家的经义，所谓"符命，与人事相应"，其近乎迷信，但这在客观上却大大地扩展了吉祥的内容和影响，于是，瓦当、砖石、铜器、织造物、墓室刻石等无不将吉语作装饰素材，其书法有篆有隶，或篆隶相掺，形成了风格多样的汉字书法装饰。此后各朝代均有效仿，自宋代以来，尤其是明清两代，不论在绘画、雕刻、工艺图案、建筑装饰等方面都形成一股借用吉语书法字体的主流。有的还直接以书法作品表现。以上从汉字的形式意味、礼乐文化、吉祥文化阐述了古代书法装饰的文化背景，这些文化背景共同交织产生作用，并且在不同的历史时期、不同场合又产生不同的影响。此外，道教、佛教等宗教文化也不时地影响着书法装饰，只是其中用于装饰的书法语词与形式多数与礼乐、吉祥文化糅合在一起，难以分离出显著的特点。总之，几千年绵延不绝的古代汉字书法装饰始终在中华传统文化的背景下产生、发展，进而自成体系。因为，文化作为一种观念形态的东西，总是对人的价值取向、思维方式、审美趣味等有着重要的影响。

青铜工艺是传统金属器物装饰的代表。中国很早就掌握了冶炼青铜的技术，用不同比例的铜、锡，冶炼出适合不同用途的青铜，造出的青铜器，形制、纹饰精美，其装饰艺术无论是在中国工艺美术史上，还是在世界美术史上，都占有极重要的地位。它发达的铸造工艺，充分体现了中国奴隶制社会高度发展的生产力水平；它的丰富多样的造型和纹饰，集中反映了中国古代劳动人民杰出的艺术创造。"媒介"一词是指传播信息或者表达信息的一种介质和载体，即传播过程中从传播者到受众之间的传递工具，如电视、电影、广播、印刷品、计算机和计算机网络等均属于媒介的特质。在这里，我们所说的媒介是指传递宗教内容的工具，是让受众群体能够更好地接受宗教的媒介工具。卡西尔在《语言与艺术》中提到一切伟大的艺术家在选用媒介的时候，并不把它看成外在的东西，无论是原料，文字色彩线条的空间形式，还是图案和音像，等等，对它来说都不仅是再造的艺术手段，而且也是必备的条件。如诗歌、绘画、建筑艺术或者造型艺术。在宗教艺术行为中，媒介传达作为实现宗教教义、教规向人们心灵渗透的重要方式，它不仅是一种技术手段和情感工具，而且也赋予了这种媒介方式更多的神秘主义和系统化含义。

小　结

古钟的装饰文化只是中国传统文化的缩影，它不仅形成了独特的艺术形态和形式构成等特殊文化现象，反映了中华民族的深层思维结构和认知方式，而且从价值取向、审美取向等方面对中国文化的发展也起到了一定的规约作用。与其他装饰门类一样，古钟的装饰艺术也经历了漫长的历史发展过程，它伴随着时代的变迁而不断延伸、演变、扩展，并以其多样性和统一性高度协调。这一过程，我们可以多角度去审视。首先，从装饰演变看，可简化概括为实用——实用与装饰共存——纯装饰。比如，器物上一开始具有的装饰图案只是为了标明器物的所有者或用途，它不像图案、色彩或绘画等依附于一定的主体之上，直接形成装饰效果，当人们逐渐认识到图案符号所具备的形式美感和文化内涵也具有装饰性以后，就经过设计而发展成为实用与装饰共存的汉字书法，此后一直贯穿于装饰艺术之中，如器物上的"物勒工名"。其次，从装饰图案的发展看，也是实用艺术。再次，装饰风格是雅与俗的交织。最后，装饰文化，可以简括为礼乐化——文人化——民俗化。

本章通过对钟饰的由来和种类的分析，考察钟作为传播媒介的装饰审美价值和图腾文化意义；以钟所承载的纹饰图案为切入点，探讨中国的古钟在文化传播中承载的符号内涵。钟体上所铸刻的那些图案、符号，即"钟饰"。随着历史的推移、社会的发展、钟体的变化、古钟功能的改变，钟饰的形制和内容也在发生着改变。本书着重考察了钟饰的种类和内容的具体变化，并且讨论图腾文化和宗教文化对钟饰的影响，以及在文化传播学上的意义。由于具有时间型媒介的特征，钟体承载着图案符号历经时间的考验，文化也因此得以延续和传播。所以，古钟不仅为研究文字发展史提供了宝贵而丰富的史料，而且对古代社会、政治、思想、文学、经济等各方面的研究都具有珍贵的价值，是历史文献的补充和参考。有钟就有饰，这成为中国古钟的一个十分重要的特点。古钟装饰不仅是古钟文化的一部分，而且铭与饰构成的整体里也包含了丰富的文化传统意义，默默传播着其蕴含的深厚的文化意义。

第六章

钟楼文化传播

本章的传播语境扩大到中国整个传统社会文化，不再局限于儒家或佛教的仪式范畴，而是凸显钟作为文化符号在民间的传播功能。前两章里所提及的乐钟是宫廷之物，平民是极少有机会看到实物，有的可能只是闻其声，不见其形，正如《诗经·白华》篇里所吟："鼓钟于宫，声闻于外。"① 长期以来，不论是乐钟还是报时钟，都为统治阶级所拥有，乐钟的传播只是在上层社会。而报时钟却有向民间传播的倾向，但是传入民间也是一个相当漫长且渐进的过程，而钟楼的出现正是钟慢慢向民间传播的重要途径。本章是以钟向民间传播的现象和过程作为考察对象，并以钟的延伸——钟楼为切入点，进而探讨其在民间传播的价值和意义。

第一节　钟楼的产生

—— 钟 的 延 伸

美国著名跨文化传播研究专家拉里·萨姆瓦认为："任何传播都是在一定的物质环境和社会环境中进行的，物质环境所具有的象征作用属于非言语传播的范畴。"② 本节主要从历史古籍文献中，追溯钟楼的建筑及其用途。经由有关记载钟楼的文献，探寻钟楼最初设置的情形，以及钟楼建筑

---

① 汉·毛亨传、汉·郑玄注《毛诗》，中华书局，1936，第 113 页。
② 〔美〕萨姆瓦等：《跨文化传通》，陈南、龚光明译，生活·读书·新知三联书店，1988，第 20 页。

设置重心的转移，并探讨关于钟楼的传播功能，以了解钟在宫殿、城市及寺庙中的功能及受到的重视。自最初设置钟楼的朝代始，由于钟受到重视，便设有专门与钟有关的专职人员。因此，钟楼的早期应是建筑于宫殿之中，并影响寺庙对钟楼的设立，以及宫殿钟楼逐渐转移至城市。所以，本书从宫殿、寺庙、城市三个不同的设置环境出发探讨钟楼的产生和发展过程。

一　宫廷钟楼

在宫廷的钟楼建筑成形之前，已有钟被摆放在门前，在《南齐书》中便有"太极殿前钟声嘶"[①]的记载。因此，摆放于门前的钟，其摆放位置可能正是钟楼之前身。先秦时期，乐钟文化兴盛繁荣，但也未出现专门置放乐钟的地方，更不用说有钟楼这样的建筑。《史记·秦始皇本纪》记载：秦每破诸侯，"所得诸侯美人钟鼓，以充入之。"[②] 可以看出，秦皇宫中已有钟鼓，但查看秦代有关咸阳的宫殿资料时，并没有发现有钟楼之名称。这说明当时在宫中还没有专门放置钟的建筑。

秦汉之后，钟楼的雏形慢慢出现，首先是朝钟的出现。史书记载，秦始皇二十六年（前221），

> 收天下兵，聚之咸阳，销以为钟鐻，金人十二，重各千石，置廷宫中。[③]

当时，实际上是铸了六口大朝钟，分别悬挂于由一对铜人造型组成的六个钟架之上。这六口朝钟毁于后来的战乱，其形制很可能与"秦公镈"相似，但其性质已不属于乐器，而是取钟宏大的声音和威严的形体，成为秦统一六国后朝廷权力的象征，用于朝廷庆典时敲响。后世朝钟逐渐发展成为朝廷集众的信号器。自秦以后，历代朝廷均铸大型朝钟置于皇城，每日早朝击鸣，百官闻钟而上朝。而且这样一种制度，一直被历朝历代沿用。

---

① 梁·萧子显：《南齐书》，中华书局，1972，第453页。
② 汉·司马迁：《史记》，中华书局，1959，第239页。
③ 汉·司马迁：《史记》，中华书局，1959，第239页。

西汉时期，宫殿中亦有设置钟的制度，如《后汉书》中"迎济阴王于德阳殿西钟下"①，亦有"出入传呼，撞钟鼓"②"钟鸣受贺"的礼仪。史书上虽然没有这一时期关于钟楼的记载，但在汉代长安的长乐宫已有悬钟之室，即"钟室"。见于《史记·淮阴侯列传》：

> 吕后使武士缚（韩）信，斩之长乐钟室。③

可以看出汉长安城的宫殿已有专门悬置钟的室。并且，随着钟的报时功能的制度化，钟楼的出现已经是必然趋势。曹魏时期，当时邺城的宫殿内已有钟鼓楼，两者东西排列在外朝主殿前。据《相台志》记载：

> 外朝文昌殿，曹魏建，南直端门，天子朝会宾客，享群臣、正大礼之殿也……钟楼、鼓楼，二楼在文昌殿前东西。④

此时，钟鼓楼已成为宫殿必备建筑，并形成了固定模式。在南北朝时期，亦有宫殿之中设置钟楼的记载，如《南齐书·本纪第四·郁林王》：

> 帝在寿昌殿，闻外有变，使闭内殿诸房阁，令阉人登兴光楼望，还报云："见一人戎服，从数百人，急装，在西钟楼下。"⑤

另有《南齐书·列传第一·皇后》：

> 宫内深隐，不闻端门鼓漏声，置钟于景阳楼上，宫人闻钟声，早起装饰。至今此钟唯应五鼓及三鼓也。⑥

这里所提到的景阳楼里所置之钟，即景阳钟。关于"景阳钟"有过许多诗歌提到它，如："晚妆长趁景阳钟，双娥着意浓。"（宋·晏几道《阮

---

① 南朝宋·范晔：《后汉书》，中华书局，1965，第249页。
② 汉·班固：《汉书》，中华书局，1962，第3916页。
③ 汉·司马迁：《史记》，中华书局，1959，第2628页。
④ 清·顾炎武编《历代宅京记》，中华书局，1984，第175页。
⑤ 梁·萧子显：《南齐书》，中华书局，1972，第74页。
⑥ 梁·萧子显：《南齐书》，中华书局，1972，第391页。

郎归》);"今朝画眉早,不待景阳钟。"（唐·李贺《追赋画江潭苑四首》);"宝奁抛掷久,一任景阳钟。"（唐·李商隐《垂柳》);"长乐瓦飞随水逝,景阳钟堕失天明。"（唐·李商隐《览古》);"向兽樽前飞絮早,景阳钟后落梅多。"（宋·晏殊《壬午岁元日雪》);"曾陪羽林仗,如待景阳钟。"（宋·贺铸《待晓朝谒天庆作》);"万象晚归仁寿镜,百花春隔景阳钟。"（唐·温庭筠《投翰林萧舍人》)。景阳钟始于南朝时期,齐武帝以宫深不闻端门鼓漏声,置钟于景阳楼上,宫人闻钟声,早起装饰,后人称之为"景阳钟"。每日景阳钟响,宣告早朝开始,群臣百官在钟声中上殿排列班次。

从这些古代文献中可见钟楼在当时宫殿里的设置,楼中放置钟为报时之用。另根据《长安志》叙述,唐朝初年,皇宫已专设钟楼:

> 西内宫城正殿曰太极殿,殿东隅有鼓楼,西隅有钟楼,贞观四年(630)置。[①]

清代徐松的《唐两京城坊考》中也有与上文相同的记载:

> 东内大明宫……贞观八年(634)置为永安宫,明年改曰大明宫……(含元殿)殿东南有翔鸾阁,西南有栖凤阁,与殿飞廊相接,又有钟楼、鼓楼。[②]

这都说明唐初太极宫和大明宫已有钟楼、鼓楼。唐代的太极宫、大明宫之含元殿、宣政殿,以及兴庆宫的大同殿都有钟楼的设置。唐代,与钟楼制度化相应产生了"典钟"这一司职人员,据《唐六典·秘书省·太史局》载:

> 典钟二百八十人。注:皇有置,掌击漏钟……凡候夜漏以为更点之节,每夜分为五更,每更分五点,更以击鼓为节,点以击钟为节。[③]

可见,"典钟"即是当时宫廷中执掌报时钟的人。

---

① 《陕西通志》,《景印文渊阁四库全书》第555册,台湾商务印书馆,1986,第357页。
② 清·徐松:《唐两京城坊考》,中华书局,1985,第165页。
③ 朱永嘉、萧木注译《唐六典》,台北三民书局,2002,第1170~1171页。

宫廷钟楼里的钟为朝钟，是指用于古代宫廷里传达信息、召集众人的响声器具。根据文献记载：秦始皇统一中国后，曾在咸阳销熔天下兵器，铸成象征朝廷权势和威严的六口朝钟。今天的北京大钟寺博物馆展厅内，还展示着一口乾隆朝钟，钟体布满浮雕状纹饰，遍无一字。由于钟口铸有八卦符号中的"乾"卦，且钟身上铸有二十二条神态各异的飞龙，便有了"乾隆"的推测，乾乃乾卦之乾，隆即龙也。以此来暗喻乾卦（乾）龙（隆），表明该钟为乾隆朝所造之意。八卦本是《周易》中的八种基本图形，简单地讲，八卦主要象征天地雷风，水火山泽，其中天地两卦在八卦中占特别重要的地位，是自然界和人类社会一切现象的最初根源。这口钟上所铸全为乾卦，寓意乾隆皇帝之说，实际上只是一种巧合罢了。因为，这种只铸乾卦的钟不只这一口。清代的乾隆一朝，自 1736 年至 1795 年，历时 60 年。其文治武功的巨大成就，使其成为清代昌盛时期的三代明君之一。从现存的乾隆时期所遗留的丰富和巨大的文化遗产来看，不论是在瓷器、铜器、绘画、建筑或其他社会各个方面，均拥有这个时期明显的特征。精雕细刻，不厌其详，雍容华贵，那种只有太平盛世才具有的气度，都从不同的角度反映了这一鼎盛时期的风格，乾隆朝钟当然也不例外。

综上所述，钟楼建筑的前身是置于正殿之前的钟鼓旧仪，到汉长安城设置专门的房屋放置，再到唐朝大明宫中有非常严格而正式的钟楼设置，钟楼才有了一定的形制。建筑于正殿之前的钟楼，不仅符合报时的需求，更能够增强宫殿的威严显赫。宫殿钟楼的发展过程，也是钟文化传播的最好注解。

二 寺庙钟楼

寺庙钟楼的出现晚于宫殿钟楼，这是可以肯定的。并且寺庙钟楼的出现一定是受宫殿设置钟楼的影响。现在可以看到很多寺庙中都有钟楼建筑，而关于寺庙有钟的记载也是很早的事情，当汉代印度佛教传入之时，产生了具有中国特色的梵钟。也有观点认为，梵钟应由中国乐钟与号召群臣的朝钟演变而来。本书第三章对梵钟的来源已经加以考察，在此不赘述。无论如何，梵钟的出现，可以说是佛教汉化的一部分。梵钟越来越受到寺庙重视，所以，梵钟位于寺庙的何种位置，自然也是相当重要的问题，关于寺庙钟楼设置的研究正由此而来。

魏晋南北朝时期，相关史料和实物都已体现钟楼在寺庙建筑中的普遍应用，但与之对称排列的，不是我们所熟悉的鼓楼，而是塔、经藏或观音阁，相对于"东钟西鼓"的城市模式，我们称这种钟楼与塔、经藏或观音阁对峙的形式为"东钟西藏"。佛寺的建筑发展，根据段启明等著《中国佛寺道观》一书中称："佛教寺院在汉代时主要按汉代的官署布局建造，不少官吏、贵族、富人舍宅为寺，由此沿袭下来，佛寺的格局总体上与中国传统的院落形式相似。"① 因此，可见隋唐之前，寺庙建筑的布局明显受到中国传统的院落建筑形式影响。到了隋唐时期，寺庙中仍然是"东钟西藏"的形式。唐代大诗人杜甫就写过一篇关于寺庙钟楼的诗歌《暮登四安寺钟楼寄裴十（迪）》：

> 暮倚高楼对雪峰，僧来不语自鸣钟。
> 孤城返照红将敛，近市浮烟翠且重。
> 多病独愁常阒寂，故人相见未从容。
> 知君苦思缘诗瘦，大向交游万事慵。

寺庙钟楼是佛教建筑文化非常重要的体现，鸣钟之处，即佛法传播的圣坛。另外，寺庙的建筑格局受中国宫殿建筑的影响非常大，沿用钟楼也是顺理成章。然而，根据梁思成的《中国建筑史》，在佛教传入中国的初期，佛教建筑中尚未有钟楼，文献中一直没有相关的记载。直至唐代，寺庙钟楼才有明确文献可考。唐代令狐楚撰文《大唐回元观钟楼铭》以钟楼与钟之间的关系衍生出的意义为例："钟凭楼以发声，楼托钟以垂名。钟乎，楼乎，相需乃成。"② 由此更能确定，唐代寺观已经出现钟楼。在与钟楼相对的位置上，原为藏经楼，为专门保存佛教经典的场所。隋唐时期，寺观林立，佛寺在寺内摆置梵钟，从《大兴善寺钟铭序》可见：

> 皇帝道叶金轮，心居黄屋，覆焘恨方，舟航三界。欲使云和之乐，共法鼓而同宣，雅颂之声，随梵音而俱远。乃命㲜氏，范兹全锡，响合风雷，功侔造化。腾骧猛虞，负簨业而将飞，宛转盘龙，绕

---

① 段启明等：《中国佛寺道观》，中共中央党校出版社，1993，第5页。
② 唐·令狐楚：《大唐回元观钟楼铭》，《全唐文》，中华书局，1983，第4284页。

乘风而如动。希声旦发，犍槌夕震，莫不倾耳以证无生，入神而登正
觉。圆海有竭，福祚无穷，方石易销，愿力无尽。①

这篇唐代钟铭文里虽然提到了很多与先秦乐钟相关的元素，如"凫
氏""猛虚负簴"，但写的是寺院里的钟，"希声旦发，犍槌夕震"，由此
可见在唐代初期，钟已成为寺庙必备之器物。而放置钟的钟楼，也是配置
在寺庙里非常有特色的建筑。而宋朝寺庙盛行的伽蓝七堂格局，配置就是
以南北中轴线为主要建筑物，在东西两侧为附属建筑物，布局对称，而钟
楼、鼓楼采取东西两侧设置的方式，就是此类附属建筑物配置的典型例
证。钟楼到了明清时期，设置更加普遍，许多寺庙都受影响，常在前殿与
正殿两侧兴建钟楼与鼓楼。有的寺庙由于位居闹市之中，空地不够，乃将
钟鼓悬吊于正殿之内，或以钟鼓架悬吊，以作钟鼓楼之概念，或合并于一
室，此皆变通之道。

寺庙钟楼上悬挂的就是梵钟，用于佛教领域的梵钟，主要充当佛教乐
器、法器和佛教建筑的装饰品。梵钟大多数口部为正圆的筒形，与乐钟的
区别在于其发声的方式与佛钟不同。梵钟是中国古钟文化发展中的重要
类型。

三　城市钟楼

城市的钟楼是指设立在城市之中，具备警戒、礼仪及报时作用的醒目
的标志性建筑。相对于宫殿设置的钟鼓楼，唐代以前，城市中还未出现成
熟形制的钟鼓楼，但也设置了独立放置大鼓的建筑，此种建筑被称之为鼓
角楼或鼓角门，亦名谯楼。据《唐会要》中记载：

> 安南罗城……因农隙之后。奏请新筑。今城高二丈二尺。都开三
> 门。各有楼。其东西门各三间。其南门五间。更置鼓角。②

这段文字记载了唐朝安南罗城奏请兴建鼓角楼的缘由，并且清楚记录
了楼之数量应依门而定。而《事物纪原》中也记载了鼓角楼：

---

① 唐·释道宣：《广弘明集》，《景印文渊阁四库全书》第 1048 册，台湾商务印书馆，1986，
　　第 738~739 页。
② 宋·王溥：《唐会要》，中华书局，1955，第 527 页。

> 唐百官志曰：节度使辞日，赐双旌节，行则建节立六纛，人境州县，立节楼，迎以鼓角。今州郡有楼以安鼓角，俗谓之鼓角楼，盖自唐始也。①

另外，郭湖生在《子城制度》中也说鼓角楼为"更漏鼓以节时而警昏晓，城楼设鼓角，唐代已然"②。因此，可以确认唐代城市已设有鼓角楼。由上述文献得知，城市之中的鼓角楼，其设置是根据城门的数量而兴建，均为单一建筑体，并非相似于宫殿钟鼓楼的成对形式，而鼓角楼内放置的器物种类较多，并且钟、鼓同时放置于鼓角楼内，而不同于宫殿钟楼与鼓楼各放置一钟一鼓。相较于成对钟鼓楼的出现，楼内摆放钟鼓及号角等器物，且独立存在的鼓角楼的使用方式，可能是城市钟鼓楼的前身。

由上可知，到了唐代，城市钟鼓楼的模式已经形成，钟鼓二楼相互匹配，左右呼应，并在此后中国城市建筑史上成为固定模式。而《贵州通志》中提及明朝中都之钟鼓楼即鼓楼，在云济街之东。

> 铸为大钟者，一；制为大鼓者，四；又走使滇南，募匠制为铜壶滴漏，俱以良旦，悬钟置鼓于楼，而奠壶于其下，自是暮鼓晨钟，更漏有准，节候不爽，画夜分明，远近之人，莫不耸观而趋听使。③

由此可见，城市此时已开始兴建对称的钟鼓楼，这个醒目的报时中心，始由宫殿转移至城市。《元一统志》记：

> 至元九年改号大都，迁居民以实之，建钟鼓楼于城中。④

因此，钟鼓楼作为城市的标志建筑确定于元朝，位于城市的中心点。随着城市的发展，客观上需要使市民生活有相对一致的节奏。因此，两建筑位于城市的中心点，不仅有报时功能，更延伸为方便对城市的管理，以调节官员与人民的生活起居。而其宏大庄重、地处都市中心的形象，更有

---

① 宋·高承：《事物纪原》，中华书局，1989，第358页。
② 郭湖生：《子城制度——中国城市史专题研究之一》，《东方学报》第57册，1985，第670页。
③ 《贵州通志》，《景印文渊阁四库全书》第561册，台湾商务印书馆，1986，第267页。
④ 于敏中等编《日下旧闻考》，北京古籍出版社，1981，第597页。

作为文化景观的作用。

> 六年铸太和钟。其制，仿宋景钟。以九九为数，高八尺一寸。拱以九龙，柱以龙虡，建楼于圜丘斋宫之东北，悬之。郊祀，驾动则钟声作。升坛，钟止，众音作。礼毕，升辇，钟声作。俟导驾乐作，乃止。十七年改铸，减其尺十之四焉。①

明代洪武六年（1373），仿宋朝景钟制式铸成一口太和钟，然而这口景钟，却不再是雅乐黄钟定调之用，而是另建钟楼悬挂于其中。一般来说，城市钟楼里的钟被称为"更钟"。更钟，是指中国古代城市向公众统一报时的器具，悬挂在专门的钟楼上，钟楼多位于城市的中心区域。根据文献记载，用于报时的更钟在汉代已经出现，佛钟出现以后，更钟得到进一步发展，并借用了佛钟的形制。今天的大钟寺博物馆展厅内有一幅永乐更钟的照片，此钟曾作为报时钟悬挂在北京城内的钟楼上，据说是因钟声不够响亮，于是重新铸造了一口永乐报时铜钟，将铁钟置换下来。因永乐更钟体形巨大，故在大钟寺东路九亭钟园最大的钟亭内陈列。据老北京人相传，清代乾隆以前，北京的钟鼓楼，是昼夜统一向全城报时的地方。其特征是：每天日中正午时鸣钟，夜间则报更五次，一直到寅时天亮。

第二节　钟楼的功能

钟本身具有发声传讯的功能，而钟楼的设置更助于传声及远，因而楼为钟而建。前文中按照钟楼发展的历史顺序，梳理了钟楼建筑的演进，起初兴起于宫殿，随后寺庙与城市亦受其影响而设置钟楼。钟楼发展的线索反映的是钟文化从宫廷走向民间的特点，而这一特点也具体表现在钟楼的功能上。本节中以寺庙和城市中的钟楼为研究对象，对其功能进行全面分析。

---

① 清·张廷玉等：《明史》，中华书局，1974，第567页。

一 警众考辰的实用功能

钟是古代报时的主要工具。汉末崔寔的《政论》有"钟鸣漏尽，洛阳城中不得有行者"①之句，可知当时已有鸣钟报时之制。这种报时钟的出现是为了方便城市民众作息而效仿朝钟或梵钟的产物。此后，历代国都及各大城市均设有钟鼓二楼，内置大钟、大鼓，用以打点报时以便统一市民作息。为了让钟声能够传遍全城，这种报时钟造型都比较巨大，放置于专设的钟楼之上。

由于城市钟楼与宫殿里的钟楼有着千丝万缕的联系，其报时功能也基本一致，唯一不同的是报时的对象从"宫人"变成"民众"。钟楼的报时功用可见于《南齐书·皇后传》："置钟于景阳楼上，宫人闻钟声，早起装饰。至今此钟唯应五鼓及三鼓也。"②宫人一听见钟声，代表时至早晨，需起床张罗收拾。又《宋史》记载"钟鼓院，掌文德殿钟鼓楼刻漏进牌之事"③，此处提及的钟鼓院是司时管理的机构。

脱胎于宫殿钟楼的城市钟楼的主要功能也是报时，因此，执掌计时的人员在此则为探讨的重点，以下首先从古代报时制度观察司时人员与城市钟楼的关联。古代计时使用的是漏刻，在《宋史》中有详细的有关报时程序的记载：

> 漏刻，《周礼》挈壶氏主挈壶水以为漏，以水火守之，分以日夜，所以视漏刻之盈缩，辨昏旦之短长。自秦、汉至五代，典其事者，虽立法不同，而皆本于《周礼》。惟后汉、隋、五代著于史志，其法甚详，而历载既久，传用渐差。国朝复挈壶之职，专司辰刻，署置于文德殿门内之东偏，设鼓楼、钟楼于殿庭之左右。其制有铜壶、水称、渴乌、漏箭、时牌、契之属：壶以贮水，乌以引注，称以平其漏，箭以识其刻，牌以告时于昼，契以发鼓于夜，常以卯正后一刻为禁门开钥之节，盈八刻后以为辰时，每时皆然，以至于酉。每一时，直官进牌奏时正，鸡人引唱，击鼓一十五声，至昏夜鸡唱，放鼓契出，发

---

① 汉·崔寔：《政论注释》，上海人民出版社，1976，第37页。
② 梁·萧子显：《南齐书》，中华书局，1972，第391页。
③ 元·脱脱等：《宋史》，中华书局，1977，第1588页。

鼓、击钟一百声，然后下漏。每夜分为五更，更分为五点，更以击鼓为节，点以击钟为节。每更初皆鸡唱，转点即移水称，以至五更二点，止鼓契出，五点击钟一百声。鸡唱、击鼓，是谓攒点，至八刻后为卯时正，四时皆用此法。①

《周礼》的计时职官为"挈壶氏"，此职官为控制军队行军时间，因此使用的是轻便的漏鼓。而自秦、汉至五代的掌漏刻，本质上仍遵循《周礼》所定，而自隋、五代之后，记载漏刻的方法更详细，但因为时间相距久远，传承过程中产生差异。直至宋代恢复"挈壶"这一职官，并设置鼓楼、钟楼，作为报时之用。每夜共分五更，一更分为五点，而"更"则以击鼓作为指示，"点"则以击钟作为指示，并在钟、鼓、鸡唱等器物密切配合下，构成一个有条理的报时制度，而上文中提及的"鸡人"，亦为周礼所定的职位，指的是可与报晓鸡比拟的人，负责在清晨做报晓的差事。虽然此处指的是宫殿报时制度，但因中国是中央集权、皇权至上，对于城市钟鼓楼的报时制度与司时人员，必然存在一定影响，正如清代学者昭梿在其《啸亭杂录》中记载：

> 钟鼓司，司谯漏，城北钟鼓楼，每夕委官及校尉直更。②

钟鼓司是明清时期"掌管出朝钟鼓"的职官，但是"钟鼓司，司谯漏"说明钟鼓司亦掌管城市钟鼓楼报时之责，由此从中可见其责任归属。

而钟楼的警戒功用，早在《三国志》中就这样被提及：

> 诏：诸郡县治城郭，起谯楼，穿堑发渠，以备盗贼。③

官府为了警备盗贼，而颁布兴建谯楼的政令，谯楼亦名鼓角楼，楼内放置钟鼓、号角以作警众之用。隋唐时期，城市实行里坊制，规定晨昏宵禁，都要以钟鼓声作为启闭城门与坊门的信号。在《旧唐书》中记载：

> 城门郎掌京城皇城宫殿诸门启闭之节，奉出纳管钥……候其晨昏

---

① 元·脱脱等：《宋史》，中华书局，1977，第 1588 页。
② 清·昭梿：《啸亭杂录》，中华书局，1980，第 176 页。
③ 晋·陈寿：《三国志》，中华书局，1982，第 1144 页。

击鼓之节而启闭之。①

上述说明唐朝时期，城门的开启及关闭是等候晨昏之时的击钟敲鼓指示才进行。而仁井田升所著的《唐令拾遗》中，亦有对钟、鼓敲击行事之说明："诸承天门击晓鼓，听击钟后一刻，鼓声绝，皇城门开。第一咚咚声绝，宫城门及左右延明、干化门开；第二咚咚声绝，宫殿门开。夜第一咚咚声绝，宫殿门闭；第二咚咚声绝，宫城门闭，及左右延明门、皇城门闭。其京城门开闭，与皇城门同。"② 因此可见击鼓停止的关键，主控在钟声，钟声撞击之后的一刻钟，鼓声结束，并开阖城门，之后依循鼓声，逐步开阖城门。另郭湖生在《子城制度》为晨昏击鼓做出说明："更漏鼓以节时而警昏晓……京城长安宫承天门晨昏击鼓以为诸门启闭之节。而州军子城鼓角楼实因城市报时制度而设。建筑宏伟俊拔，全城观瞻所系，亦名谯楼。"③ 因此，城市谯楼晨昏击鼓，主要是作为伴随城门的开启及关闭之礼节，而军事子城的谯楼的主要功能则是平时报晨昏，战时发警戒。

钟楼文化中一直存在着晨钟暮鼓的传统，根据明清时期的规制，钟鼓楼每天两次鸣钟，寅时的称为"亮更"，戌时的称为"定更"。戌时开始在每个更次击鼓，直到次日寅时。这被称作"晨钟暮鼓"。1924 年以后，随着钟表的普及，钟鼓楼也不再用来报时。到了 2001 年的岁末，为庆祝新年，各地才重新鸣响大钟和更鼓。

二　辞旧迎新的象征功能

钟楼的钟声以满足和帮助人们日常生活作息开始，逐渐发展成盛大节日时鸣钟庆贺的仪式。这方面的功能主要表现在寺庙钟楼上。寺庙钟楼使用的共同点，在除夕夜敲响的一百零八声钟，因为撞钟迎新年是寺庙中的重要仪式。敲完一百零八下，预示新年到来。除了祛除人生的一百零八种烦恼，获得吉祥、安乐的寓意之外，更为新的一年祈祷祝福。一百零八作为象征，被广泛运用在宗教之建筑与事物之中，以至形成文化的现象与传

---

① 后晋·刘昫：《旧唐书》，中华书局，1975，第 1846 页。

② 〔日〕仁井田升：《唐令拾遗》，栗劲等译，长春出版社，1989，第 98 页。

③ 郭湖生：《子城制度——中国城市史专题研究之一》，《东方学报》第 57 册，1985，第 673 页。

统，成为吉祥的表征。在阴阳学说《周易》中，称九为阳数、天数，又数字一百零八是阳数九的十二倍，将吉祥推向极致，因此，象征至高无上的地位，并带有神秘色彩。据《七修类稿》中说明：

> 钟声，晨昏扣一百八声者，一岁之义也，盖年有十二月，二十四气，七十二候，正得此数。①

一百零八正是以十二个月、二十四节气、七十二个候三个数字相加所得之数，一百零八声也就是象征一年。寺庙撞击钟的节奏与频率不一定相同，但是次数都是一百零八下。此书中还提及撞钟之法各有不同。

> 钟鼓节：天下晨昏钟声，数固一百零八，而声之缓急节奏必然不同，自吾浙杭州歌曰："前发三十六，后发三十六，中发三十六，声急通共一百八声息。越州歌曰：紧十八，慢十八，六遍辏成一百八。"台州歌曰："前击七，后击八，中间十八徐徐发，更兼临后击三声，三通辏成一百八。"②

念珠的数目是一百零八个，故钟声亦取此数，此乃佛教之说法。宗教认为此数字象征人生有一百零八种烦恼，为了清除这些烦恼，晓钟的一百零八声，并成为礼佛的象征。因此，虽然宗教与民俗对数字一百零八的说法不同，但其辞旧迎新的象征是一致的，均表达了人们对安乐生活的向往和追求。

中国封建社会是一个典型的以农业为主的社会。东汉许慎在《说文解字》中，对钟的释名是这样说的：

> 钟，乐钟也，秋分之音，万物种成，故谓之钟。③

这也是当时农业社会的一种社会现象。古人认为"钟"与"种"同音叠韵，所以，钟的使用与农业民族欢庆丰收的宴飨活动有着密切的联系。人们因为终年辛勤工作，因此，需要安插休息与娱乐的时间，以使身心获

---

① 明·朗瑛：《七修类稿》，上海书店出版社，2001，第 27 页。
② 明·朗瑛：《七修类稿》，上海书店出版社，2001，第 50 页。
③ 汉·许慎：《说文解字》，中国书店出版社，1989，第 709 页。

得调适，此点便成为岁时节令的起因。而新年是岁时节令中最热闹的节日，因此，新年之时，既要庆祝旧年的平安，更要祈求新年的吉祥，除夕夜敲响一百零八记钟声的宗教仪式，正是作为辞旧迎新的象征，其展现的神圣性是透过生活环境灌输的教义，现在则可利用传播深入人们的思维成为一种定式，进而产生文化认同感，并经潜移默化成为一种被广泛接受的民俗仪式。作为民俗事象，必须具备两个基本特征：一是传承性特征。二是模式化特征。民俗的传承性和模式化特征是相辅相成的：没有稳定的传承就不会形成模式；没有模式的制约也就无从传承。二者缺一不可。使这样一种敲钟仪式民俗化、模式化，使之能在文化中固定下来，并一直传承下去。因此，钟楼最重要的"建筑空间的行为文化内涵"，就是撞钟击鼓迎新年，史料记载：

> 每岁首（正月），为大朝受贺。其仪：夜漏未尽七刻，钟鸣，受贺。及贽，公、侯璧，中二千石、二千石羔，千石、六百石雁，四百石以下雉。百官贺正月。二千石以上上殿称万岁。举觞御坐前。司空奉羹，大司农奉饭，奏食举之乐。百官受赐宴飨，大作乐。其每朔，唯十月旦从故事者，高祖定秦之月，元年岁首也。[①]

《后汉书·礼仪志》中记述的这种仪式，被西晋《咸宁注》收录，新年鸣钟受贺的礼仪传统，就此开始流传。这种仪式除了祈求获得吉祥、安乐外，更是为新的一年祈福，可见古代寺庙钟楼产生的文化性与社会的风俗习惯相关。因此，透过钟鼓楼具有的神性功能，以及信仰者的诠释，使其文化象征意义更加丰富。

第三节　城市钟楼的文化传播

由于报时钟所具有的时间管理功能，因钟而设的钟楼也逐渐发展成为中国古代城市的标志性建筑。这种地标性的建筑是城市文化的象征符号，具有城市文化传播的特征。

---

① 南朝宋·范晔：《后汉书》，中华书局，1965，第 3130 页。

一　钟楼与城市文化

城市的发展离不开建筑，建筑也离不开文化，一个建筑的形态会体现一种文化现象。钟楼建筑在城市的出现，无疑为城市文化增加了一大亮点，至今许多古城的城市中心还矗立着钟楼。如闻名遐迩的西安钟楼，一直是西安最具特色的文化标志。西安钟楼，建于明太祖朱元璋洪武十七年（1384），位于著名古都西安市的市中心，城内东西南北四条大街的交汇处。钟楼建在方形基座上，为砖木结构，重楼三层檐，四角攒顶的形式，总高 36 米，每边长 35.5 米，占地面积 1377 平方米，内有楼梯可盘旋而上。在檐上覆盖有深绿色琉璃瓦，楼内贴金彩绘，画栋雕梁，顶部有鎏金宝顶，金碧辉煌。西安钟楼是中国古代遗留下来众多钟楼中形制最大、保存最完整的一座。西安是明代西北军政重镇，所以无论从建筑规模、历史价值或艺术价值各方面来说，它都居全国同类建筑之首。是西安这座古老城市的重要标志性建筑。

"城市"一词最早见于战国的史籍中。《韩非子·爱臣》云：

> 大臣之禄虽大，不得籍威城市。[①]

《战国策》也有：

> 今有城市之邑七十，愿拜内之于王，唯王才之。[②]

这些历史文献中提及的"城"，属于政治范畴。"旧时在都邑四周用作防御的墙垣。一般有两重：里面的称城，外面的称郭。"所谓的"城"，究其原意，本是指盛民、自守。《说文解字》云："城，以盛民也，从土成，成亦声。注《左传》曰：'圣王先成民，而后致力于神。'"[③] 由于经济的逐渐发展，市场的增多，从而出现了"市""城"合一的情况。所以，"市"有大市、小市、早市、晚市，定期与不定期市等之分。《周礼·地官》曰：

---

① 陈奇猷校注《韩非子集释》，中华书局，1958，第 60 页。
② 汉·刘向集录《战国策》，上海古籍出版社，1985，第 618 页。
③ 汉·许慎：《说文解字》，中国书店出版社，1989，第 688 页。

大市，日昃而市，百族为主；朝市，朝时而市，商贾为主；夕市，夕时而市，贩夫贩妇为主。凡市入，则胥执鞭度守门。市之群吏，平肆展成，奠贾上旌于思次，以令市，市师莅焉。[①]

当防御功能的"城"与商品交换的"市"有机地结合到一起时，才会出现"城市"一词。

早期城市并没有钟楼建筑。直到唐代，钟鼓楼才成为重要的城市设施。真正以钟鼓楼为城市的标志建筑，却是到了元朝。元大都的建立，无疑为中国城市大发展提供了非常有价值的参考。元朝是在长期民族战争与融合后建立的以少数民族为主的政权，蒙古铁骑的西征，在客观上促进了中外文化的交流。元大都的城市设计也不可避免地受到外来文化的影响，整个元朝大都城的建立，可谓是前无古人。元大都的城中心有中心台，在中心台稍东是鼓楼（1272 年建），原名齐政楼，相当于城市的中心点。鼓楼以北的万宁寺中心阁就是钟楼。元大都的设计规划中参考了《易经》八卦，共设 11 座城门。而钟楼就位居八卦的中央，成为大都的标志性建筑。元朝诗人张宪的《登齐政楼》写道：

层楼拱立夹通衢，鼓奏钟鸣壮帝畿。万古晨昏常对待，两丸日月自双飞。寿山树色笼佳气，御水波光荡落晖。手把阑干频北望，心如征雁独南归。[②]

自元朝始，在其后的朝代里，较大的城市里都会设有钟楼。钟楼不仅是城市的象征和标志，更有着重要的实用价值。北京钟楼位于北京市东城区的地安门外大街上，是元、明、清三代北京城的击鼓报时之处。与一般钟鼓楼东西对立排列不同，北京的鼓楼在南，钟楼在北，一前一后地坐落在古城中轴线的北端，与南面的景山遥相呼应。1996 年，北京钟楼和鼓楼被评为全国重点文物保护单位。中国自古就有"盛世修史、丰年盖楼"之说。历代统治者在对钟楼的利用和保护方面做了大量的管理工作。

---

① 汉·郑玄注《周礼》，中华书局，1936，第 92 页。

② 元·张宪：《玉笥集》，中华书局，1985，第 97 页。

二　钟楼与城禁制度

前面提到作为城市标志性建筑的钟楼还具有非常重要的实用价值，那就是报时功能。钟楼上的钟，就是报时的工具，掌握着城市人口的作息时间。人类在任何环境下都需要接收来自外界的各种信息，其中也包括在特定社会环境中约定俗成的和人为设定的各种声音信号。在没有电信工具的古代社会中，人们在生活、生产中需要的声音信号，主要依靠那些可以被敲击出某种声响或特定节奏的体鸣响器。通常情况下，这种体鸣响器就是报时钟。

《墨子·七患》云："城者，所以自守也。"[①] 城市是一个相对比较封闭的空间，因为古代的"城"是为了防御而建。所以，钟楼对时间的管理满足了城禁制度的需要。秦汉以后，统一国家发展。在实行严格的居民管理的封建制中国，集中报时和传递战争、集会等消息，反映一种必然的需要。在实施里坊制的城市中，坊门晨启夜闭，公共报时。城市管理，特别是对商业集市的管理，市场的商业活动都是有一定时间限制的。如《梦梁录》里记载：

> 杭城大街买卖，昼夜不绝，夜交三四鼓，游人始稀，五鼓钟鸣，卖早市者又开店矣。[②]

这是一段关于宋代城市中夜市的描述，由此也可得见当时政府对时间的管理。时刻的测定和公布，在一定意义上就是政府管理的化身。中央政府周期性地颁行皇家历法，地方政府设置专门官吏通报时刻，只有中央集权的统一国家才有能力办到。

城市的钟楼之制，具体起源已无法考证，不过早在魏晋时期就有"钟鸣漏尽"之说。《三国志·魏书》说：

> 年过七十而以居位，譬犹钟鸣漏尽而夜行不休，是罪人也。[③]

---

① 张纯一注《墨子集解》，上海书店，1996，第 122 页。
② 宋·吴自牧：《梦梁录》，三秦出版社，2004，第 197 页。
③ 晋·陈寿：《三国志》，中华书局，1982，第 729 页。

虽然"钟鸣漏尽"在这个历史典故里是用为譬喻（指人到残暮之年），却可说明当时已有报时之钟。唐代时使用钟、漏报时、计时已习以为常，唐人诗句中累累提到。如张九龄的《和许给事中直夜简诸公》："未央钟漏晚，仙宇霭沉沉"①；钱起的《夜雨寄寇校书》："秋馆烟雨合，重城钟漏深。"② 至宋代，城市钟鼓楼的设置已如近代遗存之制，计时报点由官方设专人管理。如宋人孟元老的《东京梦华录》记：

> 驾宿大庆殿，殿庭广阔，可容数万人，尽列法驾仪仗于庭，不能周偏。有两楼对峙，谓之"钟鼓楼"，上有太史局生，测验刻漏，每时刻作鸡唱，鸣鼓一下。③

《明会典》里也有明确的关于夜禁的规定：

> 凡京城夜禁，一更三点钟声已静，五更三点钟声未动，犯者笞三十，二更三更四更犯者，笞五十。外郡城镇各减一等，其公务急速疾病生产死丧，不在禁限。其暮钟未静，晓钟已动，巡夜人等，故将行人拘留，诬执犯夜者抵罪。若犯夜拒捕及打夺者，杖一百，因而殴人至折伤以上者，绞；死者，斩。④

明朝的这种对城市夜间的管理制度，其刑罚不可谓不严苛。清代，都城北京的钟鼓楼（"谯楼"）由朝廷专设"钟鼓司"管理，"钟鼓司司谯楼，城北钟鼓楼，每夕委官及校尉直更。"⑤ 清代以后，各地废止以钟鼓报时，城市钟楼也多作为古建筑保存下来。今天的北京钟鼓楼就是元、明、清时期遗留下来的，为坐落在北京南北中轴线北端的一组古代建筑，是全国重点文物保护单位。两楼前后纵置，气势雄伟，巍峨壮观，为三朝都城的报时中心。由于其类似城楼的建筑形式，飞檐翼角的独特形态，因此，具有很高的艺术价值和审美情趣，而成为著名的人文景观。

---

① 唐·张九龄：《和许给事中直夜简诸公》，《全唐诗》，中华书局，1960，第 597 页。
② 唐·钱起：《夜雨寄寇校书》，《全唐诗》，中华书局，1960，第 2647 页。
③ 宋·孟元老：《东京梦华录》，邓之诚注，中华书局，1982，第 235 页。
④ 明·李东阳等：《明会典》，《景印文渊阁四库全书》第 618 册，台湾商务印书馆，1986，第 404 页。
⑤ 清·昭梿：《啸亭杂录》，中华书局，1980，第 176 页。

三 中外钟楼文化之比较

无独有偶，钟楼并不是只是在中国才有的建筑，外国城市里也有钟楼的存在。同样都是具有报时功能，但是外国城市钟楼上的钟却和中国的报时钟不完全一样，无论从外形、材质还是敲击方式上都有着显著的不同。

法国著名作家雨果的小说《巴黎圣母院》中就经常提及巴黎圣母院的钟楼，并且有对这座钟楼的细致描述。因为这座教堂的钟楼是主人公加西莫多的住处，而他同时也承担着敲钟人的职责。相比较而言，中国城市里的钟楼上悬挂的钟一般只有一口，而国外钟楼上的钟经常不只一口，以巴黎圣母院的钟楼为例，上面就有六口大钟。而且钟的形制也非常不同，中国的报时钟大多数是圆口形钟，且中空无舌，一般为铜制；而国外报时钟则多为铃形，中间垂舌，以铁钟居多。

由于形制上的不同，敲击的方法也不同。中国的报时钟，具有报时功能以及供盛大节日举行仪式时敲击。而国外的报时钟，由于大多数属于教堂，很多钟楼就是教堂建筑的一部分。所以，国外的钟楼除了报时功能以外，还要掌握对宗教仪式时间的管理，法国作家雨果的小说中对钟声有这样一段描写："早祷钟、晚祷钟、高音弥撒钟、婚礼钟、洗礼钟，一长串的钟声弥漫在空气中……"[1] 由此可见，国外钟楼上的报时钟不仅是城市的报时工具，还是宗教信仰的传播使者，这一点和中国钟楼上的报时钟也不相同。

小　结

综上所述，钟楼是钟体的延伸，钟具有发声传讯的功能，而钟楼的设置更助于传声远播，因而楼为钟而建。钟楼的产生同时也说明钟在古代社会生活中具有非常重要的意义。本章按照钟楼产生和发展的历史轨迹，梳理了钟楼建筑的演进。钟楼的雏形出现于宫殿内，随后寺庙与城市亦受其影响而设置钟楼。钟楼的发展变化所反映的是钟文化从宫廷走向民间的传播特点，而这一特点具体表现在钟楼的功能上。城市钟楼不仅作为城市的

---

① 〔法〕雨果：《巴黎圣母院》，陈敬容译，人民文学出版社，1982，第297页。

标志建筑而存在，而且还具有警众考辰的实用功能，掌控整个城市的作息。钟楼的钟声满足和帮助人们日常生活需要的作息，同时又具有盛大节日时鸣钟庆贺仪式的象征功能。这方面的功能尤其表现在寺庙钟楼上，撞钟迎新年是寺庙中的重要仪式，钟声在这种仪式中具有辞旧迎新的象征意义。本章最后的重点落在城市钟楼的文化传播上，城市钟楼文化包括两个方面，一是城市建筑文化；二是城市管理文化。城市建筑的形态体现着一种文化现象，钟楼就是城市建筑的代表，具有非常鲜明的城市标志意义。而且，由于钟楼的警众考辰功能，它又与城市的管理制度密不可分。钟楼对时间的管理作用，体现了其文化传播意义。无独有偶，国外也有钟楼。相同的是，国外的钟楼也具有报时功能。但中国古代城市的钟楼与之相比，不同之处颇多，体现了两者之间的文化差异。

结　语

　　2013 年，英国大英博物馆做了一件很轰动的事，他们从 800 万件馆藏中精选出 100 件精品，用它们来讲述人类 200 万年的历史，书名就叫《大英博物馆世界简史》。大英博物馆收藏的中国古代铜钟就在这 100 件藏品之列，作者大英博物馆馆长尼尔·麦格雷戈试图通过这枚古老的中国铜钟向世界介绍孔子的思想。"钟"在古代有着独特的地位，是权力和等级的象征。统治阶级祭祀和宴飨时用的铜钟有严格的等级区分；战场上用钟声来增强士气；佛教的名刹宝寺皆有大钟。但"铜钟和孔子"这个组合在外国人眼里就是中华民族的文化形象代言人。孔子一生奉行"仁"的理念，推崇严格的礼乐制度，礼乐制度并不拘泥于表象，而在于其背后蕴含的强大的精神。麦格雷戈在《大英博物馆世界简史》中说道："孔子教育思想的核心是让每个人都了解并接受自己在社会中的位置。也许正是这种思想，让铜钟具有了哲学意义：经调试过的铜钟依次奏响，乐声丰富而和谐……哲学家很容易从这些音阶分明、乐声和谐的铜钟里看出理想社会的隐喻。"学识渊博的馆长对孔子精神的诠释贴切而独到，可见孔子在世界文化中的影响力。他还总结了很多国外的学者对孔子和铜钟的评价，并在书中列举出来，让我们看到了在欧洲学者眼中的中国传统文化。

　　就功能而言，古钟最早是作为乐器而存在，是音乐的物质表现形式；就外形而言，钟身作为一个物质实体，是文明的具象化形式，也是艺术的一种物化形态。当然，在不同的历史阶段，不同的传播语境，钟的发展和衍变的文化背景也不同，表现在其形态、功能、象征意义等方面也会有差异。这些差异性，共同构成了钟的文化特质。钟和鼎一样，也是统治阶级王权的象征，"钟鸣鼎食"就是权势地位的标志。古代乐制中关于悬挂编钟，有严格的礼乐制度规定：天子宫悬（四面悬钟）、诸侯轩悬（三面悬钟）、卿大夫判悬（两面悬钟）、士特悬（一面悬钟）。封建统治者铸造巨型铜钟象征王权，这种钟也叫"朝钟"，"视朝，官出署，必用以集众。"钟也是崇高、公正、贤明的华夏文明的象征。伟大的爱国诗人屈原"黄钟毁弃，瓦釜雷鸣"的著名诗句，就是这种象征的反映。铜钟发音洪亮而悠扬，自佛教传入中国始，铜钟就逐渐成为佛教寺院中不可缺少的法器——佛钟。明代科学家宋应星在《天工开物》里写道："梵宫仙殿，必用以明谒者之诚，幽起鬼神之敬。"因此，名刹宝寺皆有钟。当暮霭渐合，寺院庙堂钟声回荡，与僧尼颂经声融为一体，增添了佛界寺庙特有的神秘气氛。自唐代以后，历代封建统治者都竞相铸造各种朝钟、佛钟、道钟、乐钟，并且越铸越大，以求达到利用神权和政权的结合来巩固统治的目的。明代永乐年间铸造的巨型铜钟，重量达数十吨，无论是铸造工艺还是体积重量，都达到了登峰造极的地步。在历代所铸的钟里，间或有铁铸的，但绝大多数还是铜铸的钟。

总之，中国古代文化秩序的创建是中国先民领悟自然秩序的人文发明，中国文化的稳定性特征是中国文化秩序的必然延伸。我们知道，自然秩序如果没有外来力量的破坏，原本是井然有序的，同时也是稳定的。这就告诉我们一个十分浅显的道理，任何稳定都无一例外地来自秩序，如果秩序遭到破坏，稳定也就随之丧失，随后出现的就是各种乱象。自然秩序如此，文化秩序也是如此。文化秩序一经创建，就需要用具体规则来维护其稳定，否则，它就无法持续下去。文化的秩序性能够让每个人都安分守己地活在属于自己的文化秩序范畴里，而文化的稳定性则是实现和谐的家庭与和谐社会必不可少的文化要素。中国文化的秩序性特征和稳定性特征对我们今天的文化建设不能不说具有积极的启示意义。笔者要谈的是中国古钟文化的传播特性，同时也想说明文化的稳定性特征。中国文化的稳定性特征可以说无处不在，且这种特征无一不是来自基于礼制的秩序性表现和发展。因此，我们可以把这种稳定性看作是其秩序性的递进。有秩序才有稳定；只有稳定了，文化才能传承和完善。这就是文化秩序和文化稳定的基本关系。我们有必要从中国文化延续的时间角度衡量其文化稳定性的基本价值。礼制起源于原始宗教的祭祀礼仪。而祭祀礼仪是需要工具和程序的。历史发展表明，中国传统文化的礼制特色在自身发展的过程中，逐渐形诸可见的外物，即不断地外化为礼器。这种情形就是"器以藏礼"。

器以藏礼也在一定程度上让中国文化的秩序性特征和稳定性特征表现得极为形象生动，进一步加深了中国人文化思维的形象性和象征性特色，并做到了与中国象形文字思维的高度统一。同时，它还诉诸音乐。概言之，礼制文化的三大工具就是器物、文字和音乐，它完成了事神与教化功能的统一。它以各种形式渗透到社会生活的各个方面，大至国家政治经济制度，小到婚丧嫁娶衣食住行，无不以"礼"作为人们的行为准则。众所周知，我国独具特色的礼乐文化成熟于青铜时代，而青铜器的迅速发展并形成蔚为大观的繁荣景象，并非仅仅源于生产力的发展和制造工艺的进步，其最主要的发展动力来自礼制这种独特文化自身发展的需要，它不断地外化为青铜礼器，让礼制这种听起来稍嫌抽象的文化有了可见的外形。当它与文字和音乐有机结合后，就成为可观、可读、可听的三位一体基本结构模式，并进一步向建筑等文化门类渗透。这就从根本上统一了中国文化的分类与综合，统一了文化的虚与实，统一了文化的抽象与具象，让一切"礼"可观可读可听可居。其文化秩序井然有序，也相当稳定。中国的青铜文化起源于黄河流域，始于公元前21世纪，止于公元前5世纪，约经历了1500多年的历史，从时间上说，这种文化的秩序和稳定延续了1500多年。所以说，青铜器时代中国文化发展的稳定性是中国文化稳定性的极好例证。它一以贯之地持续地存在于夏商周三代。这不能不说是中国文化发展史上的一个奇迹。进一步说，来自礼文化的稳定性特征存在不只1500年，而是延续了2000多年，直到大清帝国的覆灭才基本画上了大半个句号。例如，坛庙祭祀礼仪从远古一直顺流而下直达清代，而用于奉祀的礼制建筑也应运而生。例如祭坛，在漫长的封建时代它一直生生不息地矗立在中国的大地上，并且以天为始，以天为终，象征中国人以天为大的思想，五岳、四海、先儒、贤哲及诸祖均纳于其间，形成圆融的中国坛庙祭祀体系。

本书以中国古钟的文化特质为切入点，立足于中国古代文化传播的相关史料背景，结合相关文献及学术界当前的研究成果，对中国的古钟文化传播做了系统地梳理与考察。通过本书的研究，笔者认为：中国古钟与传统文化之间有着千丝万缕的联系，尤其是在音乐和文学等艺术领域，中国古钟文化自成体系，具有明显的文化特质，更有着自己独特的传播语境和传播特色。本书通过对钟的文化特质的具体分析，深入研究其艺术特征和传播特性：对作为传统乐器的乐钟，从礼乐文化的角度去分析其文化意义和艺术特色，并且阐述乐钟与文学经典《诗经》的关系；而对于先秦以后出现的乐钟，则指出它们作为雅乐的代表、乐悬的主体，虽然已经徒具象征性，但是也具有特殊的文化性质和传播价值，尤其是对中国古代传播话语权的解读，具有极其明显的实证性；对于作为佛教法器的梵钟，则着重分析其宗教文化的象征含义，并揭示梵钟所具有的跨文化传播特征，探讨梵钟之声成为文人诗歌意象的艺术特点；对于作为报时之用的钟楼钟，则从钟楼产生和发展的历史线索出发，探讨钟楼的传播功能及文化意义，尤其着力于其所代表和影响的城市文化。除此之外，古钟具有的另一个特殊的传播功能也无法回避，即传播的媒介及文字符号的载体。这个特殊性，使钟具有时间型媒介的性质，同样也成为文化艺术的一种非常传统而有效的传播样式。

任何一种文化形态，都是通过空间的播散和时间的传承而存活下来的。中国古钟文化历经岁月的洗礼依然辉煌如昔，这是传统文化的骄傲，也是文化传播的胜利。它同时也印证着中国传统文化的稳定性，这种稳定性表现在时间上就是惯性。也就是说，文化传统发展变化的速度比较慢，总是落后于时代的发展，具有滞后性。这种稳定性表现在空间上，就是民族文化的独特性，也就是维持着自己民族文化的发展轨迹，往往拒绝外来文化的影响，形成一定的保守性。民族文化传统的稳定性是民族文化传统得以保存的主要原因，但是在某种程度上却表现出凝固性和保守性。传播行为是一个社会过程、文化过程，传播不可能脱离社会和文化的语境而在"真空"中进行。我们也可以说，艺术是文化的重要组成部分，作为文化的艺术依赖于传播，没有传播就没有所谓的艺术。由此，我们可以看出，传播正是特定文化艺术类型的塑造、整合、凝聚、调适、拓展的过程。在"文化"和"传播"之间进行互动，用更为生动、变化、全面的观点来体认中国古钟文化，用动态的描述分析去说明、阐释相对静止的形态，以揭示古钟文化的发展历程中诸多的可能性，这是本书力图做到的创新性探索。

综上所述，中国古钟文化传播的研究既要深刻地理解中国文化精神的精髓，继承与发扬中国古代文化历史的人文特征，又要立足于中国的现实国情与文化土壤，善于抓住当代文化交流频繁便捷的契机，在大胆吸收外来理论、概念、术语的同时，加强消化、改造和融会，以寻找新的理论生长点，促进中国古代文化艺术研究与传播研究的发展和繁荣。20世纪曾侯乙编钟的出土，让人们惊讶于古老文明的灿烂与瑰丽，适逢盛世奏强音，其实在中国人眼中，孔子的理念——"礼乐"从提出之时就象征了一个大时代的来临，人们代代追求的和平与礼教正是顺应这个时代，犹如古朴的铜钟不断震响，意义持久而弥新。

参考文献

一　专著

汉·许慎撰《说文解字》，中华书局，1963。

〔英〕李约瑟：《中国科学技术史》（第四卷第一分册），黄兴宗译，科学出版社，1975。

〔英〕爱德华·泰勒：《原始文化：神话、哲学、宗教、语言、艺术和习俗发展之研究》，连树声译，广西师范大学出版社，2005。

〔美〕道格拉斯·凯尔纳：《媒体文化——介于现代与后现代之间的文化研究、认同性与政治》，丁宁译，商务印书馆，2004。

战国·荀况：《荀子》，中华书局，1985。

马克思：《资本论》（第一卷），郭大力、王亚南译，人民出版社，1953。

〔美〕宣伟伯：《传播学概论：传媒、信息与人》，余也鲁译，香港海天书楼，1983。

谭维四：《乐宫之王：曾侯乙墓考古》，浙江文艺出版社，2002。

翁方纲：《经义考补正》，中华书局，1985。

汉·赵岐注《孟子注疏》，中华书局，1962。

支伟成编纂《管子通释》，上海书店，1996。

晋·郭璞传《山海经》，商务印书馆，1939。

战国·吕不韦著，陈奇猷校释《吕氏春秋新校释》，上海古籍出版社，2002。

汉·宋衷注《世本》，中华书局，1985。

《曾侯乙编钟专题活动学术论文》，武汉音乐学院出版社，1988。

唐·徐坚:《初学记》,中华书局,2004。

汉·郑玄注《周礼》,中华书局,1936。

元·马端临:《文献通考》,中华书局,1986。

〔美〕施拉姆、波特:《传播学概论》,陈亮等译,新华出版社,1984。

王国维:《观堂集林》(外二种),彭林整理,河北教育出版社,2001。

汉·郑玄注《礼记》,中华书局,1936。

汉·孔安国传《尚书》,中华书局,1936。

晋·杜预:《春秋经传集解》,上海古籍出版社,1997。

汉·司马迁:《史记》,中华书局,1959。

汉·郑玄注、唐·贾公彦疏《周礼注疏》,中华书局,1962。

《景印文渊阁四库全书》,台湾商务印书馆,1986。

吉联抗:《两汉论乐文字辑译》,人民音乐出版社,1980。

明·宋应星:《天工开物》,上海古籍出版社,2008。

晋·王嘉:《拾遗记》,中华书局,1981。

魏·何晏注、宋·邢昺疏《论语注疏》,中华书局,1936。

赵敏俐主编《中国诗歌研究》(第一辑),中华书局,2002。

杨荫浏:《中国古代音乐史稿》,人民音乐出版社,1981。

黄翔鹏:《传统是一条河流》,人民音乐出版社,1990。

陈奇猷校注《韩非子集释》,中华书局,1958。

汉·班固:《汉书》,中华书局,1962。

吴南薰:《律学会通》,科学出版社,1964。

汉·刘向集录《战国策》,上海古籍出版社,1985。

郭沫若:《郭沫若全集》,科学出版社,2002。

汉·赵岐注《孟子注疏》,上海书店,1989。

汉·王充:《论衡集解》,古籍出版社,1957。

郑祖襄:《中国古代音乐史》,高等教育出版社,2008。

唐·魏征、令狐德棻:《隋书》,中华书局,1973。

王子初:《残钟录——王子初音乐学术论文集》,上海音乐学院出版社,2004。

上海师范大学古籍整理组:《国语》,上海古籍出版社,1978。

梁·萧子显:《南齐书》,中华书局,1972。

宋·王应麟：《玉海》，大化书局，1978。

清·黄宗羲：《宋元学案》，中华书局，1986。

清·皮锡瑞：《经学历史》，中华书局，2004。

五代后晋·刘昫：《旧唐书》，中华书局，1975。

宋·欧阳修：《新五代史》，中华书局，1974。

宋·范镇：《东斋记事》，中华书局，1985。

元·脱脱等：《宋史》，中华书局，1977。

宋·李攸：《宋朝事实》，商务印书馆，1936。

葛兆光：《七世纪至十九世纪中国的知识、思想和信仰》，复旦大学出版社，2001。

明·宋濂：《元史》，中华书局，1976。

清·张廷玉等：《明史》，中华书局，1974。

钱锺书：《谈艺录》，中华书局，1996.

赵尔巽等：《清史稿》，中华书局，1976。

王治河：《福柯》，湖南教育出版社，1999。

南朝宋·范晔：《后汉书》，中华书局，1965。

北齐·魏收：《魏书》，中华书局，1974。

〔英〕斯密司等：《文化的传播》，周骏章译，上海文艺出版社，1991。

〔美〕C. 恩伯、M. 恩伯：《文化的变异——现代文化人类学通论》，杜杉杉译，辽宁人民出版社，1988。

汉·刘熙撰，清·毕沅疏证《释名疏证》，商务印书馆，1936。

〔日〕林谦三：《东亚乐器考》，钱稻孙译，人民音乐出版社，1962。

《马克思恩格斯全集》，人民出版社，1963。

晋·陈寿：《三国志》，中华书局，1982。

唐·释道世：《法苑珠林校注》，中华书局，2003。

中华书局《中华大藏经》编辑部：《中华大正藏》（汉文部分），中华书局，1992。

金·元好问撰，清·施国祁笺《元遗山诗笺注》，中华书局，1936。

葛兆光：《中国禅思想史》，北京大学出版社，1995。

清·彭定求等编《全唐诗》，中华书局，1960。

唐·玄奘：《大唐西域记》，广西师范大学出版社，2007。

上海社会科学院宗教研究所编《宗教研究译文集》，上海社会科学院出版社，1986。

宋·释志磐：《佛祖统纪》，江苏广陵古籍刻印社，1992。

庄晓东主编《文化传播：历史、理论与现实》，人民出版社，2003。

傅道彬：《晚唐钟声——中国文学的原型批评（修订本）》，北京大学出版社，2007。

唐·韩愈撰，马其昶校注《韩昌黎文集校注》，上海古籍出版社，1987。

唐·张表臣：《珊瑚钩诗话》，中华书局，1985。

唐·王勃：《王子安集》，上海古籍出版社，1992。

汉·毛亨传、汉·郑玄注《毛诗》，中华书局，1936。

〔美〕萨姆瓦等：《跨文化传通》，陈南、龚光明译，生活·读书·新知三联书店，1988。

清·顾炎武编《历代宅京记》，中华书局，1984。

清·徐松：《唐两京城坊考》，中华书局，1985。

朱永嘉、萧木注译《唐六典》，台湾三民书局，2002。

段启明等：《中国佛寺道观》，中共中央党校出版社，1993。

清·董诰等编《全唐文》，中华书局，1983。

宋·王溥：《唐会要》，中华书局，1955。

宋·高承：《事物纪原》，中华书局，1989。

于敏中等编《日下旧闻考》，北京古籍出版社，1981。

汉·崔寔：《政论注释》，上海人民出版社，1976。

清·昭梿：《啸亭杂录》，中华书局，1980。

〔日〕仁井田升：《唐令拾遗》，栗劲等译，长春出版社，1989。

明·朗瑛：《七修类稿》，上海书店出版社，2001。

《辞海》（语词分册），上海辞书出版社，1988。

宋·孟元老撰，邓之诚注《东京梦华录》，中华书局，1982。

魏·王弼、晋·韩康伯注《周易》，中华书局，1936。

张纯一注《墨子集解》，上海书店，1996。

清·马骕：《绎史》，中华书局，2002。

宋·薛尚功：《历代钟鼎彝器款识法帖》，中华书局，1986。

唐·李白：《李太白文集》，中华书局，1977。

宋·苏轼：《东坡全集》，上海古籍出版社，2000。

〔美〕詹姆斯·W.凯瑞：《作为文化的传播——"媒介与社会"论文集》，丁未译，华夏出版社，2005。

郭沫若：《青铜时代》，中国人民大学出版社，2005。

宋·郑樵：《通志》，浙江古籍出版社，2000。

吕大临、赵九成：《考古图》，中华书局，1987。

高寿仙：《中国宗教礼俗——传统中国人的信仰系统及其实态》，天津人民出版社，1992。

张志刚：《宗教文化学导论》，人民出版社，1993。

陈荣富：《宗教礼仪与文化》，新华出版社，1992。

〔美〕罗伯特·鲍柯克、肯尼思·汤普森编《宗教与意识形态》，龚方震、陈耀庭等译.四川人民出版社，1992.

〔美〕汉姆拉格：《失窃的灵魂——仪式与心理治疗》，汪芸译.远流出版公司，1994。

〔德〕恩斯特·卡西尔：《语言与神话》，于晓等译，生活·读书·新知三联书店，1988。

〔法〕莫里斯·梅洛－庞蒂：《符号》，姜志辉译，商务印书馆，2003。

〔英〕怀特海：《宗教的形成/符号的意义及效果》，周邦宪译，贵族人民出版社，2007。

〔法〕皮埃尔·吉罗：《符号学概论》，怀宇译，四川人民出版社，1988。

张天勇：《社会符号化——马克思主义视阈中的鲍德里亚后期思想研究》，人民出版社，2008。

薛艺兵：《神圣的娱乐》，宗教文化出版社，2003。

薛艺兵：《在音乐表象的背后》，上海音乐学院出版社，2004。

〔法〕安娜·埃诺：《符号学简史》，怀宇译，百花文艺出版社，2005。

郝朴宁、陈路、李丽芳、罗文：《中国传播史论》，云南大学出版社，2005。

方建军：《商周乐器文化结构与社会功能研究》，上海音乐学院出版社，2006。

〔英〕尼克·史蒂文森：《认识媒介文化——社会理论与大众传播》，商务印书馆，2001。

〔苏联〕叶·潘诺夫:《信号·符号·语言》,生活·读书·新知三联书店,1991。

韩高年:《礼俗仪式与先秦诗歌演变》,中华书局,2006。

方兰生:《传播原理》,台湾三民书局,1984。

宋昭勋:《非言语传播学(新版)》,复旦大学出版社,2008。

周月亮:《中国古代文化传播史》,北京广播学院出版社,2000。

葛兆光:《禅宗与中国文化》,上海人民出版社,1986。

〔英〕马林诺斯基:《文化论》,费孝通译,华夏出版社,2002。

郭树群等编《中国乐律学百年论著综录》,华乐出版社,1998。

童斐:《中乐寻源》,商务印书馆,1926。

阴法鲁:《礼乐》,国立礼乐馆,1945。

赵敏俐等:《中国古代歌诗研究》,北京大学出版社,2005。

马承源主编《中国青铜器》,上海古籍出版社,2003。

张亚初:《殷周金文集成引得》,中华书局,2001。

中国社会科学院考古研究所:《殷周金文集成》,中华书局,1984～1994。

刘雨:《近出殷周金文集录》,中华书局,2002。

〔苏联〕莫·卡冈:《艺术形态学》,生活·读书·新知三联书店,1986。

〔德〕恩斯特·卡西尔:《论人——人类文化哲学导论》,刘述先译,广西师范大学出版社,2006。

吴信训:《文化传播新论——以历史与现实为镜鉴》,上海人民出版社,2008。

戴元光、金冠军编《传播学通论》,上海交通大学出版社,2000。

王铭铭、潘忠党编《象征与社会——中国民间文化的探讨》,天津人民出版社,1997。

沈文倬:《宗周礼乐文明考论》,浙江大学出版社,1999。

〔德〕恩斯特·卡西尔:《人论》,甘阳译,上海译文出版社,1985。

廖辅叔编《中国古代音乐简史》,人民音乐出版社,1964。

吴钊、刘东升编《中国音乐史略》,人民音乐出版社,1983。

〔英〕斯坦利·萨迪、艾莉森·莱瑟姆:《剑桥插图音乐指南》,孟宪福译,山东画报出版社,2002。

朱文玮、吕琪昌:《先秦乐钟之研究》,台湾南天书局,1994。

〔德〕费尔巴哈：《宗教的本质》，王太庆译，商务印书馆，1999。

袁行霈主编《中华文明史》，北京大学出版社，2006。

孙晓辉：《两唐书乐研究》，上海音乐学院出版社，2005。

吉联抗译注《乐记》，人民音乐出版社，1958。

吉联抗译注《孔子孟子荀子乐论》，人民音乐出版社，1959。

李幼平：《大晟钟与宋代黄钟标准音高研究》，上海音乐学院出版社，2004。

李彬：《符号透视：传播内容的本体诠释》，复旦大学出版社，2003。

郭于华主编《仪式与社会变迁》，社会科学文献出版社，2000。

丘琼荪校释：《历代乐志律志校释》（第一分册），人民音乐出版社，1999。

柳肃：《礼的精神：礼乐文化与中国政治》，吉林教育出版社，1990。

浙江大学古籍研究所编《礼学与中国传统文化》，中华书局，2006。

〔苏联〕凯勒·弗让主编《文化的本质与历程》，陈文江、吴骏远译，浙江人民出版社，1989。

〔美〕丹尼斯·K.姆贝：《组织中的传播和权力：话语、意识形态和统治》，陈德民等译，中国社会科学出版社，2000。

周鸿铎主编《文化传播学通论》，中国纺织出版社，2005。

吴格言：《文化传播学》，中国物资出版社，2004。

朱增朴：《文化传播论》，中国广播电视出版社，1993。

李聪明：《钟鼎铭文的书法艺术：书法的艺术起源》，台湾大千出版社，2006。

张鹤泉：《周代祭祀研究》，台北文津出版社，1993。

常金仓：《周代礼仪研究》，台北文津出版社，1993。

王洪军：《钟律研究》，上海音乐学院出版社，2007。

伍国栋：《中国古代音乐》，商务印书馆，1997。

余甲方：《插图本中国古代音乐史》，上海人民出版社，2003。

费孝通：《费孝通译文集》，群言出版社，2002。

李敬一：《中国传播史》（先秦两汉卷），武汉大学出版社，1996。

曾遂今：《消逝的乐音：中国古代乐器鉴思录》，四川教育出版社，1998。

金忠明：《乐教与中国文化》，上海教育出版社，1994。

王清雷：《西周乐悬制度的音乐考古学研究》，文物出版社，2007。

郭德维：《礼乐地官——曾侯乙墓发掘亲历记》，四川教育出版社，1996。

高蒙河编《铜器与中国文化》，汉语大词典出版社，2003。

谭维四：《曾侯乙墓》，文物出版社，2001。

乐声编《中国乐器博物馆》，时事出版社，2004。

冯洁轩：《金石回响——冯洁轩音乐学术论文集》，上海音乐学院出版社，2006。

陈荃有：《中国青铜乐钟研究》，上海音乐学院出版社，2005。

王子初：《音乐考古》，文物出版社，2006。

吴十洲：《两周礼器制度研究》，台湾五南图书出版公司，2004。

于弢：《中国古钟史话》，中国旅游出版社，1999。

马银琴：《两周诗史》，社会科学文献出版社，2006。

钱穆：《国学概论》，商务印书馆，1997。

皮锡瑞：《经学通论》，中华书局，1954。

〔加〕哈罗德·伊尼斯：《传播的偏向》，何道宽译，中国人民大学出版社，2003。

〔加〕哈罗德·伊尼斯：《帝国与传播》，何道宽译，中国人民大学出版社，2003。

赵雨：《上古诗歌的文化视野》，社会科学文献出版社，2005。

何丹：《〈诗经〉四言体起源探论》，中国社会科学出版社，2001。

黄鸣奋：《说服君主：中国古代的讽谏传播》，文化艺术出版社，2001。

叶维廉：《中国诗学》，生活·读书·新知三联书店，1992。

王钟陵：《中国前期文化——心理研究：原始意识、神话思维及文明之发展、分流》，上海古籍出版社，2006。

孙宜君：《文艺传播学》，济南出版社，1993。

王兆鹏、尚永亮主编《文学传播与接受论丛》，中华书局，2006。

王政挺：《传播：文化与理解》，人民出版社，1998。

陈元锋：《乐官文化与文学——先秦诗歌史的文化巡礼》，山东教育出版社，1999。

任继愈：《宗教词典》，上海辞书出版社，1981。

郑祖襄：《华夏旧乐新证——郑祖襄音乐文集》，上海音乐学院出版社，2005。

洛秦：《音乐的构成——音乐在科学、历史和文化中的解读》，广西师范大学出版社，2005。

饶宗颐、曾宪通：《楚地出土文献三种研究》，中华书局，1993。

曾遂今主编《音乐传播与传播音乐：中国音乐传播论坛》（第二辑），中国传媒大学出版社，2007。

乔建中主编《中国乐器志》，人民音乐出版社，2003。

曾遂今：《中国大众音乐》，北京广播学院出版社，2003。

洛秦：《音乐中的文化与文化中的音乐》，上海书画出版社，2004。

韩钟恩：《音乐意义的形而上显现并及意向存在的可能性研究》，上海音乐学院出版社，2004.

黄汉华：《抽象与原形——音乐符号论》，上海音乐学院出版社，2004。

谢嘉幸：《音乐的"语境"——一种音乐解释学视域》，上海音乐学院出版社，2005。

曹本冶主编《中国民间仪式音乐研究》，上海音乐学院出版社，2007。

曹本冶：《思想——行为：仪式中音声的研究》，上海音乐学院出版社，2008。

韩钟恩主编《音乐存在方式》，上海音乐学院出版社，2008。

王耀华：《乐韵寻踪——王耀华音乐文集》，上海音乐学院出版社，2007。

赵维平：《中国与东亚诸国的音乐文化流动》，上海音乐学院出版社，2007。

方建军：《地下音乐文本的读解——方建军音乐考古文集》，上海音乐学院出版社，2006。

项阳：《当传统遭遇现代——项阳音乐学术论文集》，上海音乐学院出版社，2004。

乔建中：《国乐今说——乔建中音乐文集》，上海音乐学院出版社，2005。

冯文慈：《中国音乐史学的回顾与返思——冯文慈音乐文集》，上海音乐学院出版社，2005。

李纯一：《困知选录》，上海音乐学院出版社，2004。

刘再生：《中国音乐的历史形态——刘再生音乐文集》，上海音乐学院出版社，2003。

黄翔鹏：《乐问》，中央音乐学院学报社，2000。

任继愈编《中国佛教史》，中国社会科学出版社，1985。

郭绍林：《唐代士大夫与佛教》，河南大学出版社，1987。

李林：《梵国俗世本一家——汉传佛教与民俗》，学苑出版社，2003。

张岱年、汤一介：《文化的冲突与融合》，北京大学出版社，1997。

曾遂今：《音乐社会学》，上海音乐学院出版社，2004。

郑祖襄：《华夏旧乐新探——郑祖襄音乐文论集》，中央音乐学院出版社，2008。

李泽厚：《华夏美学》，广西师范大学出版社，2001。

钱穆：《中国文化史导论》，商务印书馆，1994。

汤用彤：《汉魏两晋南北朝佛教史》，北京大学出版社，1997。

柳诒徵：《中国文化史》，上海古籍出版社，2001。

清·孙希旦：《礼记集解》，中华书局，1989。

曾遂今：《音乐社会学概论：当代社会音乐生产体系运行研究》，文化艺术出版社，1997。

李泽厚、刘纲纪：《中国美学史》，中国社会科学出版社，1987。

〔美〕克拉克·威斯勒：《人与文化》，钱岗南、傅志强译，商务印书馆，2004。

夏野：《中国古代音乐史简编》，上海音乐出版社，1989。

杨荫浏：《中国音乐史纲》，上海万叶书店，1952。

〔美〕威尔伯·施拉姆、威廉·波特：《传播学概论》，北京大学出版社，2007。

孙昌武：《中国文学中的维摩和观音》，天津社会教育出版社，2005。

〔美〕费正清：《中国：传统与变迁》，张沛译，世界知识出版社，2002。

黄翔鹏：《中国人的音乐和音乐学》，山东文艺出版社，1997。

郭沫若：《中国古代社会研究》，中国华侨出版社，2008。

〔美〕道格拉斯·凯尔纳：《媒体文化——介于现代与后现代之间的文化研究、认同性与政治》，丁宁译，商务印书馆，2004。

戴念祖：《中国声学史》，河北教育出版社，1994。

〔美〕克利福德·格尔茨：《文化的解释》，纳日碧力戈等译，上海人民出版社，1999。

金元浦主编《文化研究：理论与实践》，河南大学出版社，2003。

罗纲、刘象愚主编《文化研究读本》，中国社会科学出版社，2000。

陈卫星：《传播的观念》，人民出版社，2004。

〔美〕埃弗里斯·M.罗杰斯：《创新的扩散》，辛欣等译，中央编译出版社，2002。

容庚：《商周彝器通考》，上海人民出版社，2008。

杨荫浏：《杨荫浏音乐论文选集》，上海文艺出版社，1986。

谭维四：《曾侯乙墓》，文物出版社，2001。

薛艺兵、曾遂今、乔建中、吴犇：《中国乐器志》，人民音乐出版社，2003。

饶宗颐、曾宪通：《随县曾侯乙墓钟磬铭辞研究》，香港中文大学出版社，1985。

李纯一：《中国上古出土乐器综论》，文物出版社，1996。

《中国音乐文物大系》编辑部主编《中国音乐文物大系》，大象出版社，1999。

蒋述旧：《宗教艺术论》，文化艺术出版社，2005。

张育英：《中西宗教艺术》，南京大学出版社，2003。

〔美〕艾兰（Sarah Allan）：《龟之谜：商代神话、祭祀、艺术和宇宙观研究》，汪涛译，四川人民出版社，1992。

四川省文物考古研究所：《三星堆祭祀坑》，文物出版社，1999。

南朝宋·范晔：《后汉书》，中华书局，1997。

马承源：《中国青铜器研究》，上海古籍出版社，2002。

何崝：《商文化管窥》，四川大学出版社，1994。

俞伟超：《古史的考古学探索》，文物出版社，2002。

张光直：《青铜挥麈》，上海文艺出版社，2000。

饶宗颐：《符号·初文与字母——汉字树》，上海书店出版社，2006。

黄亚平、孟华：《汉字符号学》，上海古籍出版社，2001。

郭沫若：《殷契萃编·自序》，科学出版社，1965。

《中国博物馆丛书·湖南省博物馆》，文物出版社，1983。

《中国博物馆丛书·南京博物馆》，文物出版社，1983。

《中国博物馆丛书·辽宁省博物馆》，文物出版社，1983。

《中国博物馆丛书·陕西省博物馆》，文物出版社，1983。

叶秀山：《美的哲学》，人民出版社，1991。

〔美〕苏珊·朗格：《艺术问题》，滕守尧、朱疆源译，中国社会科学出版社，1983。

叶秀山：《书法美学引论》，宝文堂书店，1987。

阴法鲁、许树安主编《中国古代文化史》，北京大学出版社，1989。

高丰：《中国器物艺术论》，山西教育出版社，2001。

中国社会科学院考古研究所编著《殷墟妇好墓》，文物出版社，1980。

裘锡圭：《文字学概要》，商务印书馆，1988。

启功：《古代字体论稿》，文物出版社，1964。

唐兰：《中国文字学》，上海古籍出版社，1979。

金丹元：《书艺符号的生命流》，上海文艺出版社，1998。

孟华：《汉字：汉语和华夏文明的内在形式》，中国社会科学出版社，2004。

《中国博物馆丛书·中国历史博物馆》，文物出版社，1983。

杨晓能：《另一种古史——青铜器纹饰、图形文字与图像铭文的解释》，唐际根、孙亚东译，生活·读书·新知三联书店，2008。

〔法〕罗兰·巴尔特：《符号学原理——结构主义文学理论文选》，李幼蒸译，生活·读书·新知三联书店，1988。

高介华：《中国建筑装饰艺术文化源流》，湖北教育出版社，2002。

王小慧：《建筑文化·艺术及其传播》，百花文艺出版社，2000。

姜波：《汉唐都城城制建筑研究》，文物出版社，2003。

沈福煦：《中国古代建筑文化史》，上海古籍出版社，2001。

罗哲文主编《中国古代建筑》，上海古籍出版社，1990。

任宗权：《道教章表符印文化研究》，宗教文化出版社，2006。

居阅时、瞿明安主编《中国象征文化》，上海人民出版社，1990。

张岱年、方克立主编《中国文化概论》，北京师范大学出版社，1994。

二 期刊文章

薛艺兵：《中国体鸣乐器综论》，《中央音乐学院学报》1997 年第 3 期。

黄星民：《从礼乐传播看非语言大众传播形式的演化》，《新闻与传播研究》2000 年第 3 期。

夏明明：《华夏钟文化漫谈》，《今日中国》1996 年第 9 期。

薛艺兵：《仪式音乐的符号特征》，《中国音乐学》2003 年第 2 期。

崔宪：《曾侯乙编钟钟铭校释》，《音乐研究》1994 年第 4 期。

夏明明、冯长根等：《永乐大钟悬挂力学结构初探》，《文物》1990 年第 7 期。

蔡秀兰、郑敏华、陈通：《古钟形状和特性》，《声学学报》1987 年第 3 期。

〔美〕E·G. 麦克伦：《曾侯乙青铜编钟——巴比伦的生物物理学在中国》，黄翔鹏、孟宪福译，《中国音乐学》1986 年第 3 期。

饶宗颐：《曾侯乙钟律与巴比伦天文学》，《音乐艺术》1988 年第 2 期。

戴念祖：《古代编钟发音的物理特性》，《百科知识》1980 年第 8 期。

于书吉：《古编钟的音频特性》，《黄钟》1988 年第 4 期。

童忠良：《百钟探寻》，《黄钟》1988 年第 4 期。

黄翔鹏：《先秦编钟音阶结构的断代研究》，《江汉考古》1982 年第 2 期。

李纯一：《曾侯乙编钟铭文考索》，《音乐研究》1981 年第 1 期。

杨荫浏：《信阳出土春秋编钟的音律》，《音乐研究》1959 年第 1 期。

湖北省博物馆：《随县曾侯乙墓钟磬铭文释义》，《音乐研究》1981 年第 1 期。

郑祖襄：《雅乐七声考辨》，《艺苑》（音乐版）1987 年第 2 期。

刘光明：《古刹钟磬传音乐——五台山寺庙音乐纪略》，《音乐爱好者》1981 年第 1 期。

尼树仁：《大相国寺音乐与古代音乐》，《中国音乐》1984 年第 2 期。

郭湖生：《子城制度——中国城市史专题研究之一》，《东方学报》

1985 年第 57 期。

  曹玮、魏京武：《西周编钟的礼制意义》，《南方文物》1994 年第 2 期。

  黄翔鹏：《先秦编钟音阶结构的断代研究》，《江汉考古》1982 年第 2 期。

  黄翔鹏：《雅乐不是中国音乐传统的主流》，《人民音乐》1982 年第 12 期。

  王秀臣：《周代雅乐的时空意义考察》，《齐鲁学刊》2006 年第 6 期。

  黄星民：《礼乐传播初探》，《新闻与传播研究》2000 年第 1 期。

  陈通、郑大瑞：《古代编钟发音的声学特性》，《声学学报》1980 年第 3 期。

  贾陇生、华觉明：《用激光全息技术研究曾侯乙编钟的振动模式》，《江汉考古》1981 年第 1 期。

  崔宪：《论律制的结构本质与文化属性》，《中国音乐学》2002 年第 1 期。

  周月亮：《中国古代文化传播的基本现象》，《现代传播——北京广播学院学报》1999 年第 5 期。

  洛秦：《音乐中的文化与文化中的音乐》，《音乐艺术》（上海音乐学院学报）1988 年第 2 期。

  王海文：《乐钟综述》，《故宫博物院院刊》1980 年第 4 期。

  蒋孔阳：《谈谈先秦时代的"礼乐"制度》，《复旦大学学报》（社会科学版）1984 年第 2 期。

  冯光生：《曾侯乙编钟文化属性分析》，《黄钟——武汉音乐学院学报》1998 年第 3 期。

  王世民、蒋定穗：《最近十多年来编钟的发现与研究》，《黄钟——武汉音乐学院学报》1999 年第 3 期。

  黄翔鹏：《先秦编钟音阶结构的断代研究》，《江汉考古》1982 年第 2 期。

  邵晓洁：《1998 年中国音乐考古资料与研究成果综述》，《黄钟——武汉音乐学院学报》2000 年第 4 期。

  刘玉堂、张硕：《曾侯乙编钟与中国古代艺术和科技成就》，《武汉大学学报》（人文科学版）2006 年第 5 期。

方秀珍：《曾侯乙墓乐悬与周代礼制》，《江汉考古》1991 年第 3 期。

郑祖襄：《"开皇乐议"中的是是非非及其他》，《中国音乐学》2001 年第 4 期。

谭维四、冯光生：《关于曾侯乙墓编钟钮钟性能的浅见——兼与王湘同志商榷》，《音乐研究》1981 年第 1 期。

李纯一：《曾侯乙墓编钟的编次和乐悬》，《音乐研究》1985 年第 2 期。

崔宪：《曾侯乙编钟钟铭校释》，《音乐研究》1994 年第 4 期～1995 年第 1 期。

洛秦：《从声响走向音响——中国古代钟的音乐听觉审美意识探寻》，《音乐艺术——上海音乐学院学报》1988 年第 2 期。

郑祖襄：《"雅乐"与"四夷之乐"》，《民族艺术研究》1990 年第 1 期。

曾遂今：《音乐传播的时空关系研究》，《南京艺术学院学报》（音乐与表演版）2008 年第 1 期。

方建军：《西周早期甬钟及甬钟起源探讨》，《考古与文物》1992 年第 1 期。

郑祖襄：《河南淅川下寺 2 号楚墓王孙诰编钟乐律学分析》，《音乐艺术——上海音乐学院学报》2005 年第 2 期。

蒋定穗：《试论陕西出土的西周钟》，《考古与文物》1984 年第 5 期。

孙机：《中国梵钟》，《考古与文物》1998 年第 5 期。

薛艺兵：《中国古代的寺庙钟、朝钟与钟楼钟》，《中国音乐》1996 年第 4 期。

王子初：《中国青铜乐钟的音乐学断代》，《中国音乐学》2007 年第 1 期。

王琴：《中国器物：传统伦理及礼制的投影》，《艺术百家》2007 年第 5 期。

姚蔚：《中国古代器物纹样漫谈》，《美术大观》2006 年第 10 期。

李纯一：《周代钟镈正鼓对称顾龙纹断代》，《中国音乐学》1998 年第 3 期。

陈邦怀：《克镈简介》，《文物》1972 年第 6 期。

高至喜：《论湖南出土的西周铜器》，《文物》1983 年第 10 期。

长沙市博物馆等：《湖南宁乡老粮仓出土商代铜编铙》，《文物》1997 年第 12 期。

熊建华：《湖南邵东出土一件西周四虎镈》，《考古与文物》1991 年第 3 期。

盛定国、王自明：《宁乡月山铺发现商代大铜铙》，《文物》1986 年第 2 期。

何努：《湖北江陵江北农场出土商周青铜器》，《文物》1994 年第 9 期。

罗西章：《陕西周原新出土的青铜器》，《考古》1999 年第 4 期。

张光直：《商周青铜器上的动物纹样》，《考古与文物》1981 年第 2 期。

三　外文资料

Douglas Kellner：Communication as Culture：Essays on Media and Society，London：Routledge，1988.

Geertz Clifford：The Interpretation of Culture：selected essays，New York：Basic Books，1973.

John Vivian：The Media of Mass Communication，Boston ：Allyn and Bacon，1993.

Denis McQuail：Communication，London：Longman，1975.

Lothar von Falkenhausen：Suspended Music：Chime-bells in the Culture of Bronze Age China，Berkeley：University of California Press，1993.

图书在版编目(CIP)数据

中国古钟文化传播述论／付晶晶著. -- 北京：社
会科学文献出版社，2016.6
福建省社会科学规划博士文库项目
ISBN 978 - 7 - 5097 - 8178 - 4

Ⅰ.①中… Ⅱ.①付… Ⅲ.①钟 - 文化传播 - 研究 -
中国 - 古代 Ⅳ.①K875.24

中国版本图书馆 CIP 数据核字(2015)第 238897 号

·福建省社会科学规划博士文库项目·

中国古钟文化传播述论

著　　者／付晶晶

出 版 人／谢寿光
项目统筹／王　绯
责任编辑／孙燕生

出　　版／社会科学文献出版社·社会政法分社(010)59367156
　　　　　地址：北京市北三环中路甲 29 号院华龙大厦　邮编：100029
　　　　　网址：www. ssap. com. cn
发　　行／市场营销中心（010）59367081　59367018
印　　装／三河市尚艺印装有限公司

规　　格／开　本：787mm×1092mm　1/16
　　　　　印　张：15　字　数：243 千字
版　　次／2016 年 6 月第 1 版　2016 年 6 月第 1 次印刷
书　　号／ISBN 978 - 7 - 5097 - 8178 - 4
定　　价／65.00 元